3 シリーズ 予測と発見の科学

北川 源四郎・有川 節夫・小西 貞則・宮野 悟 ［編集］

マーケティングの科学
―POSデータの解析―

阿部 誠
近藤 文代 ［著］

朝倉書店

まえがき

　近年，バーコード・スキャナー技術の発達により膨大な量のPOSデータを正確に収集することが可能となった．国内ではニールセン，インテージ，流通経済研究所などが，また海外ではニールセンやIRI等の大手マーケティング・リサーチ会社が，業務サービスとしてスキャナーデータを収集している．この本では，マーケティング分野におけるスキャナーデータに対する様々な最新の統計的分析手法に基づく予測と発見の方法を紹介する．

　小売店のレジから自動的に収集されるスキャナーデータは，主に商品管理，在庫管理，発注などのサプライチェーンに使われてきた．この側面ではわが国でも活用が十分に進んでおり，効率的な物流(ロジスティクス)と組み合わせることによってセブンイレブンなどのコンビニエンスストアは先駆的な利用をしている．しかしながら，このサプライサイドにおける利用はプロダクト指向の発想にすぎず，スキャナーデータの利点を十分生かしているとは言えない．スキャナーデータを見れば商品の売れ筋はすぐ分かるので，単純に売れない商品を棚スペースの最適化という観点から外してしまうことはよくあるが，これは間違いである．実は少数の優良顧客がその売れない商品を目当てに来店しており，ついでに他の商品も購買しているかもしれない．この場合は併売ではなく，顧客の併買行動を知ることが重要なのである．来店を促し，客単価を増やして真の競争優位を得るためには，デマンドサイドからの視点，つまりマーケティング指向に立つことが必要なのである．スキャナーデータのマーケティングへの活用になると，わが国はまだ欧米の企業に遅れをとっている．

　POSデータは顧客の購買ごとに店舗のコンピュータに自動的に収集されるため，集計操作をしなければ巨大な量となる．現在多くの企業は，この大量のデータからいかに有用な情報を抽出して，それをマーケティングに利用するかに行

き詰まっている．例えば FSP (frequent shoppers program) を使えば，一人一人の顧客の購買履歴情報が収集できるのだが，多くのスーパーマーケット，量販店，航空会社はこれを単なる購買金額に基づいたポイント還元システムとしてしか利用しておらず，その結果，値引き合戦による過当競争を生み出している．企業は「FSP を作ったのに利益があがらない」と首をかしげ，消費者は困惑して似たような競合企業のロイヤルティーカードを数多く持ち，もはやロイヤルティーの役目をなしていない．問題はハードの進歩にソフトの進歩が追いついていないことなのである．ハードウェア，つまり店舗情報システムの導入で競合企業に追いつく，あるいは逆に競合企業にコピーされるのは容易である．単に同じ情報システム・ベンダーのシステムを取り入れればよいからだ．しかしハードのみに頼っていては，最新のハードを導入する東南アジアの競合企業にもすぐに追いつかれ，逆に低賃金の優位性によって追い越されてしまう．故に企業としての本当の競争優位は製造業を含めてソフトで決まるといっても過言ではない．

　大量のデータから知見を自動的に抽出できるということでは，近年データマイニングがよく言及されるが，これは実務家に過剰な期待を抱かせている．得られる発見の多くが，すでに知られているあたりまえのようなことか，逆にたまたまデータのノイズに反応した再度起こりえないような現象なのである．データマイニングの有効な使い方は，現場を熟知した者が仮説を立てて焦点を絞りながら新たな分析を繰り返すことによって知見を追求していくことである．このことは，分析者が頭の中で暗示的なモデルを構築し，その検証とさらなるモデルの精緻化を繰り返すことを意味する．そうでなければ誰がデータマイニングをしても同じような結果になり，他企業に対する競争優位なポジションは得られない．

　この本で紹介するような明示的なモデル化との大きな違いは，共通のルールを導こうとするデータマイニングではマーケティングで決定的に重要な消費者の異質性が十分に考慮されていないことである．スキャナーデータが手に余るほど大量に蓄積されていると前述したが，購買行動を個人レベルでモデル化し，さらに異質性を考慮して一人一人のパラメータを推定しようとすると，データマイニングを適用できるほど十分なデータ量はなく，統計モデルが必要になっ

てくるのである．さらに，予測モデルを構築する場合には原データの季節調整やトレンドの除去が必要である．データマイニングではモデルの誤差項に系列相関がなく，単純な構造を考慮する場合にのみ，良い予測が得られていると考えられる．

　本書では，スキャナーデータの分析で使われる手法を説明し，いくつかの例に基づいてマーケティング上どのような発見があり，どういう知見が得られるかを紹介する．まず第 I 部で POS システムと関連データを紹介し，マーケティングの基本コンセプトを述べる．そして分析手法として，第 II 部では POS データを用いた動的な時系列分析と，マーケティング変数を含めたクロスセクショナルな動的分析に有用な多変量時系列構造モデルを説明する．第 III 部では顧客別購買履歴を含んだスキャン・パネルデータを用いた非集計データの分析として主にブランド選択に焦点をあてて，シンプルなロジットモデルからそれに消費者の異質性を組み込んだ精緻な階層ベイズモデルまで紹介する．読者は，マーケティング・サイエンス分野の学者・研究者，大学院生，マーケティング・リサーチ会社やコンサルティング会社のアナリストを対象としている．

　本書の刊行にあたっては多くの方々にお世話になった．本シリーズの編集者である統計数理研究所の北川源四郎所長および九州大学大学院数理学研究院の小西貞則教授にはまずお礼を申し上げたい．北川先生は総合研究大学院大学で著者の近藤の元指導教官であり，執筆を勧めて下さったことにより本書を書き始めることができた．両先生には原稿を通読していただき，多くの有用な助言と励ましをいただいた．また，マサチューセッツ工科大学オペレーションズ・リサーチ・センターのジョン・リトル教授は著者である阿部の元指導教官であり，POS データのモデル分析を研究分野として紹介していただいた．深く感謝したい．また，著者らが所属している日本マーケティング・サイエンス学会は活発な活動をしており，その大会や研究部会などから数々の示唆を得ることができた．

　本書の草稿を用いて行われた東京大学大学院経済学研究科の「マーケティング」の講義ノートに関して様々なコメントをしてくれた院生諸君，原稿を読んでいただき多くの指摘をして下さった統計数理研究所の田野倉葉子さん，およ

び前 筑波大学大学院経営・政策科学研究科 (現 (株) シジシージャパン) の太田耕司君には心から感謝したい．

最後に，編集・校正の労をとられた朝倉書店編集部に深く御礼申し上げる．

2005年9月

阿部　誠
近藤文代

目　　次

I. POSデータと市場予測 ——————————————— 1

1. **POSシステム普及の歴史とその活用分野** ························· 2
   - 1.1 マーケティングで使用されるPOS関連データの種類 ············ 9
     - 1.1.1 スキャナーデータ (POSデータとスキャン・パネルデータ)··· 10
     - 1.1.2 コーザルデータ ·· 12
   - 1.2 マーケティングにおける意思決定への影響 ······················ 13
     - 1.2.1 マーケティングとは何か ······································ 13
     - 1.2.2 意思決定の手順—ビジネス・プランの立て方 ················ 14
     - 1.2.3 マーケティングモデル·· 18
     - 1.2.4 POSデータの出現によるセールスプロモーション評価測定への影響 ·· 20
   - 1.3 米国におけるスキャナーデータサービスの変遷 ··················· 22
     - 1.3.1 テスティング (商品に対する消費者反応テスト) ··············· 23
     - 1.3.2 トラッキング (市場動向追跡) ································ 24
     - 1.3.3 消費者パネルデータサービス ································ 25
     - 1.3.4 ターゲティング (標的市場絞込み) ···························· 26
     - 1.3.5 棚割りシステム ·· 26
     - 1.3.6 マーケティング知識の提供へ ································ 27

II. POSデータの分析 ——————————————— 29

2. **クロスセクショナル分析**·· 30
   - 2.1 線形回帰モデル手法·· 30

- 2.2 市場反応関数の形状 ································ 33
- 2.3 パラメータの推定方法 ······························ 34
  - 2.3.1 最小2乗法 ·································· 35
  - 2.3.2 最尤法 ······································ 36
- 2.4 予測精度の比較方法 ································ 37
  - 2.4.1 情報量規準 ·································· 38
  - 2.4.2 MSE, MAPE, MAE ····························· 39
- 2.5 セールスプロモーションの例 ························ 39
  - 2.5.1 ブラットバーグ・ウィスニエフスキイモデル：指数モデル ···· 41
  - 2.5.2 SCAN*PRO モデル ···························· 42

3. ダイナミクスの分析：時系列予測モデル ·············· 44
- 3.1 平滑化法によるトレンド分析 ························ 44
  - 3.1.1 単純移動平均法および2重移動平均法 ············ 44
  - 3.1.2 指数平滑化法 ································ 45
  - 3.1.3 線形指数平滑化法 ···························· 46
  - 3.1.4 一般的な平滑化法 ···························· 46
- 3.2 成分分解可能な時系列モデリング ···················· 47
  - 3.2.1 マーケティングにおける時系列回帰モデル ········ 47
  - 3.2.2 ボックス・ジェンキンスの時系列回帰モデルアプローチ ······ 48
- 3.3 ボックス・ジェンキンスモデル ······················ 49
  - 3.3.1 自己回帰 (AR) モデル ·························· 49
  - 3.3.2 移動平均 (MA) モデル ·························· 50
  - 3.3.3 自己回帰移動平均 (ARMA) モデル ················ 50
  - 3.3.4 時間シフトオペレータ ························ 51
  - 3.3.5 定常性の条件および反転可能性の条件 ············ 51
  - 3.3.6 自己回帰和分移動平均 (ARIMA) モデル ············ 53
  - 3.3.7 時系列に周期性がある場合 ······················ 54
  - 3.3.8 伝達関数分析 ································ 54
  - 3.3.9 自己共分散関数・自己相関関数・相互相関関数 ······ 55

3.3.10	偏自己相関関数	56
3.3.11	プリホワイトニング	57
3.3.12	干渉分析	58
3.3.13	干渉分析の例 (1)—キャットフードのプロモーション評価	61
3.3.14	干渉分析の例 (2)—雪印乳業食中毒事件による牛乳市場への影響	62
3.4	構造時系列モデル	66
3.5	カルマンフィルターを用いた状態空間モデルアプローチ	68
3.5.1	状態空間モデル	69
3.5.2	モデルの同定	71
3.5.3	カルマンフィルターによる状態推定	71
3.6	その他の最近のモデル—LA/AIDS を用いたプライベートブランドの分析	73

4. 時系列-クロスセクショナル分析 76

4.1	多変量時系列構造モデル	76
4.1.1	多変量時系列構造モデルの目的	76
4.1.2	基本モデル	77
4.1.3	状態空間表現に基づくモデルの同定と時系列の分解	79
4.1.4	ベースライン販売量と曜日変動のモデル	80
4.1.5	値引き効果を考慮したモデル化	83
4.1.6	自己価格の変化による販売量増加モデル	83
4.1.7	多変量定係数モデルでの値引き効果を考慮した分析例	88
4.1.8	係数のダイナミクス性を取り入れたモデル	90
4.2	ブランドスイッチ効果とカテゴリー拡大効果	93
4.2.1	基本モデルおよび価格プロモーション効果の定義	94
4.2.2	価格プロモーション効果の2つの成分	96
4.2.3	ブランドスイッチ成分モデル	97
4.2.4	カテゴリー拡大成分モデル	98
4.2.5	主要ブランドおよびカテゴリー合計をもつ構造モデル	99

4.3　ブランドスイッチおよびカテゴリー拡大に関する分析例 ········· 100

III. スキャン・パネルデータの分析 ——————————— 105

5. パネルデータを使った実務における分析 ················ 106
　5.1　非集計データ分析の重要性 ························· 107
　5.2　顧客プロファイル分析 ···························· 109
　　5.2.1　デシル分析 ······························· 109
　　5.2.2　RFM 分析 ······························· 109
　　5.2.3　顧客ベース分析 ···························· 110
　　5.2.4　顧客資産—カスタマー・エクイティー ············ 111
　　5.2.5　デモグラフィック分析 ······················· 114
　　5.2.6　店舗代替の影響 ···························· 114
　5.3　新製品の売上げ予測 ····························· 115
　5.4　ブランドスイッチ，競合分析，市場構造分析 ············ 115

6. 購買モデル ·· 117
　6.1　購買発生モデル ································· 117
　　6.1.1　ポアソンモデル ···························· 118
　　6.1.2　世帯異質性と NBD モデル ··················· 118
　　6.1.3　説明変数の組み込み ······················· 120
　6.2　購買タイミングモデル ··························· 121
　　6.2.1　購買間隔分布 ····························· 121
　　6.2.2　ハザードモデル ···························· 121
　　6.2.3　世帯異質性 ······························· 124
　　6.2.4　説明変数の組み込みと比例ハザードモデル ········ 125
　　6.2.5　ハザードモデルのパラメータ推定 ··············· 126

7. ブランド選択モデル ································· 129
　7.1　非集計顧客別データに基づいたブランド選択モデル ······ 129
　7.2　確率的効用最大化モデル ·························· 129

7.3 多項ロジットモデルの特徴 131
　7.3.1 無関係な選択肢からの独立 131
　7.3.2 弾　力　性 133
7.4 多項ロジットモデルのパラメータ推定 134
7.5 多項ロジットモデルのスキャン・パネルデータへの応用例 135
　7.5.1 応用例 (1)—コーヒー豆のデータ 136
　7.5.2 応用例 (2)—冷蔵オレンジジュースのデータ 139

8. 消費者の異質性 141
8.1 異質性をモデル化するアプローチ 142
8.2 ブランド・ロイヤルティー 144
8.3 潜在クラスモデル 147
　8.3.1 モデルのフレームワーク 147
　8.3.2 EM アルゴリズム 148
　8.3.3 EM アルゴリズムの数値例—潜在クラス・ポアソンモデル 151
　8.3.4 ブランド選択における潜在クラスモデルのスキャン・パネル
　　　　データへの応用例 153
8.4 階層ベイズモデル 156
　8.4.1 消費者異質性のベイズ的解釈 156
　8.4.2 ロジットモデルにおける階層ベイズモデル 158
　8.4.3 メトロポリス・ヘースティング・アルゴリズムとギブス・サ
　　　　ンプリング 160
　8.4.4 階層ベイズによる多項プロビット・ブランド選択モデル 162
　8.4.5 デモグラフィック変数をパラメータの関数としたプロビット
　　　　モデル 164
8.5 階層ベイズによるプロビットモデルのスキャン・パネルデータへ
　　の応用例 167
　8.5.1 メーカーによるクーポン戦略 169
　8.5.2 小売店によるクーポン戦略 170

9. ノンパラメトリック化によるブランド選択モデルの拡張 …… 172
9.1 モデルの仮定を限りなく排除するアプローチ …… 173
9.1.1 ノンパラメトリック密度推定によるブランド選択モデル …… 173
9.1.2 シミュレーションデータを使った検証 …… 174
9.1.3 スキャン・パネルデータを使った検証 …… 174
9.2 確率的効用最大化プロセスのノンパラメトリック化 …… 175
9.2.1 ロジットモデルにおける効用関数のノンパラメトリック化 …… 177
9.2.2 一般化加法モデル …… 178
9.2.3 多項ロジットモデルに対応するための GAM の拡張法 …… 179
9.2.4 セミパラメトリック・ロジットモデルのスキャン・パネルデータへの応用例 …… 180

付　録 …… 185
1. 顧客ベース分析の導出 …… 185
2. 多項ロジットモデルの導出 …… 186
3. セミパラメトリック・ロジットモデルのアルゴリズム …… 187
3.1 一般の GAM のアルゴリズム …… 187
3.2 セミパラメトリック・ロジットモデルのアルゴリズム …… 188
3.3 GAM の統計的仮説検定 …… 189

文　献 …… 191
あとがき …… 197
索　引 …… 199

第 I 部

POSデータと市場予測

　　第 I 部は導入部分として POS システムを概観します．具体的には POS データとは何か，JAN コードおよびそのコード体系，JAN コード運用上の問題点，わが国における POS システムとその活用分野について説明します．さらに POS データとマーケティングモデル，ビジネス上の意思決定との関連について解説し，POS データの発祥地，アメリカにおける POS システム普及の歴史および最近の動向についても言及します．

1

POSシステム普及の歴史とその活用分野

　POS(point of sales) データとは，店舗のレジで商品購入金額を算出する際，商品につけられているバーコードを光学スキャナーで読み取ることによって収集された単品別の購入数量と価格のデータのことである．POSデータといえば，わが国ではセブンイレブンを連想される方も多いであろう．セブンイレブンは通商産業省 (現：経済産業省) の支援による3次にわたるPOSシステム導入実験終了年の翌年，1982年に全店一斉にPOSシステムを導入した企業である．その後，セブンイレブンの店舗数は急速に増え，それにつれてPOSシステム導入店舗数も増加していった．5年後の1987年ではPOSシステムの総導入店舗数は1万2,000店弱であったが，その4分の1の3,000店をセブンイレブンが占めていた．2年後の1989年4月，わが国政府による消費税の導入が行われ，この消費税導入がPOSシステム普及に拍車をかけたのであった．図1.1から分かるように，POSシステム導入店舗数は導入以降，1998年までは直線的に増加している．多くの小売業は消費税が計算できる新しいレジに換える際に一斉にPOSシステムの導入を行った．(財) 流通システム開発センターの調査によると，1989年3月末日でのJAN型POSシステムの導入台数は119,137台 (42,880店) で前年度比1.70倍 (同2.01倍) の増加となっており，2004年3月末時点では94万台強 (約394,000店) に及んでいる．

　わが国ではPOS(ポス)データの名称が広く使われているが，欧米ではスキャナーデータ (scanner data) と呼ばれている．従来の手入力によるレジでは部門別の売上げしか記録されなかったため，光学スキャナーの発明は，流通業における各商品の売上げというこれまで目に見えなかった経済行為をPOSデータの形で有形化した点で画期的である．

　共通商品バーコードはかつては2つのコード体系に大別されていた．一つは

1. POSシステム普及の歴史とその活用分野

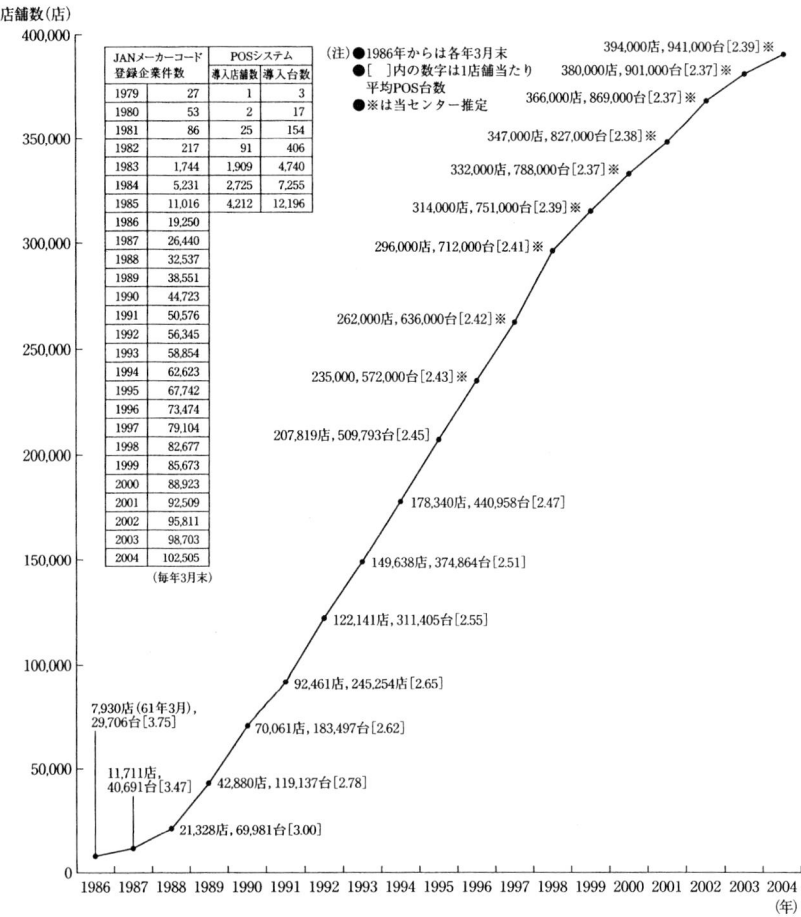

図 1.1 JAN 型 POS システム導入店舗数
(http://www.dsri.jp/chousa/jan_pos2003/fig05.pdf を改変)

1977年に英, 仏, 独などヨーロッパ12カ国の流通関連のシステム標準化団体が加盟して設立された国際標準化機構である国際 EAN (European Article Number) 協会が使用しているコード体系であった. わが国 (流通コードセンター[*1)]) は翌年に13番目の加盟国となり, 2002年2月時点では EAN 協会には米国およびカナダを除く101カ国が加盟していた. EAN のコード体系は13桁であり, 日本

[*1)] (財) 流通システム開発センター (http://www.dsri.jp/) に設置された商品メーカーコード登録機関

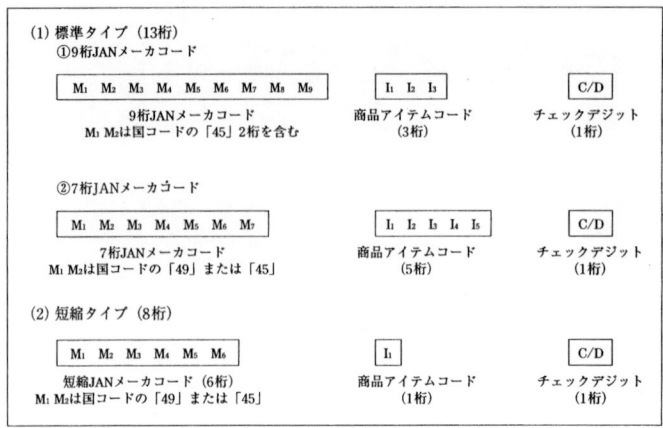

図 1.2　JAN コード体系 (篠島, 2003)

図 1.3　JAN コード (篠島, 2003)

国内で商品に付けられているコードは JAN コードと呼ばれる．一方，EAN 協会の設立以前に米国，カナダを中心に UCC (Uniform Code Council, Inc.) が 1973 年に設立された．そのコード体系である UPC (Universal Product Code) は 12 桁であった．2002 年 11 月，米国，カナダも EAN 協会に加盟し，コード体系も 2005 年から 13 桁に移行し，世界中で桁数が統一されることになったため，EAN 協会は唯一の国際機関となった．

　JAN コードの体系は図 1.2 に示すとおりである．最初の 2 桁または 3 桁が国コードで，わが国は 49 または 45 であり，それ以降の桁がメーカーコード，商品アイテムコード，チェックデジットの順となっている．JAN コードの全桁数は固定であるが，その一部のメーカーコードの桁数は状況に応じて変化してい

1. POSシステム普及の歴史とその活用分野

(a) 共通雑誌コード体系

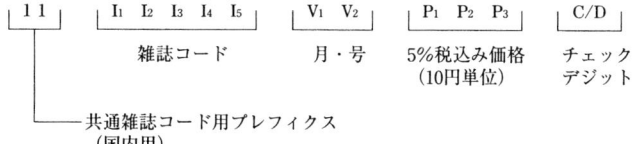

(b) 書籍JANコード体系

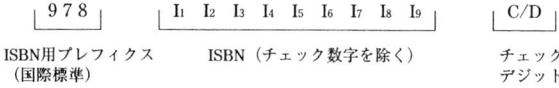

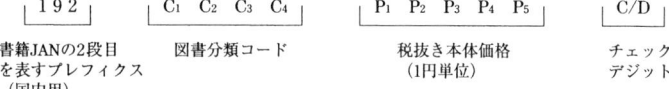

(c) クーポン用JANコード体系

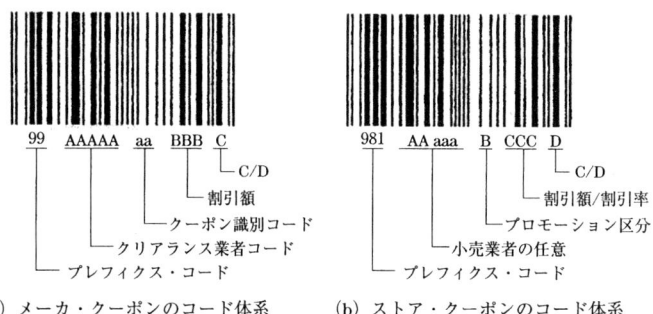

図 1.4 共通商品コード (篠島, 2003)

る．特に，国際 EAN 協会の勧告を受け，2001 年 1 月から 9 桁のメーカーコードがメーカーに対して付番貸与されている．そのメーカーコードを使用する場合，商品アイテムコードは 3 桁となる．JAN コードに関する最新情報はインターネットで流通システム開発センターの URL にアクセスして確認することができる．

　上で説明した一般の JAN コードを含む共通商品バーコードの種類としては，1) JAN コード，2) 共通雑誌コード，3) 書籍用の書籍 JAN コード，4) クーポン用 JAN コード，5) 料金代理収納表用 JAN コードなどがある．図 1.3 および図 1.4 に示した共通商品コードは，既に日常生活においてどこかで目にしたことがあるほど一般に普及している．

　商品バーコードの管理，商品とバーコードを対応づける商品マスターの管理は，わが国では流通システム開発センターが行っており，実際の商品にバーコードをつける作業であるソースマーキングは各メーカーが行っている．通常は，1つの商品に 1 つの JAN コードが対応する．しかし，既存製品を改良し，リモデリングブランドとして市場に出す際，同じバーコードを再度使用することがある．また，期間や地域を限定して行われる増量キャンペーン商品などでは容量や価格が変わるため，本来，新しい JAN コードを使用する必要があるが，その登録に手間がかかるために同じバーコードを再度使用したケースも見られる．このような状況では，新旧どちらの商品であるかをその都度人為的に判断せざるをえないなどの問題が発生している．その対処に追われるのは次にその JAN コードを用いてビジネスをする側，リモデリングブランドの例では流通業，増量キャンペーン商品の例では卸売業である．このように，1 つのバーコードに複数の商品が対応する場合やその逆の場合もあり，注意を要する．さらに，同一 JAN コードの再利用については，商品サイクルが長い場合では原則商品発売中止後 4 年以上，日配商品などの商品サイクルが短い場合では最低 1 年以上間隔をあけて，流通在庫が完全になくなってから再利用するように指導が行われている．しかし，実際の運用は個別企業に一任されているため，上記原則に従わずに同一の JAN コードを次々と商品に付番するケースもある．また，店舗のプライベートブランドには各小売業独自のコードが使用されていることも多く，POS データを分析する場合には商品と JAN コードの対応関係に注意す

る必要がある．さらに，新製品ではJANコードが売上げの発生と同時に整備されていないこともあり，その結果，新製品の売上げが記録できないことがある点にも注意を要する．

POSシステムは上記で説明した共通商品バーコードとコンピュータシステムにより成り立っている．これらのコンピュータシステムにはPOSデータを生成するための一連のハードウェアのみならず，POSデータもしくはその関連情報を企業内または企業間での各業務に応じて活用するためのシステムが含まれる．

POSシステムの活用分野は小売り業，メーカー，卸売り業で異なり，例えば，小売り業ではコンピュータファイル上での商品価格の変更，店頭プロモーション効果測定(2.5節参照)，受発注作業の効率化などが挙げられる．わが国の小売店におけるPOSシステム活用分野では表1.1のような例が報告されている．

表1.1 わが国の小売店におけるPOSシステム活用分野

効率化された業務内容	具体例
作業時間の短縮化およびそれに伴うサービスの質的向上	・帳票出力のスピードアップ ・レジ閉店業務の短縮化(30分から数分へ) ・バックアップ処理の簡便化(操作はアイコンクリックのみ) ・客の待ち時間短縮化(顧客の要望にすばやく対応可能) ・加盟店舗発注者の省時間に対する意識向上 ・販売動向分析のスピードアップにより本部から各店舗への対応の迅速化
フォーマットの柔軟性	・帳票出力期間設定の自由化(販売促進政策に便利)
検索機能	・顧客の返品や領収書発行に関する追跡調査の簡便化 ・店頭での商品のワンサイズ陳列および他サイズ商品在庫の画面上確認(省スペース) ・売れ筋商品の発見および欠品防止
業務の標準化	・社内経理事務作業の削減
総合的効果	・顧客の満足度向上 ・クレジットによる売上げの増加

さらに小売業ではEOS[*2)]とPOSシステムの組み合わせによる総合的な小売情報ネットワークシステムの構築が挙げられる．この総合的ネットワークシステムにより，リアルタイムの単品情報を各店舗から物流基地や問屋の倉庫，メーカーの加工工場へ送信することが可能になり，在庫が少なく，輸送効率の良い，情報物流システムが可能となる．

[*2)] electronic ordering systemの略語で電子発注システムと呼ばれる．コンピュータネットワークを利用した企業間受発注オンラインデータ交換システムを指す．

一方，問屋やメーカーでのPOSシステムの活用としては，新製品などの商品管理や既存商品の在庫管理が挙げられる．例えば，サプライチェーンシステムを導入することにより，以下のようなメリットが考えられる．

卸売り業では
- 自動発注システム開発による在庫管理レベルの向上
- 全リードタイム短縮による在庫の削減
- メーカーへの発注業務の負担軽減
- 発注忘れ防止，倉庫内品切れ防止による品切れ率の軽減，など．

メーカーでは
- メーカーから小売店までの全リードタイムの短縮
- 流通在庫削減によるスムーズな製品の改廃，返品防止
- 配送車積載効率の追求による物流コストの削減
- 小売店の需要に沿った商品補給，安定供給，安定生産，など．

また，メーカーや小売店ではEOS業務の流れの共同開発が可能となる．実際，商品カテゴリー管理(category management)と呼ばれる，メーカーと小売店が協働したシステムが実用化されており，さらにECR(efficient consumer response) [3]へと消費者本位の経営情報支援システムの構築も世界各国で進められつつある．ECRを実現するためには，まず，取引企業間でのECRに関する目標や取り組み項目を設定し，さらにその項目ごとに取り組み内容のレベルを設定する．これを点数として表現するECRスコアカードを使って，現状認識を行いながらその進み度合いを測定する．ECRスコアカードとは，取引先と取り組み実態を相互に評点し，自らの位置付けを確認し，今後の取り組みに関する改善の方向性をその取引先とともに認識するための評価表である．以上のように，JANコードを介して受発注データ交換，商品マスター交換，棚割り管理情報交換など，情報交換が電子的に行われるようになり，共通の商品コードとしてのJANコードの役割はますます重要になっている．さらに，将来型の共通商品コード認識技術としてRFID (radio frequency identification)が登場

---

[3] ECRの定義：FMI (Food Marketing Institute)によると「メーカー，卸売業，小売業が緊密に協力し，電子データ交換などを活用することによって，新しい取引関係，新しい商品供給システムを構築し，消費者により高い価値を提供すること（日本消費経済学会年報第22集 (2000年度), p.126)」．

した．RFID は「無線タグ」とも呼ばれ，非接触でコードを読み取ることができる技術である．RFID の実用化は既に JR の定期券 (Suica/ICOCA) や高速道路料金の自動支払い (ETC) などで行われており，次世代の自動認識システムの一つとして期待されている．このように，電子媒体による売上げ情報源の多様化は拡大の一途である．

これまでに述べてきたことは，どちらかといえば POS システムおよびそれから派生する情報をビジネスの効率化に活用する際のメリットであるが，次節以降ではスキャナーデータの情報分析から「知見」を得る方法について解説する．メーカーにとって情報分析から得られる知見としては，例えば，1) POS データによる適切な市場動向の把握，2) マーケティング意思決定の迅速化，3) マーケティング手法の細分化と精緻化 (価格分析，プロモーション分析，品揃えの最適化，エリア・マーケティング，購買行動パターンおよび選好による消費者セグメンテーション，マーケティング・ミックス・モデリングなど) が挙げられる．

このように POS 情報のシステム化を推し進めることは社会の趨勢となっており，そのために必要なハードウェア，ソフトウェア，システム開発とメインテナンスのための負荷が増大することは必然的である．しかし，各方面の企業が商品コードの共通化，データの接続互換性などの面で協働してシステム化を行うことでシステム開発に関する負荷を減らし，かつ情報面での多大なメリットを勝ち取ることにより，激しい市場競争において生き残れる基礎体力を保持できることになる．

1.1 マーケティングで使用される POS 関連データの種類

POS 関連のデータとしては 1) スキャナーデータ，2) 外部データの 2 種類に区分できる．スキャナーデータは商品ごとの消費者の購買動向を時系列で記録した購入数量および価格のデータである．外部データは売上げの変化を説明する要因変数に関するデータであり，マーケティング変数であるコーザルデータやテレビコマーシャル接触データ，環境データ，顧客特性データなどに分類される．

1.1.1 スキャナーデータ (POS データとスキャン・パネルデータ)

スキャナーデータはスキャナーを通して入力された商品の販売量と価格のデータである．マーケティング分析に使われるスキャナーデータには店舗レベルの販売記録データ (POS データ) と消費者レベルの販売記録データ (スキャン・パネルデータ) の 2 種類がある．

POS データは特定の店舗別に消費者の単品購買動向を時系列で記録したデータである．スキャナーが設置されている POS 店舗がランダム抽出され，これらの店頭の POS レジに設置されているスキャナーを通した入力により，単品レベルの販売記録である膨大な量の POS データが生成される．POS データはニールセン，インテージ，流通経済研究所，東急エージェンシー，日本経済新聞社などが提供している．後で説明する市場反応モデルとしては回帰モデルや時系列モデルが使用できる．

一方，スキャン・パネルデータは特定の消費者別 (またはその世帯別) に単品購買を時系列で記録したデータである．パネルデータの定義は，被験対象の，ある同一の指標を複数の時点で観測したデータであり，小売業では一般的に消費者の購買履歴を指す．スーパーマーケット，コンビニエンスストア，ドラッグストアなど複数の店舗からの世帯別購買履歴は，パネラーと呼ばれる調査対象世帯の協力を得る必要があるため，通常は市場調査会社による大掛かりな仕組みによってデータが収集され，有料で提供される．

バーコードが普及する以前は，協力世帯に購買商品を日記式に書いてもらうことにより収集していたが，手間がかかり書き忘れも多かったために正確な記録がなかなか得られなかった．スキャンパネルではパネル世帯が何をいくらで何個買ったかについて，スキャナーを通して JAN コードを読み取ることによってデータを収集できるシステムを採用している．スキャン・パネルデータには，1) ストアスキャン方式と 2) ホームスキャン方式の 2 通りがある．

前者のストアスキャン方式では，事前に発行された会員 ID カードをパネラー (協力世帯) が参加店舗で商品購買時に提示することによって，レジでカードが読み込まれ，誰による購買なのかが記録される仕組みである．これは，消費者に手間をかけずに自動的に購買履歴を収集できるという利点がある反面，協力店舗以外での購買が分からないという弱点がある．また，有力な競合店舗が出店し

た際には世帯総購入に占める捕捉率が急激に低下するという難点もある.

　後者のホームスキャン方式では,ポータブル・バーコード・リーダーを協力世帯に配布し,購買してきた商品を自宅の棚に整理する過程でスキャンしてもらい,購買した店舗名と価格を入力してもらう.そして,蓄積されたデータを週1回,電話回線などを通じて市場調査会社のホストコンピュータにアップロードしてもらう.この方法では,スキャナーを備えていない町角の小さなタバコ屋など,どこの店舗で商品を買っても記録できる反面,消費者が自分でスキャンするという手間がかかるために手書きの日記ほどではないが,記録もれの可能性が残る.

　どちらの方法がより適しているかは分析や利用の用途によるが,いずれにせよパネルデータを収集するにはパネラーを探し,サンプル基準を満たしているかどうかのスクリーニングを経て,IDカードを発行したり,バーコード・リーダーを配布し,その使用を常に促す,という多大な投資が必要となる.わが国のように同一エリアに小規模店舗が多数共存するような環境では,多くの店舗との契約が難しいために,現在ではホームスキャン方式が主流となっている.表1.2はわが国における2004年1月時点でのスキャン・パネルデータの提供機関と提供内容をまとめたものである.

表1.2　消費者パネルデータの種類

	企業名	対象区域 (店舗数)	世帯数
ストアスキャン方式	流通経済研究所：GIS 日本経済新聞社	関東,関西のスーパー7店舗 神奈川県藤沢市と東京都江戸川区	約10,000世帯 約3,000世帯
ホームスキャン方式	インテージ (旧社会調査研究所)：SCI/SS 東急エージェンシー：QPR NTTデータ・ライフスケープ・マーケティング：食マップ (購買データと食卓メニューデータ)	沖縄を除く全国の2人以上世帯 首都圏30km圏 首都圏30km圏	約10,000世帯 約2,500世帯 300世帯

　POSデータやスキャン・パネルデータは,正確に迅速に大量に送信可能で,簡単に複製可能であるという電子媒体データ特有の性質をもつ.したがって,その分析は短時間で行うことができるため,「計画・実行・成果の検討」といった意思決定サイクルの短縮化が可能である.電子媒体データは機械的に正確に

取り扱うことが可能である一方で，人為的なミスによる大規模で修復不可能なエラー発生の危険性がある．これらのエラーはシステマティックエラーと呼ばれ，データをそのまま分析すると分析結果に大きな偏りが生じることになる．かつては在庫量と仕入れ量を人的にカウントすることによって2カ月単位の販売量データが算出されていた．したがって，販売量データには人為的なミスによるエラーが含まれる可能性はあったが，これらはランダムに発生するために分析に大きな支障は存在しなかった．

1.1.2　コーザルデータ

予測モデルの構築においてコーザル(原因)変数とは従属変数(例えば売上げ)の変動要因となる説明変数のことをいう．POS関連のデータにおいて，コーザルデータといえば以下のような特定のセールスプロモーション(販売促進政策実施)状況を記録した狭い意味での説明変数データのことを指す．

- 値引額 (登録価格からの一時的な値引き)
- 新聞チラシ広告掲載 (店発行のチラシへの特定商品の掲載状況)
- エンド陳列 (店舗の入口や通路脇での大量陳列状況)
- バンドル販売の有無 (商品を一束にまとめたセット販売)
- 推奨販売の有無 (派遣店員などによるデモンストレーション販売)

スキャナーデータである店舗販売データ (POSデータ) や消費者の購買行動データ (スキャン・パネルデータ) に，1) 店舗内での消費者へのコミュニケーションを記録したコーザルデータ (販売促進活動など) と，2) 店舗外でのコミュニケーション活動を記録したデータ (主にマス媒体による広告データ) を時間と場所を主軸として関連付けることによって，消費者の置かれた購買環境を詳細に記録した統合的なシングルソースデータと呼ばれるデータベースを構築することができる．

このシングルソースデータを用いることにより，広告計画や店頭での販売促進活動計画の立案，マーチャンダイジング (商品化計画)，売り場提案の開発，ブランド・製品の診断，製品開発・改良に役立てることができる．また，スキャン・パネルデータはPOSデータで欠如している情報，例えば，ブランド使用頻度，クーポン使用の有無などを包含しており，消費者レベルのモデルに組み込

1.2 マーケティングにおける意思決定への影響

1.2.1 マーケティングとは何か

「マーケティング」という言葉が使われるようになったのは20世紀初頭，1905年から1910年にかけてである．米国の大学での講義にThe Marketing of Products あるいは Marketing Methods という表題が初めて使われたことがバーテルズによって次のように報告されている (大澤 1985)．「販売の領域全体を考察していくうちに，私はセールスマン活動や広告活動は，販売計画の究極の目的と深い関連があるという考えをもつようになった．… 要するに私が扱おうとした課題は，製品のプロモーター達が，実際にセールスマンを送ったり，広告を出したりするに先立ってなすべき事項のすべてについての研究を包括することにあった．企業活動のこの分野を表現するための名称が必要であった．適当な名前を探すのに苦労したことを記憶しているが，結局それを「マーケティングの方法」と呼ぶことにした (バーテルズ 1979)」．

マーケティングの定義は時代とともに変遷するが, 本書では以下のKotler(1984)の定義に従った．「個人と組織の間のニーズ (needs) とウオンツ (wants) を満足させるために経済活動にもたらされた交換による社会と経営上のプロセスである」．

マーケティング管理とは個人や企業に市場での望ましい交換を主体的にもたらすことを可能にさせるプロセスや活動に関連した経営哲学だと見なされる．つまり，マーケティング活動に必要なものは，顧客と市場を理解し，望ましい交換を創出する意思決定や行動に変える能力である．

マーケティングという言葉が初めてでてきたのは上述の状況のとおりであるが，マーケティングの定義は時代とともに変わっている．マーケティングが不要の時代から，作れば売れる供給不足の時代には全消費者を対象としたマスマーケティングへと移り，現在では異質な消費者に対して上記の交換概念を用いたセグメンテーション別マーケティングが一般に受け入れられている．次項では，意思決定の手順を踏まえた上で，このセグメンテーション別マーケティングに

ついて説明しよう．

1.2.2 意思決定の手順—ビジネス・プランの立て方

顧客 (customer) なしではビジネスは成り立たない．マーケティングは，企業の理念，使命，あるいは目標を達成させるために市場との適合を助ける役割をもっている．経営においてマーケティングは企業と顧客のインターフェイスを担う唯一の機能を果たすという意味で，その役割は企業経営戦略の中核をなすべきである．つまり，マーケティングはマーケティング部という独立部門が操るものではなく，経営者トップ (CEO) がリーダーシップを取り，会社全体が行っていくべきものである．営業や広告はただ単にその実行手段としての一要素にすぎない．以下で説明するように，マーケティング・プロセスとは，企業の理念や目的に基づいて市場を分析し，**ターゲット (標的) 市場**を選択し，それに適応した**マーケティング・ミックス (製品，価格，プロモーション，流通)** を計画して，それを実行，コントロールすること全てを指す．図 1.5 に示すように，アイディア段階から消費，そしてアフターケア管理までを含んだマーケティング活動の道標となるものである．作ったものを売るのではなく，売れるものを作る．これがマーケティング・コンセプトの基本である．

市場機会の分析：環境や市場は刻々と変化している．会社が存続・成長するためには，常に市場機会を客観的に評価し，参入のチャンスを見極めることが重要である．例えば，既存のフィルムを使った写真の市場があと何年続くであろうか？ たとえ (CD 市場における LP レコード愛好者のような) マニアックなセグメント (サブマーケット) が残るとしても，大半の消費者はあと数年もすれば，現像やプリントの手間がかからないデジタルカメラへと移行するであろう．このようなテクノロジーの変化はプロダクト・ライフサイクルと呼ばれる．カメラのメーカーが写真の市場でどれだけ優れていようとも，絶えず新しい市場開拓に目を向けていなければ世間の情勢の変化によって自然淘汰されてしまうであろう．市場の拡張においては，製品市場の拡張と顧客市場の拡張という図 1.6 で表されるようなマトリックスが考えられる．

市場機会の分析を系統的に行うには **SWOT** 分析が有用である．SWOT 分析とは，その市場における企業の**強み (Strengths)** と**弱み (Weaknesses)** は

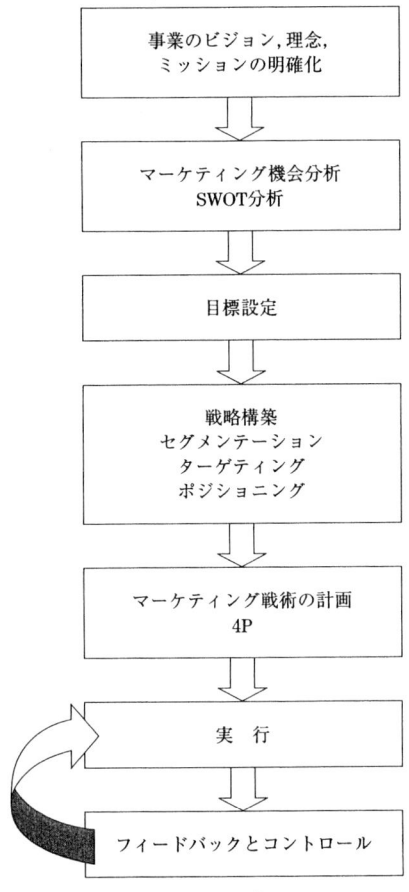

図 1.5 マーケティング・プロセスのフロー

何であるか,また,機会 (Opportunities) と脅威 (Threat) は何であるかを客観的に分析することである.その際,自社 (Company) のみではなく,競合企業 (Competitors),そして顧客 (Customer) の 3C と,それを取り巻く社会的,文化的,経済的,政治的,法的,技術的などの様々な環境を考慮することが重要である.ここでは,市場を潜在的なサイズや成長度,企業の競争優位度,その他の環境要因などの属性で評価して,それぞれの属性の重要度に適合したウエイトで平均したトータルな市場の魅力度を求めるような市場プロファ

		製　品	
		既存製品	新製品
市　場	既　存	市場浸透	製品開発
	新　規	市場開拓	多角化

図 1.6　製品・顧客マトリックス

イル分析がよく使われる．

ターゲット市場の選択：有望な市場に，より効果的に参入するための次の重要なステップとして，市場がどのようなサブマーケットによって構成されているのか(セグメンテーション)，どのサブマーケットに狙いを定めるべきなのか(ターゲティング)，そしてその中で競合ブランドに対して自社ブランドをどのように位置付けるのか(ポジショニング)，というマーケティングのSTP戦略を決めることが挙げられる．

　同じ商品カテゴリーでも，顧客によってニーズや選好は違うであろう．全ての顧客を狙うことも可能であるが，経営資源はそれだけ薄く分散されることを考慮しなければいけない．資源の豊富な企業はターゲットとして市場全部をカバーするように選択するかもしれないが，特殊な技術をもった中小企業はニッチ市場に特化する必要があるかもしれない．セグメントによっては需要が低くて採算が合わないこともあるだろう．価格競争の激しいセグメントには参入しない企業もあろう．また，法的な規制の強い市場には企業は魅力を感じないかもしれない．

　市場をセグメントに分割する時に使われる変数はベース変数と呼ばれ，性別，年齢などを表すデモグラフィック(人口統計的)変数，収入や教育レベルなどの社会統計的変数，ライフスタイル(生活価値観)，ニーズ，購買・消費パターンなど様々なものがある．マーケティング・コンセプトで重要なことは，企業ではなく顧客に基づいたものをベース変数として用いることである．例えば，デル社のようなパソコンの直販企業を考えた場合，サーバー，デスクトップ，ノー

トブック，周辺機器，ソフトなどの製品カテゴリーでセグメントを構成せずに，一般の消費者，ビジネスユーザー，教育機関などの情報処理ニーズでセグメントすることによってセグメント別のマーケティング・プロセスが効果的になり，より高い顧客満足を生み出せる．自社の提供する製品やサービスのレベルでセグメントを構築することは一見明白なようであるが，マーケティング・コンセプトを十分理解していない経営者が陥りやすい誤りである．

個々のセグメントごとに，自社と競合企業の経営資源，需要の予測，様々な環境の影響などを考慮したSWOT分析を行うことによって，ターゲット市場の選択が決まり，そのセグメント内での適確なポジショニングが可能となる．ここで中核をなすものがマーケティング・リサーチである．

マーケティング・ミックスの計画・実行・コントロール：次のステップは実際のマーケティング・ミックスを計画・実行し，それを常にモニターしながら適切な制御を加える．マーケティング・ミックスとは**製品 (Product)**，**価格 (Price)**，**プロモーション (Promotion)**，**流通 (Place)** の **4P** と呼ばれる要素のことである．

製品には，新製品の開発，品質・サイズ・スタイルなど製品属性の決定，製品ラインのバラエティー，ブランド名，パッケージングとラベリング，保証，アフターケアなどの要因が含まれる．価格には，通常価格，標準価格の時系列的な変更，卸売り価格，マージンなどの決定がある．プロモーションには，広告，様々な販売促進ツール (値引きリベート，融資，サンプル配布など)，報道 (パブリシティー)，広報 (パブリック・リレーション) などの要因が含まれる．流通は販売経路 (チャネル)，物流 (ロジスティック)，立地，人的販売などの要因を含む．これらの要因は相互作用によって複雑に関連しており，セグメントごとに異なったアプローチが必要な場合が多い．例えば，同じ製品でもビジネスユーザーと一般消費者では販売経路も違い，広告のメディアやメッセージも異なるであろう．

これらマーケティング・ミックスの計画は実行され，計画と現実の相違が定期的に修正・コントロールされて初めて意味を成す．その際，何が原因で相違が生じたのかを分析することが将来の成功につながる．失敗に終わった新製品を深く分析して知識データとして蓄積することは，おそらく成功した新製品の

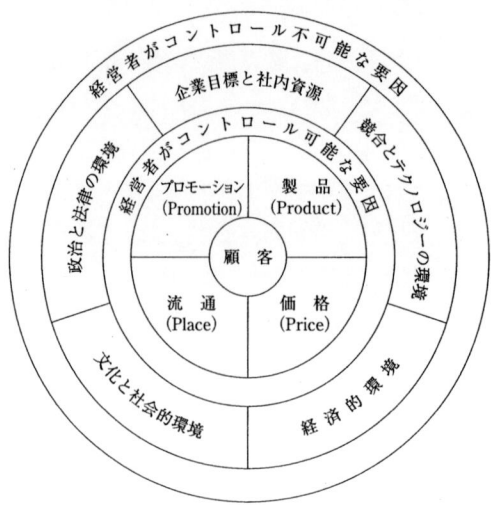

図 1.7 マーケティング・コンセプト

分析以上に知見をもたらすものである．

マーケティング・プロセスをまとめると，まず，企業自身と競争相手を含めた企業を取り巻く様々な環境を考慮して市場機会の分析を行う．次に，基準となるベース変数を見つけて市場のセグメンテーションを行い，それぞれのセグメントの特徴を明らかにする．そして，各セグメントの魅力を SWOT 分析で評価してターゲットを決定する．さらに，そのターゲットに対してどのようなスタンスをとるのかというポジショニングを決める．これらが達成されるように 4P のマーケティング・ミックスの計画を立て，これを実行・管理するという手順になる．このプロセスで重要なことは，図 1.7 にあるように常に顧客を中心に考えることである．

1.2.3 マーケティングモデル

モデルという言葉は各分野において異なる意味をもつ．ここでマーケティングにおけるモデルについて説明しよう．モデルとは，Lilien and Rangaswamy (1997) によると現実そのものでなく，現実より取り扱いやすく，**特定の目的のために形式化した表現**である．形式化とは，モデルが現実を完全に捉えるもの

ではなく, ある断面にだけ焦点を合わせるものであり, 表現とは, モデルが都合の良い類似を与えているにすぎず, 捉えようとしている現実の物理的特徴に近似しているだけのものにすぎないことをいう. つまり, 特定の目的に応じてモデルが決定される. マーケティングモデルの目的は, 市場における特定のタイプの消費者行動を理解するか, あるいはその消費者行動に影響を与えることである. 例えば, ある特定の企業の商品のトライアル購買を消費者に促したり, リピート購買を増加させ, 消費者をロイヤルユーザーに変えることが目的かもしれない. マーケティングモデルは理論モデルと意思決定モデルに大別される. 理論モデルは, 実社会に関わる現象から実社会の特性をより簡潔に, より正確に, 記述しようとするものである. 一方, マーケティング・マネージャーが優れた決定を行うためのモデルは意思決定モデルと呼ばれる. 意思決定モデルを構築するためには目的, 仮定, 変数, 変数間関係を明確にすることが必要である. 意思決定モデルでは明瞭な目的を必要とし, モデル化する理由を表現し, その適用範囲を明らかにする. 例えば, 商品の販売量では広告について以下のような仮定が考えられる.

- 商品の販売量は広告と関連がある.
- 広告量が増加すると, 売上高も上昇する傾向がある.
- 各商品の販売には上限がある. (広告量をどんなに増やしても売上高がこの上限を超えることはない.)

意思決定モデルで使用される変数は2つの区分で考えることができる. 一つの区分は制御可能な変数と制御不可能な変数である. 制御可能な変数とは企業が直接制御することができる変数で, 例えば, プロモーション変数などがある. 制御不可能な変数は会社が直接操作できない変数で, 例えば, 競合企業が制御している変数である. また, 環境変数は市場でのいかなる参加者でも制御不可能な変数である.

変数のもう一つの区分は説明変数(独立変数)と従属変数である. 説明変数(入力)には影響を与える変数が含まれ, 上記の制御可能な変数, 制御不可能な変数, 環境変数などがある. 従属変数(出力)は一組の説明変数の値によって影響を受ける変数である. つまり, 意思決定モデルとは説明変数の変化が従属変数にどのように影響するかを特定することである. モデルの種類は数式モデル,

言葉で関係を説明する言語モデル (verbal model),グラフィカル・コンセプトモデルなどがある.数式モデルとは数式の形で具体的に変数の関係を指定することである.ほとんどのマーケティングにおける意思決定では,この因果関係を表現するために数式モデルを使用する.この数学的な表現を用いた数量化により,マーケティング・マネージャーはモデルの説明変数 (例えば,プロモーション) のレベルの変化が従属変数 (例えば,販売量) の方向とレベルの両方にどのように影響を与えるかを探索することができる.

具体的な市場における因果関係を理解するためのモデルは市場反応モデル (または測定モデル) と呼ばれ,意思決定モデルに組み込まれる.市場反応モデルを構築するためにはモデルの目的,モデルの構造,入出力データが必要である.市場反応モデル構築の目的例として,自社の行ったマーケティング活動 (例えば,プロモーションに反応した販売量のレベル) を測定して評価することなどがある.モデルの構造により,入力データと会社の関心事である測定可能な出力 (例えば,顧客認識レベル,消費者の商品理解力,売上げや利益) との関係を表す.入力データとしては制御不可能な変数 (マーケットの大きさ,競争的な環境) と制御可能な変数 (価格のようないわゆるマーケティング・ミックス) がある.

市場反応モデル構築のための手順は,最初に単純なモデルによる分析でスタートし,次に複雑なモデルへと移行する.つまり,最初に最も単純なモデルに焦点を当て,静的で競合関係のない,一つのマーケティング変数に対するデータに市場反応モデルを当てはめる.次に,マーケティング変数を追加し,動的で競合関係のある環境を導入する.

1.2.4 POSデータの出現によるセールスプロモーション評価測定への影響

セールスプロモーションとは,ターゲット市場の消費者がすばやく,強く反応するように意図された短期間のインセンティブである.このような解釈は以下の Blattberg and Neslin (1990, p.3) の定義に基づくものである:「セールス・プロモーションとは行動に焦点を当てたマーケティング手段であり,その目的は顧客の行動に直接的な影響を与えることである.」

ほとんどの種類においてプロモーションはマーケティング・ミックスの他の

要素と補完的な関係にあるため,小売業,卸売業,セールスマン,広告業,製造業,流通業間での協調的な努力が必要である.これがセールスプロモーションを成功させる重要な要素である.セールスプロモーションを行う際にはプロモーションの目的,異なるプロモーション活動の特徴および期待する効果,異なるプロモーションの効率性,プロモーションの範囲を決定しなければならない.セールスプロモーションを行うことにより,消費者の注目を集め,商品購入を促進するような情報を消費者に提供し(コミュニケーション),消費者にとって価値があると思うようなものをインセンティブとして与え,すぐに商品を購入したくなるように誘導することができる.セールスプロモーションのタイプには,サンプル配布,製造業者による値下げの提供,クーポン配布,包装された商品に付随したプレミアム提供,店内ディスプレイなどがある.売り手はプロモーションの全体量,値引き率,値引き頻度を注意深く決定する必要がある.例えば,あまり頻繁な値引きはバイヤーが割引継続を期待したり,消費者が通常の価格を値上げとして認知することに繋がる.

POSデータ出現以前の典型的な消費者プロモーション評価手法はプロモーション前・後分析と呼ばれ,プロモーション前,途中,後の販売量やマーケットシェアを比較するという単純なものであった.つまり,研究者は販売量の増加分をプロモーションプログラムの影響によるものと判断したのである.この方法は非常に簡単であるが,プロモーション効果の正確な推定は不可能である.非常に精緻なPOSデータの出現によって(プロモーション)前・後分析の代替手法として統計的モデリング手法を使用することが可能になった.統計的モデリング手法により,マーケティング・ミックスを含めた複数の説明変数を同時に制御することが可能になり,係数の推定によって関心のある小売プロモーション活動の効果を評価することが可能となった.代表的なセールスプロモーション効果測定のためのモデルはBlattberg and Wisniewski (1987),Wittink 他 (1987) によって開発された.これら2つのモデルは実際に小売業やメーカーで使用され,POSデータによるセールス・プロモーション効果測定モデルの草分け的存在となった.スキャナーデータを市場反応モデルにより解析する,より洗練された方法を第2章で説明する.

わが国でもこのセールスプロモーション効果測定は実際に行われているが,

ビジネスの規模は小さい．一方，POSデータ発祥の地，米国では，データをもとにした様々なサービス提供の発展は留まる所を知らない．次節では，米国におけるスキャナーデータ関連のデータサービスの歴史と現状について説明する．

1.3 米国におけるスキャナーデータサービスの変遷

世界最初のPOSシステムは1974年，米国のマーシュ店に導入された．POSデータ以前のマーケティング・データサービスには，日記式パネル調査，卸の倉庫出荷データ調査，小売店での在庫監査(店頭および倉庫における在庫数カウント調査)による小売店調査があり，人手による記録作業が多いものであった．そのため，手入力が不必要なスキャナー入力により得られるPOSデータは，POSシステム普及の初期段階では従来の小売店調査に替わるものとして期待された．小売店調査とはある市場の販売量がどのように推移するかを推定する**トラッキング(市場動向追跡)**手段である．小売店調査では市場全体を代表するように店舗全体の母集団から統計的サンプリングによりサンプル店を決定し，それら店舗における販売量の原生データに適切な拡大係数をかけて母集団全体の販売量を統計的に推計するという作業が必要である．ところが，POSシステムを導入している店舗が少ないために適切な店舗のサンプリングは不可能で，また，UPCコードがついている商品が少なく(ソースマーキング率が低く)，スキャニング率が低いため，スキャナーを通した販売量の自動入力ができる商品が少ない状況にあった．したがって，当時のPOSデータを使用しても各商品に関して市場を代表するような販売量の推定ができなかった．そのため，NABI(Newspaper Advertising Bureau Inc.)はPOSデータ収集店舗数を増大し，POSデータを使用したトラッキング手段としてのデータサービス提供を追及したが，その試みは失敗に終わった．

POSシステム普及初期のPOSデータは限定された店舗・商品に限られていたが，正確で，詳細なシングルソース化できる電子媒体データであるがゆえに，ある地域における消費者が新商品や広告に対してどのように反応するかという**テスティング(市場実験)**の手段としては有効であった．1980年代において登場したのは，広告テストや新商品のテストマーケティングをスキャン・パネル

データを用いて行う IRI (Information Resources Inc.) のビヘイビアスキャン (BehaviorScan)(古川他 2003 参照) である.

その後,POS システム導入店舗は次第に増え,ソースマーキング率,スキャニング率は共に上昇した.1986 年にはニールセンおよび IRI が売上げやシェアの動向を推定する全国レベルのトラッキング POS データサービスを開始した.この時点でのソースマーキングの普及率は 95% であった.一方で,ディスカウントストア,ドラッグストア,コンビニエンスストアなどの従来とは異なるタイプの小売店が出現し,これまでの流通経路での販売ウエイトは減少した.その結果,伝統的な卸の倉庫出荷データやスーパーマーケットのみの小売店調査では,カバーレッジ率 (調査対象のチャネルが全体のチャネルに占める割合) が減少し,従来のデータを用いて売上げやシェアの動向を正確に推定することは困難となった.また,迅速な意思決定が求められるようになり,POS データを用いた分析の迅速性が評価され,トラッキング手段としての POS データの活用が一般化した.さらにセグメンテーション,ターゲットの選択,ポジショニングにおいてもスキャナーデータの有効な活用方法が開発されている.

米国では,活発な M&A の動き,IT 技術,競合他社への雇用者の移動,異なるサービスをもつ企業の提携など,ビジネスにおける再編が盛んである.この傾向はスキャニング・データサービスにおいても同様で,(現在はドイツの VNU の傘下にある) ニールセンと IRI の 2 大企業がほぼ同じような方向を目指して事業を拡大している.以下ではこの 2 つの企業に関連するスキャナーデータサービスを紹介する.

1.3.1 テスティング (商品に対する消費者反応テスト)
a. プリテスト・マーケット

テストマーケットや市場導入に先立って消費者の反応を測定し,新製品の売上げを予測するモデルはプリテスト・マーケット・モデルと呼ばれる.プリテスト・マーケット・モデルは当初,実験室で測定された消費者の選好データに基づくマーケットシェア・モデルと,被験者から測定されたトライアルとリピートによる販売量を使用したモデルとに二分されていた.しかし,現在では多くのサービスがシェアの構造およびトライアルとリピートの回数の双方を使用し

たモデルを採用している．ASSESSOR と呼ばれるプリテスト・マーケット・モデルは Management Decision Systems Inc. によって開発されたが，1985年のIRI との合併後，スキャナーデータが用いられるようになった (古川他 2003 参照)．Burke Institute もスキャナーデータを用いた BASES と呼ばれるプリテスト・マーケット・モデルを保持していたが，1998年にニールセンと合併した．

b. テストマーケット：コントロールタイプ

コントロールタイプのテストマーケットは，特定の地域を選択し，売り場の状態が管理された実際の店舗において新製品がどれだけ売れるかを評価するものである．これは従来の小売店調査でも行われていたが，今日では販売量にスキャナーデータが使用されている．

c. テストマーケット：シミュレーションタイプ

シミュレーションタイプのテストマーケットは，新製品を導入する前に販売量を増加させる主要原動要因を識別するために，仮想店舗において模擬購買実験を行うものである (ニールセン BASES)．

d. 既存製品に対するコントロール・ストアテスト

店内でのマーケティングプログラムの販売に対する効果を数量化するための店内テストである．マーケティングプログラムとして例えば，クーポン，サンプリング，売り場広告，価格決定，パッケージ，アイテム各種組み合わせ，棚アレンジメントなどがある．これは従来の小売店調査でも行われていたが，販売量にスキャナーデータが使用されている．

e. 広告コピーテスト

同じ地域の消費者を複数の同様なグループに分割して各グループに異なる広告コピーを提示し，消費者の広告コピーに対する反応として実際の行動を測定するのが広告コピーテストである．IRI は 1980 年に登場したケーブルテレビ (CATV) とスキャン・パネルデータを利用した広告コピーテストのビヘイビアスキャンを開発した．

1.3.2 トラッキング (市場動向追跡)

既存商品や新商品の販売量の動きを常にチェックする目的で売上げやシェアの動向を追跡することはトラッキング (市場動向追跡) と呼ばれ，製品の販売量，

マーケットシェア，配荷率，価格などの情報を得る小売店調査のことである．

小売店調査の老舗であるニールセンはSCANTRACKサービスという名称のPOSデータサービスを提供している．2005年現在，SCANTRACKサービスでは52の主要地域での800以上の小売業を代表する4,800店以上のサンプリングからデータを収集している．年商200万ドル以上の大きなPOS店舗は約30,000店あり，その中から約3,000店をサンプリングし，データを収集し，全国を代表する推定値が得られるようにサンプル設計が行われている．このデータサービスには以下の3タイプがある：SCANTRACK(フード店およびフード店・ドラッグ店のコンボ)，Procision(SCANTRACKのフード店情報に加えてマスマーチャンダイザーおよびドラッグ店の情報)，C-Store Plus(コンビニエンスストア)．

IRIはInfoScan Syndicated Store Trackingという名称のサービスをもち，WALMARTを除くスーパーマーケット，ドラッグストア，マスマーチャンダイザーからPOSデータをサンプリングではなくセンサス(母集団全体)の形で32,000店分入手している(2005年現在)．

POSデータサービスは小売業からのデータ提供によって成り立っている．米国では2001年にキーアカウントであるWALMART(例えば食品では約15％，電池では約30％のシェアをもつ)がPOSデータの提供を行わなくなった．このことはPOSデータサービスにおける品質の低下を招くこととなり，データの収集を他者に依存することの難しさを示している．

1.3.3 消費者パネルデータサービス

消費者パネルデータサービスのパネラーとして，2005年時点ではIRIは70,000のホームスキャン世帯を，ニールセンは91,500(10月に125,000に拡大の予定)のホームスキャン世帯を保持している．ストアスキャン方式の消費者パネルサービスでは小売店との契約が必要であり，店舗で消費者パネルがIDカードを提示した際に店舗が消費者パネルの番号を入力するといった店舗側の協力が必要である．そのため，IRIは当初IDカード方式の消費者パネルを使用していたが，2年後にホームスキャン方式の消費者パネルに移行した．しかし，IRIは価格情報に関してPOSシステムの情報に依存していたままであったため，WALMART

がPOSデータを提供しなくなると価格データが得られなくなり、消費者パネルデータから価格のデータが抜けてしまう結果となった．

1.3.4 ターゲティング (標的市場絞込み)

個人レベルで消費者とのコミュニケーションをもつターゲット・マーケティングで主導的立場にあるCatalina Marketing Corporationは，ニールセンと提携してロイヤルティー・マーケティング・サービスを行っている．Catalinaはあるブランドに対し，来店客の中で特定の属性や購買行動をもつ消費者 (例えば，競合ブランドを購入した消費者層) にターゲットを定めるターゲット・マーケティングのサービスを実施している．これは店舗のレジで精算時にUPCコードをスキャンし，つり銭とレシートが渡される時点であらかじめ決められた消費者プロモーション・メッセージ (例：自社ブランドクーポンの発券) を出すものである．このターゲット・マーケティングには次の2種類のサービスがある．トランザクション・ターゲティングは購入製品やその組み合わせについて即時に識別し，条件に合う場合には自動的に提供物やインセンティブを印刷する．世帯ターゲティングではロイヤルティーカード番号やキャッシングカード番号などの消費者の識別番号をチェックし，65週間の購買履歴に基づいてデータマイニング手法を使用し，優良顧客を識別する．加入世帯は6000万世帯以上である．

ロイヤルティー・マーケティングとは優良購買者層に焦点をあてるマーケティングである．1999年に開始したShopper Directというサービスでは，FSP (frequent shoppers program) をもとに優良顧客の習慣をデータベース化し，優良購買者層の分析を行っている．小売業者はShopper Directによって自分たちの優良購買者層が他の店舗で何を購入しているのかが分かり，顧客のニーズにあった品揃えを行うことができる．小売業者やメーカーはこの情報をカテゴリーマネージメント (商品カテゴリー別の管理) の改善や消費者プロモーションの具体案を考えることに使用する．

1.3.5 棚割りシステム

店舗のプラノグラム (棚割り図) を作成するソフトウェアに，IRIのApollo

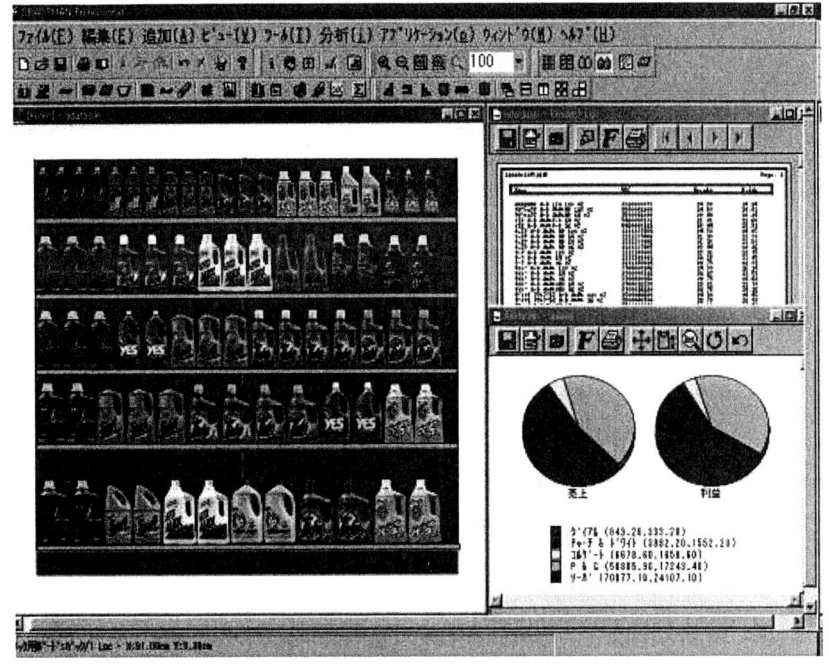

図 1.8 棚割り図 (ニールセン提供)

やニールセンの Spaceman(図 1.8) がある．このソフトは各店舗ベース，各カテゴリーベースで財務目標を設定し，利益を最大化するために視覚的に効率的なマーチャンダイジング計画を立てるものである．商品のライブラリー機能を利用することによって商品サイズなどの情報を取り込み，正確な陳列パターンを作成できる．さらに，イメージ情報の利用により写真と同等な精度の陳列イメージを画面上に表示し，アウトプットすることが可能である．

1.3.6 マーケティング知識の提供へ

2000 年以降，IRI は Knowledge Group を，ニールセンは KnowledgeWorks という，共に知識 (knowledge) というキーワードを使ったサービスを開始している．ニールセンによれば「知識」は「意思決定」を喚起するように使われる「情報」である．莫大な情報がある状況においてブランドマネージャーやカテゴリーマネージャーがこの情報を翻訳し，すぐに行動に移せるようにする洞察力

が求められている．KnowledgeWorks ではブランド管理，カテゴリー管理，消費者管理に関する問題について定型化された答えを提供している．Knowledge Group では緊急のビジネス上の意思決定について情報が集約された形の市場インテリジェンスを標準的なレポートの形で提供している．このようなサービスが提供できる背景としてアメリカでは着々とシングルソースデータ化が進んでおり，それを解析し，最終的にはマネージャーがすぐに理解できる形に情報を知識化することを日常業務として行っている点が挙げられる．

第 II 部

POSデータの分析

　第 II 部では POS データの分析に焦点を絞ります．POS データは第 I 部で説明したようにクロスセクショナルな時系列データです．POS データは特定の店舗における全ての個人レベルの購買データが集計されたものであるため，時系列データとしてモデル化して市場のダイナミクスを表現できます．

　第 2 章では市場需要の成長率が適度に推定できる既存カテゴリーで，過去の販売履歴をもつ既存商品に対する予測手法を解説します．モデルを単純化するために，まずはダイナミクス性を伴わない静的なモデルを当てはめます．

　第 3 章では，これを一般化したダイナミクスを取り扱うことのできる伝統的な ARIMA モデルや最近の構造時系列モデルによる時系列手法を取り上げます．第 4 章では構造時系列モデルの一種である状態空間モデルに基づいた季節調整モデルを拡張し，POS データに存在する曜日変動，ブランドスイッチ効果，カテゴリーの拡大効果を抽出し，将来の販売量を予測する新しいモデルについて説明します．ここで取り扱うモデルは一期先の予測モデルをベースとしており，購買間隔が短く，季節性を伴う日配品のカテゴリーの分析に特に適しています．

2

クロスセクショナル分析

マーケティング戦略は市場の定義，市場の変化または長期的市場ダイナミクスに依存する．マーケティング・マネージャーは企業がとったマーケティング・ミックスに関する行動 (例えば，広告投入量の増加) が，短期的にそして長期的にどのように自社ブランドの販売量に影響を与えたかを評価する必要がある．POS データは単品別の購買データであるため，この POS データに市場反応モデルを当てはめ，単品別のマーケティング・ミックス (広告投入量) と販売量の関係をモデル化できる．本章では，市場における需要が定まっていない新カテゴリーの商品ではなく，市場需要の成長率が適度に推定できる既存カテゴリーで，過去の販売履歴をもつ既存商品に対するクロスセクショナルな需要予測手法を解説する．

2.1 線形回帰モデル手法

社会における複雑な現象をモデル化する場合，単純なモデルから始めるのが通常である．ビジネス環境は常にダイナミックな側面をもつが，モデルを単純化するには，それを考慮せずに静的なものとして取り扱う．最も一般的な方法は，需要を外的要因の関数として表現する線形回帰モデル (またはエコノメトリックモデル) を使用することである．この線形回帰モデルは需要とその原因との関係を表す構造を指定するものであり，入力と出力の構造を理解するのに役立つ．

図 2.1 はある店舗のある商品についての日次の価格と販売量の関係を示したもので，散布図 (または相関図) という．この散布図を眺めることによって 2 変数間の関係を考察できる．全体的な傾向として価格の高い日は販売量が少なく，逆に価格が安い日は販売量が多いことが分かる．

2.1 線形回帰モデル手法

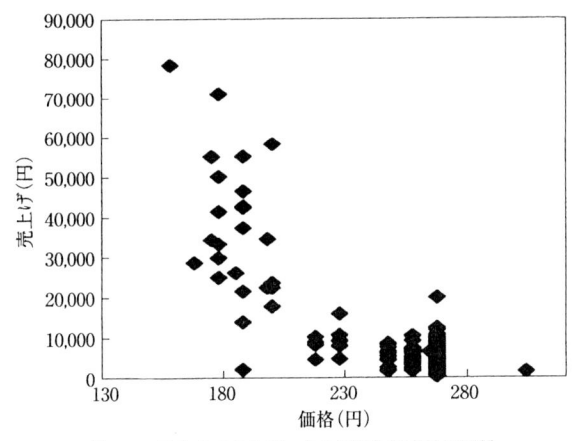

図 2.1 日次の POS データの価格と販売量の関係

この価格と販売量の関係を把握するために価格から販売量を予測することを考えてみよう．この図の各点に直線式をあてはめる場合，価格を x，販売量を y とすると直線式は $a + bx$ で表され，直線式と販売量 y との関係は

$$y = a + bx + 誤差 \tag{2.1}$$

と表すことができる．通常，誤差は ε の記号で表され，x は独立変数または説明変数 (入力)，y は従属変数 (出力)，a と b は回帰係数[*1] と呼ばれる．y, a, b に ^ (ハットと呼ぶ) をつけることにより y の予測値および a, b の推定値を表す．x および y の値のみ分かっているので，(2.1) 式では係数 a, b を推定しなければならないが，観測値 y と予測値 $\hat{y}$ との差

$$y - (a + bx) \tag{2.2}$$

を最も小さくするようにパラメータ a, b の推定値を決定するのが一般的な方法である．この差の評価の仕方にはその絶対値をとるなど複数の方法があるが，最もよく行われる方法は (2.2) 式を 2 乗して，その和をとり，これを最小にするように係数 a, b を決定する「最小 2 乗法」である．そのようにして求められた予測値 $\hat{y}$ と観測値 y の関係は以下のような式で表される．

[*1] これらを統計学では母数またはパラメータという．

$$y = \hat{y} + \hat{\varepsilon} = \hat{a} + \hat{b}x + \hat{\varepsilon} \tag{2.3}$$

ここで $\hat{\varepsilon}$ は観測値 y と予測値 $\hat{y}$ との差 (残差) を差す．(2.3) 式の右辺は最小2乗法などで求められた推定値を表すが，ハットのない市場反応モデルは以下のように与えられる．

$$y = a + bx + \varepsilon \tag{2.4}$$

(2.4) 式において誤差項 ε の値が確率的に決定される確率変数であると仮定する．統計学ではこの確率変数が平均 0，分散 σ^2 の正規分布に従うと仮定する場合が多い．誤差分布をこのように仮定すると式は以下のように表され，これを単回帰モデルと呼ぶ．通常，説明変数は複数あり，一般的には線形回帰モデルと呼ぶ．

$$y = a + bx + \varepsilon, \qquad \varepsilon \sim N(0, \sigma^2) \tag{2.5}$$

　市場反応モデルの中でも線形回帰モデルは最も単純で，最もよく使われている．線形回帰モデルは市場に関するデータが与えられさえすれば，スプレッドシートなどでも簡単に係数を推定することができる．簡単な説明ですぐに理解でき，説明変数 x が1つの場合，図 2.1 のように視覚的に捉えることも容易である．限られたデータの入力範囲では，線形回帰モデルはより複雑な他のモデルをよく近似したものとなっている．欠点は観測値 y の上限がないことや，入力に対する出力の変化率 (傾斜) が一定 ($\frac{dy}{dx} = b$) で，例えば，説明変数 x がコストで従属変数 y がマージンの場合，傾斜を一定と仮定することはビジネス社会では不自然である．このように，線形回帰モデルのみに頼るとマーケティング・マネージャーは誤った意思決定をしかねない．マーケティング変数に対する売上げの反応は逓減 (または逓増) するといわれている．そこで，市場反応関数の形状を決めることが重要となってくるので，次節ではそのことについて説明する．

2.2 市場反応関数の形状

直線形状である線形回帰モデル以外にマーケティングでよく使われているモデルとして，Lilien and Rangaswamy (1997) では以下の 8 つのモデルがまとめられている．以下のモデルにおいて，$\tilde{y}$ は確率変数である誤差 ε を含まない決定的構成要素の部分のみを表す．

べき級数モデル (power series model)：x と $\tilde{y}$ との関係がどのような形をとるかはっきりしない場合は，どのような形でもとれるこの関数を用いると便利である．一方で，この関数はフレキシブルすぎてパラメータを推定する場合に，現状のデータに追随しがちである．その結果，現状で入手しているデータ範囲外ではモデルは適当でなく，予測値が大きく外れることが考えられる．

$$\tilde{y} = a + bx + cx^2 + dx^3 + \cdots \tag{2.6}$$

分数根号モデル (fractional-root model)：この関数もフレキシブルな形をしており，前もって指定する c の値によって市場反応の変化率が逓減する $(0 < c < 1)$ か，逓増する $(c > 1)$ か，または一定である $(c = 1)$ かを決定することができる．特に $c = 1/2$ の場合は平方根モデル，$c = -1$ の場合は逆数モデルとなる．

$$\tilde{y} = a + bx^c \qquad (c \text{ は前もって指定}) \tag{2.7}$$

セミログモデル (semi-logarithmic model)：この関数は入力に関して市場の反応が逓減する場合を表す (例：入力が広告費用で，出力が広告の認知率)．

$$\tilde{y} = a + b \ln x \tag{2.8}$$

指数モデル (exponential model)：$b > 0$ の場合は逓増する関数であり，$b < 0$ の場合は飽和点をもつ関数である (例：$b < 0$ の場合，価格反応関数)．

$$\tilde{y} = a \exp(bx), \qquad x > 0 \tag{2.9}$$

修正指数モデル (modefied exponential model)：2 つのパラメータの和

$a+c$ からなる上限 (飽和点) および c の下限をもち，逓減する関数を表す (例：営業努力に対する反応関数).

$$\tilde{y} = a\{1 - \exp(-bx)\} + c, \qquad x > 0, a > 0, b > 0, c > 0 \qquad (2.10)$$

ロジスティックモデル (logistic model)：マーケティングで最もよく使われているS字型の関数であり，2つのパラメータの和 $a+d$ において上限をもち，$d+a/2$ で対称な形となっている．はじめは逓増し，その後，逓減する関数となる．

$$\tilde{y} = \frac{a}{1 + \exp\{-(b + cx)\}} + d, \qquad a > 0, d > 0 \qquad (2.11)$$

ゴンペルツモデル (Gompertz model)：ロジスティックモデルと同様にS字型関数であるが，係数の推定が難しいので，あまり使われていない．

$$\tilde{y} = ab^{cx} + d, \qquad a > 0, 0 < b < 1, c < 1 \qquad (2.12)$$

ADBUDG モデル：$c > 1$ の時はS字型で，$0 < c < 1$ の時は逓減型である．a において上限をもち，b で下限をもつ．

$$\tilde{y} = b + (a - b)\frac{x^c}{d + x^c} \qquad (2.13)$$

以上は統計学でいうパラメトリックモデル (少数のパラメータにより決定されるモデル) で市場反応関数の形状を表現したものであったが，ノンパラメトリックモデル (トレンド，スプライン関数，ニューラルネットワークにおけるRBF など) で市場反応関数の形状を表現することも可能である．

2.3 パラメータの推定方法

2.1節で説明した回帰式のパラメータ a, b および σ^2 を推定する方法として最小2乗法があることを説明したが，この節ではパラメータの推定方法について簡単に解説する．

2.3.1 最小2乗法 (least squares method)

確率変数 $Y = \{Y_i\}$ $(i = 1, \cdots, N)$ が k 個のパラメータ $\boldsymbol{\vartheta} = (\theta_1, \cdots, \theta_k)^T$ の関数と誤差項の和で表された次のようなモデルを考えよう.

$$y_i = q(\boldsymbol{\vartheta}) + \varepsilon_i, \qquad i = 1, \cdots, N \tag{2.14}$$

$$N(\vec{\tau}-\mathcal{P}\underline{\mathcal{W}}) > k(\mathcal{N}\mathcal{P}\mathcal{P}-\mathcal{P}\underline{\mathcal{W}}) \tag{2.15}$$

$q(\boldsymbol{\vartheta})$ は通常は線形であるが, 常に線形であるとは限らない. 以下の誤差項の2乗和 $Q(\boldsymbol{\vartheta})$ を最小にするように $\boldsymbol{\vartheta}$ を決定するのが最小2乗法である.

$$Q(\boldsymbol{\vartheta}) = \sum_{i=1}^{N} \varepsilon_i^2 = \sum_{i=1}^{N} \{y_i - q(\boldsymbol{\vartheta})\}^2 \tag{2.16}$$

例えば, 下記のモデルを考える.

$$y_i = \theta + \varepsilon_i, \qquad i = 1, \cdots, N \tag{2.17}$$

$Q(\theta) = \sum_{i=1}^{N}(y_i - \theta)^2$ を最小とする θ は, $Q(\theta)$ の1次導関数 $\frac{dQ}{d\theta}$ を0とおくことにより,

$$\hat{\theta} = \frac{1}{N}\sum_{i=1}^{N} y_i \tag{2.18}$$

が求められる.

一般的に k 種類の説明変数 $\{x_{i1}, \cdots, x_{ik}\}$ があり, その係数として k 個のパラメータ $\boldsymbol{\vartheta} = (\theta_1, \cdots, \theta_k)^T$ がある場合, 回帰モデルは以下のように表される.

$$y_i = \sum_{j=1}^{k} x_{ij}\theta_j + \varepsilon_i, \qquad i = 1, \cdots, N \tag{2.19}$$

ただし, $\boldsymbol{y} = (y_1, \cdots, y_N)^T$, 行列 $X = \{x_{ij}\}$ $(i = 1, \cdots, N, j = 1, \cdots, k)$, $\boldsymbol{\vartheta} = (\theta_1, \cdots, \theta_k)^T$ とすると, 2乗和 $Q(\boldsymbol{\vartheta})$ は以下の行列式で表現できる.

$$\begin{aligned} Q(\boldsymbol{\vartheta}) &= \sum_{i=1}^{N}(y_i - \sum_{j=1}^{k} x_{ij}\theta_j)^2 = (\boldsymbol{y} - X\boldsymbol{\vartheta})^T(\boldsymbol{y} - X\boldsymbol{\vartheta}) \\ &= \boldsymbol{y}^T\boldsymbol{y} - \boldsymbol{\vartheta}^T X^T \boldsymbol{y} - \boldsymbol{y}^T X\boldsymbol{\vartheta} + \boldsymbol{\vartheta}^T X^T X\boldsymbol{\vartheta} \\ &= \boldsymbol{y}^T\boldsymbol{y} - 2\boldsymbol{\vartheta}^T X^T \boldsymbol{y} + \boldsymbol{\vartheta}^T X^T X\boldsymbol{\vartheta} \end{aligned} \tag{2.20}$$

Q を最小とする ϑ は $Q(\vartheta)$ を ϑ で偏微分した次式で与えられる．

$$\frac{\partial Q}{\partial \vartheta} = -2X^T\boldsymbol{y} + 2X^TX\vartheta = \boldsymbol{0}$$

したがって，最小2乗法によるパラメータ ϑ の推定値は次式で与えられる．

$$\hat{\vartheta} = \left(X^TX\right)^{-1}X^T\boldsymbol{y} \tag{2.21}$$

2.3.2 最尤法 (maximum likelihood method)

最小2乗法では誤差項の分布は明示的には仮定する必要がないが，最尤法では確率変数 $Y = \{Y_i\}, (i=1,\cdots,N)$ の確率密度関数を仮定する．

例えば，(2.17) 式の誤差項に平均0，分散1の正規分布を仮定すると，i番目の観測値 y_i は平均 θ，分散1の正規分布に従い，その確率密度関数は以下のように表される．

$$f(y_i) = \frac{1}{\sqrt{2\pi}}\exp\left\{-\frac{(y_i-\theta)^2}{2}\right\} \tag{2.22}$$

観測値 $\{y_i\}$ $(i=1,\cdots,N)$ が独立であると仮定すると，その同時確率密度関数では $f(y_1,\cdots,y_N) = f(y_1)\cdots f(y_N)$ が成り立ち，パラメータ θ の関数と見なした上記モデルの尤度関数は以下のようになる．

$$L(\theta) = \left(\frac{1}{\sqrt{2\pi}}\right)^N \exp\left\{-\frac{1}{2}\sum_{i=1}^N(y_i-\theta)^2\right\} \tag{2.23}$$

尤度関数に対して単調変換である対数尤度関数は以下のようになる．

$$\ln L(\theta) = -\frac{N}{2}\ln 2\pi - \frac{1}{2}\sum_{i=1}^N(y_i-\theta)^2 \tag{2.24}$$

対数尤度と尤度は同じ点 θ で最大値をもつので，$\ln L(\theta)$ を最大にするためには $Q(\theta) = \sum_{i=1}^N(y_i-\theta)^2$ を最小にすれば良く，これは最小2乗法と一致する．このように回帰モデルの場合，誤差項に正規分布を仮定すると，最尤法の解は最小2乗法の解と一致する．

確率変数 $Y = \{Y_i\}$ $(i=1,\cdots,N)$ の実現値を $y = \{y_i\}$ $(i=1,\cdots,N)$ とすると，パラメータベクトル ϑ のある関数で表される各 Y_i の確率密度関数は

一般に $f(y_i; \boldsymbol{\vartheta})$ と表され，それらが独立な場合は同時確率密度関数は以下のようになる．

$$f(y_1, \cdots, y_N; \boldsymbol{\vartheta}) = \prod_{i=1}^{N} f(y_i; \boldsymbol{\vartheta}) \qquad (2.25)$$

尤度関数は，観測値 y_i が与えられた場合のパラメータベクトル $\boldsymbol{\vartheta}$ の関数である．$\boldsymbol{\vartheta}$ の最尤推定値 $\hat{\boldsymbol{\vartheta}}$ は以下の等式を満たす．

$$L(\hat{\boldsymbol{\vartheta}}; \boldsymbol{y}) = \max L(\boldsymbol{\vartheta}; \boldsymbol{y}) \qquad (2.26)$$

通常は尤度関数を直接最大化するかわりに，対数尤度関数 $\ln L(\boldsymbol{\vartheta}; \boldsymbol{y})$ を $\boldsymbol{\vartheta}$ に関して最大化する．仮に，各 $\theta_j (j = 1, \cdots, k)$ に関して対数尤度関数が1階微分可能であるとすると，$\hat{\boldsymbol{\vartheta}}$ は方程式

$$\frac{\partial \ln L}{\partial \theta_j} = 0, \qquad j = 1, \cdots, k \qquad (2.27)$$

の解である．さらに，対数尤度が2階微分可能であるとすると，以下の場合に θ_j は (局所的に) 最大となる．

$$\frac{\partial^2 \ln L}{\partial \theta_j^2} < 0, \qquad j = 1, \cdots, k \qquad (2.28)$$

したがって，最尤法の手順は (2.27) 式の解を解き，最尤推定値 $\hat{\boldsymbol{\vartheta}}$ を得るために，(2.28) 式の不等式を満たしているかどうかをチェックする．

2.4 予測精度の比較方法

モデルの当てはまりの良さを比較する方法は，どの観測値を使用するかにより大きく2つに分けられる．モデルを当てはめた際に使用した観測値であるインサンプルを使う場合と，モデル当てはめの際に使用しなかった観測値であるアウトサンプルを使う場合である．前者の場合には 2.4.1 項で説明する情報量規準が，後者の場合には 2.4.2 項で説明する MSE (mean square error), MAPE (mean absolute percentage error), MAE (mean absolute error) が用いられる．

2.4.1 情報量規準

2.3節では，あるパラメータ数 k のモデル式におけるパラメータの推定値を決定する方法には最小2乗法や最尤法があることを説明した．以下ではパラメータ数の決定の仕方について説明する．本書では多くのデータの変動要因を取り扱うことができるフレキシブルなモデリング手法について次章以降で解説しているが，自由にモデル化しようとすれば必然的にパラメータ数が多くなる．統計学の観点からすれば，不必要に多くのパラメータを用いるとかえって結果が悪くなることは良く知られている．できるだけ多くの変動要素を入れたいという要望と少ない変数でモデルを構成するという変数節約という2つの相反する目的についてトレードオフを決定してくれるのが情報量規準である．幅広いモデル選択肢の中からより良いモデルを選択したい場合に，統一的なモデル選択規準の代表的なものとして AIC がある．いくつかのモデルの候補がある場合は，それぞれのモデルの統計的当てはまりの良さを次の情報量規準 AIC によって評価し，比較することができる．

$$\begin{aligned}\mathrm{AIC}(m) &= -2(最大対数尤度) + 2(パラメータ数) \\ &= -2\ln L(\hat{\vartheta}_m; \boldsymbol{y}) + 2|\hat{\vartheta}_m|\end{aligned} \quad (2.29)$$

(2.29) 式では $\prod_{t=1}^{N} f_m(y_t|\hat{\vartheta}_m)$ は尤度の最大値を表し，$|\hat{\vartheta}_m|$ はベクトル $\hat{\vartheta}_m$ の次元 (つまり，パラメータ数) を表す．AIC の最も小さな値をとるモデルを採用することによって，客観的なモデル選択が実現できる (Akaike 1973)．(2.29) 式からも分かるように，AIC は最大対数尤度により算出しており，最尤法を用いたパラメータの推定方法であれば AIC を適用することができる．

AIC の他によく使われる情報量規準として BIC, CAIC などがある．これらの情報量規準の違いについての数式上の詳細は小西，北川 (2004) を参照して欲しいが，応用上の違いは (2.29) 式の第2項のパラメータ数に掛けられている数値が異なることである．AIC では 2, BIC では $\ln N$, CAIC では $\ln(N+1)$ である．CAIC と BIC はサンプル数を考慮しており，サンプル数が8以上の場合，CAIC, BIC, AIC の順にモデルの倹約度が下がる．

2.4.2 MSE, MAPE, MAE

第二の予測精度の比較方法としてアウトサンプル (パラメータ推定に用いていないデータ) を使い,以下で表される誤差を使用する.

$$\hat{\varepsilon}_i = y_i - \hat{y}_i, \qquad i = 1, \cdots, N$$

ただし,N 個のデータのうち,y_i は i 番目の観測値,$\hat{y}_i$ は i 番目の予測値である.

異なる種類のモデルにより予測値を推定した場合でも,この予測誤差により予測精度が比較できる.一般に使用される損失関数は以下のように定義され,これが最小の場合に最も高い予測精度をもつといえる.

$$\text{MSE (mean square error)} = \frac{1}{N}\sum_{i=1}^{N}\hat{\varepsilon}_i^2, \qquad i = 1, \cdots, N$$

$$\text{MAPE (mean absolute percentage error)} = \frac{1}{N}\sum_{i=1}^{N}\left|\frac{\hat{\varepsilon}_i}{y_i}\right| \times 100$$

$$\text{MAE (mean absolute error)} = \frac{1}{N}\sum_{i=1}^{N}|\hat{\varepsilon}_i|$$

2.5 セールスプロモーションの例

従来行われていたセールスプロモーションの評価手法は,プロモーション前,途中,後の販売量やマーケットシェアを比較し,販売量の増加分をプロモーションプログラムの影響によるものと見なすものである.スキャナーデータが得られるようになった後は,統計モデルによりスキャナーデータの分析を行うことによって,より正確にプロモーション効果の測定が可能になった.小売店でのプロモーションの効果測定では,1) 店舗レベルの POS データ,2) 個人レベルの消費者スキャン・パネルデータの双方を使用することができる.後者の消費者スキャン・パネルデータを用いたモデルによる分析は第 5 章以降で説明する.

実際に市場反応モデルを構築するには,目的に応じて以下の事柄を考慮する必要がある.

- 従属変数が需要レベルそのものか，または一つの市場の占有率(シェア)か
- マーケティング変数の数
- 競合関係を含むか否か
- 入力に対する出力変数の反応形状
- モデルで表現する状態が静的か，動的か
- モデルが個人の反応であるかまたはグループ全体の反応であるか

　セールスプロモーション効果を測定するために必要なデータは，説明変数として用いられるプロモーションに関する正確な情報，従属変数として用いられる POS システムからの消費者反応データ(日次または週次の POS 販売量データなど)，コストやマージンの情報である．プロモーション情報として第1章に挙げたような値下げ，ディスプレイ活動，チラシ広告，その他のプロモーション活動の詳しい情報を入力する．コストとマージンの情報としてはプロモーション費用(チラシ広告とディスプレイの費用を含む)，プロモーションを行った商品の手数料，小売業側での値下げ(ディスカウント)，チラシ広告およびディスプレイの割り当てなどがある．顧客数の有無はオプションとする．

　スキャナーデータは詳細な情報を含んでいるので，どの集計レベルのデータを用いるかは目的に応じて分析者が任意に定めることができる．例えば，販売量データの商品区分は各商品レベル，ブランドレベル，カテゴリーまたは部門レベルのいずれかを選択できる．また，プロモーションの期間区分はある商品のプロモーション前，プロモーション中，プロモーション後に分けることができる．

　統計的モデリング手法を用いることによって，1種類のモデルで様々なプロモーション効果を測定することが可能となった．代表的な統計的モデリング手法には実際に小売業やメーカーで使用されている Blattberg and Wisniewski (1987) の B-W モデルと Wittink 他 (1987) の SCAN*PRO モデルがある．B-W モデルと SCAN*PRO モデルではデータの集計レベルに違いがある．また，市場反応関数の形状は共に非線形の形式(例えば前者は指数モデル)であるが，実データに対数変換を施し，線形回帰モデルを適用する．

　これらのモデルを使う場合に頻繁に起きる問題点は，回帰モデルの分析においてよく指摘されているように，予想に反したパラメータの符号や無相関を仮

定した説明変数間における多重相関 (multicollinearity) である．小売業者が値引き，チラシ広告，特別陳列のプロモーションを同時に行うことが多く，これらの変数間に無視できない相互関係があり，多重相関が発生することになる．

2.5.1 ブラットバーグ・ウィスニエフスキイ (Blattberg – Wisniewski) モデル：指数モデル

B-W モデルは，小売店向けのプロモーション効果測定用の 1 つのチェーン全体の統計モデルであり，各価格帯ごとでのプロモーション効果の差異を考慮した上で，各店舗のデータを加算している．つまり，ある価格ゾーンの範囲で，店舗を通してプロモーション効果がほぼ同一と仮定している．B-W モデルは以下のように表される．

$$S_{it} = \exp\{a + b_1 R_{it} + b_2/(1+D_{it}) + \sum_{k \neq i} \frac{\delta_k}{P_{kt}} + \gamma_1 I_{Ai,1,t} \\ + \gamma_2 I_{Bi,2,t} + \gamma_3 I_{Ci,3,t} + \kappa_1 X_{i,t} + \kappa_2 E9_{i,t} + \kappa_3 NF_{i,t} \\ + \kappa_4 T_{i,t} + \kappa_5 C_{i,t} + \varepsilon_{i,t}\} \tag{2.30}$$

ただし，各変数およびパラメータは以下のように表記する．

S_{it} は期間 t におけるブランド i の販売個数，

R_{it} は期間 t におけるブランド i の通常価格，

P_{it} は期間 t におけるブランド i の実際の価格，

D_{it} は $(R_{it} - P_{it})/R_{it}$ で定義される値引き率，

$I_{Ai,1,t}$ はチラシ広告 A に対するダミー変数，

$I_{Bi,2,t}$ はチラシ広告 B に対するダミー変数，

$I_{Ci,3,t}$ はチラシ広告 C に対するダミー変数，

$X_{i,t}$ はブランド i の商品の特別陳列を行っている店舗数，0〜7(最大店舗数)，

$E9_{i,t}$ は価格が 9 で終わるプロモーションに対するダミー変数，

$NF_{i,t}$ は N 個のバンドルパックに対するダミー変数，

$T_{i,t}$ はプロモーション経過時間で，0 の値は最初の期間を表す，

$C_{i,t}$ はプロモーションの最初と最後の週に関する調整ファクター,

プロモーションの最初の週は $\ln 0.65$,

プロモーションの最後の週は $\ln 0.35$,

その他の週は $\ln 1.0$

$\varepsilon_{i,t}$ はランダムな誤差項, $a, b, \delta, \gamma, \kappa$ はパラメータ.

2.5.2 SCAN*PRO モデル

SCAN*PRO モデルは小売業者がどのように意思決定を行うかを製造業者が理解するために使用する目的で Wittink 他 (1987) により開発されたものである. このモデルでは基本的には 1 つの店舗レベルでモデル化できるようになっており, 店舗間で異なるモデル化が可能である. さらに, 店舗間やチェーン間でデータを集計し, プロモーション効果の推定値を市場レベルで算出することができる.

店舗 s, 週 t におけるブランド i の販売量を表す SCAN*PRO モデルは以下のように与えられる.

$$S(s,i,t) = a_{si} \times \exp\{\varepsilon(s,i,t)\}$$
$$\times \left\{ \prod_{j=1}^{J} P(s,j,t)^{b(s,j)} \gamma(1,s,j)^{I(1,s,j,t)} \gamma(2,s,j)^{I(2,s,j,t)} \gamma(3,s,j)^{I(3,s,j,t)} \right\}$$
(2.31)

ただし,

$S(s,i,t)$ は店舗 s, 週 t におけるブランド i の販売個数,

$P(s,j,t)$ は店舗 s, 週 t におけるブランド j の 1 個当たりの価格,

$I(1,s,j,t)$ はチラシ広告に関するダミー変数,

$I(2,s,j,t)$ は特別陳列に関するダミー変数,

$I(3,s,j,t)$ はチラシ広告および特別陳列の同時プロモーションに関するダミー変数,

$\varepsilon(s,i,t)$ は誤差項,a, b, γ はパラメータである.

(2.31) 式の両辺の自然対数をとると,以下のような線形回帰モデルの形となる.

$$\begin{aligned}\ln S(s,i,t) =& \ln a_{si} + \sum_{j=1}^{J}\{b(s,j)\ln P(s,j,t) + \ln\gamma(1,s,j)I(1,s,j,t) \\ &+ \ln\gamma(2,s,j)I(2,s,j,t) + \ln\gamma(3,s,j)I(3,s,j,t)\} + \varepsilon(s,i,t)\end{aligned}$$
(2.32)

ここでの従属変数は $\ln S(s,i,t)$,説明変数は $\ln P(s,j,t)$, $I(1,s,j,t)$, $\cdots$, $I(3,s,j,t)$ であり,パラメータは最小2乗法または最尤法で推定される.

下記の分析例では,アメリカのある大都市で頻繁に購入される食品カテゴリーの3つのナショナルブランドに関する,週次のスキャナーデータを使用した.SCAN*PRO モデルは店舗,チェーン,市場レベルといった異なる集計レベルでモデルの構築も可能であるが,この例では,店舗レベルのデータによりパラメータ推定を行っている.表2.1は分析により統計的に有意となったパラメータ推定値について40店舗における3ブランドの平均値をまとめたものである.

表 2.1 SCAN*PRO モデルのパラメータ推定値の平均値
(出典:Foekens, Leeflang and Wittink 1994, p.260)

ブランド自身による効果				競合ブランドによる効果			
チラシ広告	特別陳列	チラシ広告×特別陳列	価格	チラシ広告	特別陳列	チラシ広告×特別陳列	価格
1.63	2.25	3.07	-3.50	1.25	0.87	0.90	0.63

これを見ると,自己の価格弾力性[*2)]は負であり,競合ブランド価格からの交差弾力性は正という予想どおりの結果となった.価格以外のプロモーション乗数は (2.32) 式で自然対数をとっているので,1 より大きい場合は,単位販売量当たりに正の弾力性効果をもち,1未満の場合は負の効果をもつ.チラシ広告を除く全ての競合ブランドによる効果は予想どおりに当該ブランドの販売量に対して負の効果となった.

[*2)] 弾力性とは,プロモーションなどの効果測定の際に使用される指標で,プロモーションなどの独立変数の変化率と売上げなどの従属変数の変化率の比で表される.指数型モデルについて両辺の対数をとった場合は,傾きを表す回帰係数が弾力性を表す.

3

ダイナミクスの分析：時系列予測モデル

　前章では，モデルを単純化するために得られたデータに静的なモデルを当てはめた．実際の市場は常にダイナミクス性を伴うため，この章ではダイナミクスを取り扱うことのできる時系列手法を説明する．スキャナーデータは第1章で説明したようにクロスセクショナル・時系列データである．なかでもPOSデータは特定の店舗における全ての個人レベルの購買履歴データが集計されたものであるため，時系列データとして時系列解析を当てはめ，市場のダイナミクスを表現することができる．

3.1　平滑化法によるトレンド分析

　時系列 (time series) とは時間と共に変動する現象の記録をさす．時系列解析はその変動の特性を知るための様々な解析手法である．前章のダイナミクスを考慮しないモデルでは，時間と共に記録されるデータを単なる繰り返しとして扱ったが，本章ではデータにおける時間の順序を考慮する．時系列手法は必要なコーザル関係を含む過去のデータを用いて計量的分析を行い，将来を予測する方法である．予測では過去を注意深く研究し，将来同じ関係が継続すると考えられるような仮定を行う．最初に統計モデルではなく，過去の観測データを単にウエイト付けし，加算することによってランダムな変動を除去し，底流にあるパターン (トレンド) を推定しようとする平滑化法を説明する．

3.1.1　単純移動平均法および2重移動平均法

　単純移動平均法は平滑化のための最も簡単な処理方法で，以下の式で表される．

$$S_{t+1} = \frac{1}{N}\sum_{i=t-N+1}^{t} y_i = S_t + \frac{y_t - y_{t-N}}{N} \tag{3.1}$$

ただし，S_{t+1} は時刻 t での一期先の予測値，y_t は時刻 t での観測値，N は移動平均を計算する際の(分析者が決定する)項数である．

　この方法は過去の N 個の観測値を $1/N$ で一様にウエイト付けするものである．N が大きくなればなるほど，予測値が滑らかになる．過去 1 年分の月間データが得られた場合，移動平均法は次期の予測値を過去 1 年分の合計の $1/12$ として予測する．最新のデータが得られた場合，それを一番古いデータと置き換える．このように平均が移動するため，この方法は移動平均法と呼ばれる．移動平均法は一期先予測の方法として使われる．

　(3.1) 式を見ると新しい予測値 S_{t+1} は前期の予測値 S_t の関数であることが分かる．N が大きくなると平滑化効果が大きくなる．この方法の長所は，短時間で低いコストで予測ができることである．一方，この方法の短所は，予測精度が低いこと，パターンの変化にすばやく適応できないこと，観測項数の決定は任意で客観性に欠けることである．さらに，移動平均法はトレンド，季節性，周期的なパターンのような複雑なデータパターンがある場合，有効ではない．そのような場合には 3.2 節で説明する時系列モデルを用いる必要がある．

　2 重移動平均法はまず最初に単純移動平均を計算して，この数値を元にもう 1 回の移動平均を計算する方法である．

3.1.2 指数平滑化法

　指数平滑化法は過去の観測値にウエイト付けした方法という点では移動平均法と同じであるが，相違点はウエイトが一定でなく，指数的に減衰することである．

$$S_{t+1} = ay_t + (1-a)S_t, \qquad 0 \le a \le 1 \tag{3.2}$$

ただし，S_{t+1} は時刻 t での一期先の予測値，y_t は時刻 t での実測値で，実際に予測値を計算する際には $t=0$ 時点での初期値 S_0 が必要である．平滑化ファクター，すなわち，実測値のウエイト a の選択は指数平滑化法においても分析者

の任意である．ファクター a が小さい場合には最新値 y_t のウエイトが小さく，平滑化による過去の予測値や過去の観測値のウエイトが大きい．逆に a が大きい場合には最新値 y_t のウエイトが大きく，過去の予測値のウエイトが小さい．

3.1.3 線形指数平滑化法

2つの平滑化ファクター a, b をもつ線形指数平滑化法は Holt (1957) により以下のように与えられる．

$$S_{t+1} = U_t + V_t,$$
$$U_t = ay_t + (1-a)(U_{t-1} + V_{t-1}), \quad 0 \leq a \leq 1$$
$$V_t = b(S_t - S_{t-1}) + (1-b)V_{t-1}, \quad 0 \leq b \leq 1 \quad (3.3)$$

ただし，S_{t+1} は時刻 t での一期先の予測値，y_t は時刻 t での実測値である．U_t はレベル (平均) に対する平滑化，V_t は傾斜に対する平滑化を表す．a, b は最小2乗法により決定される．

3.1.4 一般的な平滑化法

平滑化法の基本的な考え方は過去の観測値にウエイト付けした方法を用いて予測するというものである．移動平均法ではウエイトが $1/N$，指数平滑化法ではウエイトは指数的に減衰する．これまで説明した全ての方法では過去の観測値をウエイト付けすることによって予測値が得られる．

$$S_{t+1} = \sum_{i=0}^{N-1} w_i y_{t-i} \quad (3.4)$$

ただし，S_{t+1} は時刻 t での一期先の予測値，w_i は i 時点前の観測値に割り当てられたウエイト，y_t は時刻 t での観測値，N は平均をとって予測値 S_{t+1} を計算する際に使われた項数である．

適応平滑化法 (adaptive filtering) では，通常，最小2乗誤差を使ってウエイトを決定する．

3.2 成分分解可能な時系列モデリング

これまでに説明した手法は過去の値を平均することによって平滑化し，底流にあるパターン(トレンド：動向)を見出すものであった．これらの方法では，いくつかのサブパターンがあった場合，それらを分解し，識別することはできない．次に説明する成分分解手法ではサブパターンを分解し，識別することができる．成分分解手法では，時系列は数種のパターンと誤差から成り立っていると見なす．成分分解手法の主な目的はトレンド，周期，および季節性のパターンに分解することであり，一般的には以下のような関数で書くことができる．

$$y_t = f(T_t, I_t, C_t, E_t) \tag{3.5}$$

ただし，y_t は時刻 t での実測値，T_t は時刻 t でのトレンド成分，I_t は時刻 t での季節性(またはインデックス)成分，C_t は時刻 t での周期性成分，E_t は時刻 t での誤差またはランダム成分である．

(3.5) 式の実際の関数 f は下記のように乗法型または加法型など使用した分解方法によって決定される (Lilien and Rangaswamy 1997, p.136)．多くの場合，乗法型では対数変換を施し，加法型モデルとして取り扱う．

$$\text{乗法型モデル} \quad y_t = T_t \times I_t \times C_t \times E_t \tag{3.6}$$

$$\text{加法型モデル} \quad y_t = T_t + I_t + C_t + E_t \tag{3.7}$$

3.2.1 マーケティングにおける時系列回帰モデル

商品の売上げはマーケティング要因，季節性，トレンド，環境によるランダムな変化などの種々の要因によって影響を受けている．生きたビジネスを表現する市場反応モデルにおいてダイナミックアプローチを用いることは有用であり，マーケティング分野では様々なダイナミックアプローチが探索されてきた．Wildt and Winer (1983) はマーケティング・リサーチ分野におけるダイナミックモデルの重要性を述べ，ダイナミックモデルの分析例を要約している．経済時系列分野におけるダイナミックモデルの過去の研究では，システマティック

に係数が変化するモデル，ランダム係数モデル，これら2つの混合モデルという3つのグループに大きく分類される．

3.2.2 ボックス・ジェンキンスの時系列回帰モデルアプローチ

マーケティング分野での多くの分析例では，一般に時系列モデルと回帰モデルの2つの独立した方法が使われている．例えば，トレンド，季節性，他の周期的なパターンの予測では，次節で説明するBox-Jenkins ARIMAアプローチのような時系列モデルが広く使われる．一方，説明変数による効果を推定する場合には，回帰モデルによるエコノメトリックアプローチが使われる．このような状況で，Leone (1983)は両方のアプローチを統合することの重要性を主張した．

Hanssens, Parsons and Schultz (1990)は本章で説明する干渉分析や伝達関数分析のような説明変数付きのARIMAアプローチを推奨し，ETS (econometric time series)モデルと呼んだ．このように，説明変数による効果測定のために用いられ，回帰(エコノメトリック)モデルと時系列モデルを合成したアプローチは入力・出力関係の側面とダイナミックな側面の双方を合わせもつ．市場反応分析におけるETSアプローチをとる応用例では，一般に以下の4つの手法がある(分布ラグモデル(Bass and Clarke 1972)，干渉分析(Box and Tiao 1975, Wichern and Jones 1977, Leone 1987)，伝達関数分析(Hemler and Johansson 1977)，OLSとARMAモデルの併用)．

Kumar (1994)はスキャナーデータが時系列的，横断的(クロスセクショナル)，ランダムという3つの誤差項の性質をもつことを指摘し，スキャナーデータの分析をするためにはOLS (ordinary least square)ではなく，誤差項に共分散構造をもつGLS (generalized least square)による推定の必要性を述べた．3.5.1項では，マーケティング分野における新しいタイプの時系列予測モデルとしてGLS推定法と同等なカルマンフィルターを用いた状態空間モデルを解説する．

3.3 ボックス・ジェンキンスモデル

　時系列解析の古典的なモデルに ARMA モデルなどのボックス・ジェンキンス (Box-Jenkins) モデルがある．ボックス・ジェンキンスモデルは計量経済モデルの一つであり，自然科学，理論経済学，金融の分野で古くから用いられ，近年マーケティング分野でも応用されつつある．今，一変量の時系列 y_t が与えられた時，各 t 期における値 y_t はそれぞれある確率分布に従うと見なすが，得られた観測値は各期ごとに 1 つずつなので，統計量が求められない．そこで差分をとって，季節変動等を除去し，その期待値や分散等が t によらず一定，すなわち定常化することができるとする (定常性とは平均や分散，分布そのものが時間的に変化しないとする時系列データの性質である)．そして，この操作後の時系列データは常に定常であると仮定し，モデル化を行う．

　時系列解析では，このような定常過程を記述するためのモデルに対し，非定常過程を記述するためのモデルがある．トレンド成分，季節性成分，周期性成分を含んでいる場合，データは定常性をもたず，非定常である．多くの場合，データは非定常になる可能性が高い．ボックス・ジェンキンスモデルでは非定常データの場合，上記のように加工後のデータが定常となるようにデータの差分をとり，差分データに定常モデルをあてはめるプロセスを経る．ボックス・ジェンキンスモデルでの定常モデルの主なものに，1) 自己回帰モデル (autoregressive model)，2) 移動平均モデル (moving average model)，3) 自己回帰移動平均モデル (autoregressive moving average model) の 3 種類がある．

3.3.1 自己回帰 (AR) モデル

　第 2 章で説明した (2.5) 式の線形回帰モデルは以下のとおりである．

$$y = a + bx + \varepsilon, \qquad \varepsilon \sim N(0, \sigma^2)$$

ここで，観測データを時系列データと見なし，時間的な区別をするために変数に添え字を付け，y を y_t，ε を ε_t とする．切片はゼロ ($a = 0$)，価格などの外

生変数[*1)]x の代わりに，前日の販売量のように 1 期前の時系列データ y_{t-1} とすると (3.8) 式が得られる．

$$y_t = by_{t-1} + \varepsilon_t, \qquad \varepsilon_t \sim N(0, \sigma^2) \qquad (3.8)$$

ただし，ε_t は平均ゼロ，分散 σ^2 の正規分布に従う独立なノイズで，時系列解析では白色ノイズ (white noise) と呼ばれる．さらに，白色ノイズ ε_t と時系列の過去 y_{t-i} $(i > 0)$ は独立と仮定する．すなわち，ε_t は $E(\varepsilon_t) = 0$, $E(\varepsilon_t^2) = \sigma^2$, $E(\varepsilon_t \varepsilon_j) = 0$ $(t \neq j$ の時$)$, $E(\varepsilon_t y_j) = 0$ $(t > j$ の時$)$ を満たすものとする．つまり，現時点のノイズ ε_t は過去の時系列 y_j $(t > j)$ とは関連のないものと考えるのである．

(3.8) 式は自己回帰の次数が 1 次の自己回帰 (AR(1)) モデルと呼ばれる．右辺の過去の時系列の数が p 個ある場合 (すなわち，y_{t-i}, $i = 1, \cdots, p$ の場合)，次数が p 次の自己回帰 (AR(p)) モデルと呼ばれ，次のように表される．

$$\begin{aligned} y_t &= \phi_1 y_{t-1} + \phi_2 y_{t-2} + \cdots + \phi_p y_{t-p} + \varepsilon_t, \\ &= \sum_{i=1}^{p} \phi_i y_{t-i} + \varepsilon_t, \qquad \varepsilon_t \sim N(0, \sigma^2) \end{aligned} \qquad (3.9)$$

3.3.2 移動平均 (MA) モデル

y_t を説明する際に，過去の観測値ではなく，現時点の白色ノイズ ε_t に加えて，q 期前からの白色ノイズ全てを用いて表現されている時，q 次の移動平均 (MA(q)) モデルと呼ばれ，以下のように表される．

$$y_t = \varepsilon_t - \sum_{j=1}^{q} \theta_j \varepsilon_{t-j}, \qquad \varepsilon_t \sim N(0, \sigma^2) \qquad (3.10)$$

3.3.3 自己回帰移動平均 (ARMA) モデル

さらに，上記 2 つのモデルを組み合わせたものが，自己回帰の次数が p で，移動平均の次数が q の自己回帰移動平均 (ARMA(p, q)) モデルと呼ばれ，以下

[*1)] 説明変数が従属変数のみに影響を与え，逆は成り立たない場合の説明変数．一方，従属変数も説明変数に影響を与えると考えられる場合は内生変数と呼ばれ，3.6 節の同時方程式において取り扱われる．

のように表される.

$$y_t = \sum_{i=1}^{p} \phi_i y_{t-i} + \varepsilon_t - \sum_{j=1}^{q} \theta_j \varepsilon_{t-j}, \qquad \varepsilon_t \sim N(0, \sigma^2) \tag{3.11}$$

ARMA モデルは一変量のモデルである.多変量 (multi-variate) となると MARMA モデルと呼ばれ,これにより説明変数付きの予測も取り扱うことができる.同様に AR モデルは一変量であり,多変量 (vector) の場合は VAR モデルと呼ばれる (詳しくは Hanssens, Parsons and Schultz 1990 を参照).

3.3.4 時間シフトオペレータ

ARMA モデル (3.11) 式は以下のように書き直すことができる.

$$y_t - \sum_{i=1}^{p} \phi_i y_{t-i} = \varepsilon_t - \sum_{j=1}^{q} \theta_j \varepsilon_{t-j}, \qquad \varepsilon_t \sim N(0, \sigma^2) \tag{3.12}$$

ここで,時間シフトオペレータ B を,$By_t \equiv y_{t-1}$ と定義すると,ARMA モデルは以下のように書き表される.

$$\left(1 - \sum_{i=1}^{p} \phi_i B^i\right) y_t = \left(1 - \sum_{j=1}^{q} \theta_j B^j\right) \varepsilon_t \tag{3.13}$$

さらに,自己回帰項を表す AR オペレータと移動平均項を表す MA オペレータをそれぞれ

$$\Phi_p(B) \equiv 1 - \sum_{i=1}^{p} \phi_i B^i, \qquad \Theta_q(B) \equiv 1 - \sum_{j=1}^{q} \theta_j B^j \tag{3.14}$$

によって定義すると,ARMA モデルは

$$\Phi_p(B) y_t = \Theta_q(B) \varepsilon_t \tag{3.15}$$

と簡潔に表現することができる.

3.3.5 定常性の条件および反転可能性の条件

(3.14) 式において,AR 係数 ϕ_i はいろいろな値をとることができるが,全ての場合においてモデルが定常であるとは限らない.(3.5) 式で表現されているト

レンド成分，周期性成分が時系列データに存在する場合，その時系列は定常ではない．例えば，平均が一定ではなく，トレンドがあるものは定常ではない．一般に，p 次の方程式 (ARMA モデルの特性方程式) は次の (3.16) 式で表される．その根の絶対値 $|B|$ が 1 より大きいことがモデルの**定常性**の**条件**である．

$$\Phi_p(B) = 1 - \sum_{i=1}^{p} \phi_i B^i = 0 \tag{3.16}$$

例えば，1 次の自己回帰モデルは以下のように与えられる．

$$y_t = \phi y_{t-1} + \varepsilon_t \tag{3.17}$$

この特性方程式 $1 - \phi B = 0$ における定常性の条件は $|B| > 1$ であり，つまり係数の推定値で考えると $|\phi| < 1$ である．最尤法や最小 2 乗法で ϕ のパラメータを推定した場合，その推定値の絶対値が 1 より大きくなれば，データは非定常である．統計ソフトによる実際のパラメータの推定値の絶対値が 0.9 以上の場合にはデータが非定常である可能性を考えたほうが良い．その場合には 3.3.6 項で説明するようにデータに非定常モデルを当てはめる．

(3.17) 式の右辺第 1 項の y_{t-1} に (3.17) 式を次のように 1 次の自己回帰モデルを逐次代入していくと

$$\begin{aligned} y_t &= \phi y_{t-1} + \varepsilon_t \\ &= \phi(\phi y_{t-2} + \varepsilon_{t-1}) + \varepsilon_t \\ &= \phi^2 y_{t-2} + \phi \varepsilon_{t-1} + \varepsilon_t \\ &= \varepsilon_t + \phi \varepsilon_{t-1} + \phi^2 \varepsilon_{t-2} + \phi^3 \varepsilon_{t-3} + \cdots \end{aligned} \tag{3.18}$$

となり，時系列は無限級数の誤差項で表現できる．この (3.18) 式は無限次数の移動平均モデルであり，1 次の自己回帰モデルが高次の移動平均モデルで近似できることを示す．逆に高次の移動平均モデルも低次の自己回帰モデルで表現できる可能性がある．この場合，表現された級数が収束することが必要である．級数が収束するとき，元のモデルは反転可能であるという．

一般に，q 次の移動平均 (MA(q)) モデル (3.10) 式の反転可能性の条件は次の式で表されるように，q 次の方程式の根の絶対値 $|B|$ が 1 より大きいことで

ある.

$$\Theta_q(B) = 1 - \sum_{i=1}^{q} \theta_i B^i = 0 \tag{3.19}$$

3.3.6 自己回帰和分移動平均 (ARIMA) モデル

これまで,ボックス・ジェンキンスモデルでの定常モデルについて説明を行ってきた.一方,時系列データの平均的な値が増加したり,減少したりしている場合,つまり一定 (定常) ではない場合,データの非定常性を考慮しなければならない.このような場合,以下のように隣り合うデータの差を取ることにより,このトレンドを除去することができる.ここで,$\Delta \equiv 1 - B$ と定義すると差分データ Δy_t は以下のように書き表される.

$$\Delta y_t = (1 - B)y_t = y_t - y_{t-1} \tag{3.20}$$

この Δy_t において1回の差分でデータからトレンドが除去されている場合,Δy_t は定常データと見なされ,Δy_t について ARMA モデルを当てはめることができる.原系列の y_t は y_0 からスタートし,$\Delta y_{t1}, \Delta y_{t2}, \cdots$ を引き続き加算することにより計算できる ($y_t = \Delta y_t + y_{t-1}$).

1回の差分でトレンドが除去できない場合,データの差分を d 回とることにより,定常な時系列を作ることができる.例えば,$y = x^2$ の場合,2 階微分することにより定数 2 を得,3 階微分することにより定数 0 を得ることができる.ここでの微分の操作はデータの差分を取ることと実質的に等しい (一般に,$d-1$ 次の多項式は d 階の差分方程式 $\Delta^d y_t = 0$ の解と見なすことができる (北川 1993 参照)).

2回差分をとった時系列は以下のように表される.

$$\Delta^2 y_t = (1-B)^2 y_t = (1 - 2B + B^2)y_t = y_t - 2y_{t-1} + y_{t-2} \tag{3.21}$$

同様に d 回データを差分した場合,$\Delta^d y_t = (1-B)^d y_t$ で表され,原系列の y_t は d 回加算することにより得られる.

このような時系列モデルは integrated ARMA モデル,ARIMA (p, d, q) モデルと呼ばれ,(3.15) 式において原系列の y_t の代わりに,$\Delta^d y_t$ を使用するこ

とによって以下のように表される．

$$\Phi_p(B)\Delta^d y_t = \Theta_q(B)\varepsilon_t \tag{3.22}$$

ただし，p は AR 部分の次数，q は MA 部分の次数，d は時系列を定常化するためにとった差分の次数である．

3.3.7 時系列に周期性がある場合

時系列に周期性がある場合もそのデータは非定常となる．この場合，1周期の長さを指定し，そのデータ間で差分をとることにより周期性を除去することができる．例えば，日毎のデータで，1週間の周期がある場合は，7日間の間隔を空けての差分をとることになる．ここで，$\Delta_s \equiv 1 - B^s$ と定義すると，差分データ $\Delta_s y_t$ は以下のように書き表される．

$$\Delta_s y_t = (1 - B^s)y_t = y_t - y_{t-s} \tag{3.23}$$

1週間の周期がある場合では $s = 7$ となり，周期性も考慮した ARIMA モデルは以下のように表現され，seasonal ARIMA モデルまたは SARIMA モデルと呼ばれ，以下のように表される．

$$\Phi_s(B^s)\Phi_p(B)\Delta^d \Delta_s y_t = \Theta_s(B^s)\Theta_q(B)\varepsilon_t \tag{3.24}$$

ただし，$\Phi_s(B^s) \equiv 1 - \sum_i^P \phi_{si} B^{si}$，$\Theta_s(B^s) \equiv 1 - \sum_j^Q \theta_{sj} B^{sj}$ はそれぞれ周期性部分の AR オペレーター，MA オペレーターである．P は周期性部分の自己回帰項の次数，ϕ_{si} はその係数であり，Q は周期性部分の移動平均項の次数，θ_{sj} はその係数である．s は周期性を除去し，定常時系列を作るためにとった差分の次数である．その他の記号は (3.22) 式と同様である．統計ソフトを用いて seasonal ARIMA モデルで時系列データ解析する場合には，(3.22) 式での次数 (p, d, q) および (3.24) 式での次数 (P, d, Q)，一周期の長さ s を指定する必要がある．

3.3.8 伝達関数分析 (transfer function analysis)

説明変数の関数を入力として ARIMA モデルに加えたものは伝達関数モデル

(または ARIMAX モデル) と呼ばれる.例えば,売上げを予測する場合に広告費用を説明変数と考え,ARIMAX モデルで分析することができる.伝達関数とはどのように他の入力系列がモデルに入っているかを表現するものであり,伝達関数モデルは過去のランダムな白色ノイズの値と過去の他の入力系列の値の線形結合として表現される.(3.24) 式の ARIMA モデルにおいて,説明変数 x_t の効果の時間的遅延を考慮したある関数 $f_B(x_t)$ を加えると以下のような式が得られる.

$$\Phi_s(B^s)\Phi_p(B)(\Delta^d\Delta_s y_t - f_B(x_t)) = \Theta_s(B^s)\Theta_q(B)\varepsilon_t, \quad \varepsilon_t \sim N(0,\sigma^2) \tag{3.25}$$

ここで,(3.25) 式は以下のように書き直すことができる.

$$\Delta^d\Delta_s y_t = f_B(x_t) + \frac{\Theta_s(B^s)\Theta_q(B)}{\Phi_s(B^s)\Phi_p(B)}\varepsilon_t \tag{3.26}$$

$f_B(\cdot)$ は伝達関数で,1つのスケール・パラメータだけでなく,バックシフト・オペレータに関して分子・分母をもつ多項式も指定することができる.マーケティングにおける伝達関数分析の例として,広告のような連続した入力変数に対するその広告の認知率の反応分析が挙げられる.

3.3.9 自己共分散関数・自己相関関数・相互相関関数

一変量時系列の場合には,平均と自己共分散関数および自己相関関数が時系列の特徴を記述する基本的な統計量である.時系列を $y_1,\cdots,y_N$ とする時,y_t の期待値 $\mu_t = E(y_t)$ を時系列 y_t の**平均値関数 (mean value function)** と呼ぶことにする.また,時系列 y_t と時刻 k だけをシフトした y_{t-k} との共分散

$$\text{Cov}(y_t, y_{t-k}) = E(y_t - \mu_t)(y_{t-k} - \mu_{t-k}) \tag{3.27}$$

を時系列 y_t の **自己共分散関数 (autocovariance function)** と呼ぶ.特に $k=0$ とおくと時系列の分散関数 $\text{Var}(y_t) = \{E(y_t - \mu_t)\}^2$ が得られる.また,y_t と y_{t-k} の相関係数

$$\rho_k = \frac{\text{Cov}(y_t, y_{t-k})}{\sqrt{\text{Var}(y_t)\text{Var}(y_{t-k})}} \tag{3.28}$$

をラグ k の関数と見なすことができ，これを **自己相関関数 (autocorrelation function)** と呼ぶ．

多変量時系列の場合には **平均ベクトル**，**相互共分散関数** および **相互相関関数** がこれらに相当する．

3.3.10 偏自己相関関数

偏自己相関関数 (partial autocorrelation function) とは，y_t と y_{t-k} との間にあるデータ $y_{t-1}, \cdots, y_{t-k+1}$ からの間接的な影響を取り除き，y_{t-k} が直接 y_t にどの程度影響を及ぼすかを表す．偏自己相関関数 $\Gamma(k)$ は以下のように表される．

$$\Gamma(k) = \frac{|R_k^*|}{|R_k|} \tag{3.29}$$

ただし，R_k^* は R_k の k 列目の各要素を $\rho_1, \rho_2, \cdots, \rho_k$ で置き換えた行列で以下のように表す．

$$R_k = \begin{pmatrix} 1 & \rho_1 & \cdots & \rho_{k-2} & \rho_{k-1} \\ \rho_1 & 1 & \cdots & \rho_{k-3} & \rho_{k-2} \\ \vdots & \vdots & \ddots & \vdots & \vdots \\ \rho_{k-2} & \rho_{k-3} & \cdots & 1 & \rho_{k-1} \\ \rho_{k-1} & \rho_{k-2} & \cdots & \rho_{k-1} & 1 \end{pmatrix} \tag{3.30}$$

$$R_k^* = \begin{pmatrix} 1 & \rho_1 & \cdots & \rho_{k-2} & \rho_1 \\ \rho_1 & 1 & \cdots & \rho_{k-3} & \rho_2 \\ \vdots & \vdots & \ddots & \vdots & \vdots \\ \rho_{k-2} & \rho_{k-3} & \cdots & 1 & \rho_{k-1} \\ \rho_{k-1} & \rho_{k-2} & \cdots & \rho_{k-1} & \rho_k \end{pmatrix} \tag{3.31}$$

一般的には自己相関関数および偏自己相関関数をラグ k に対してプロットすることにより AR(自己回帰モデル) または MA(移動平均モデル) のどのタイプのモデルをフィットすれば良いかを容易に識別することができる．図 3.1 は AR(2) モデルおよび MA(2) モデルの自己相関関数および偏自己相関関数を示

したものである．AR(2) モデルでは偏自己相関関数が 2 次のラグ以降ゼロの値をとり，MA(2) モデルでは自己相関関数が 2 次のラグ以降ゼロの値をとっている．これらのグラフにより，大まかに自己回帰モデルまたは移動平均モデルであるか，その次数に基づいて判断することができる．

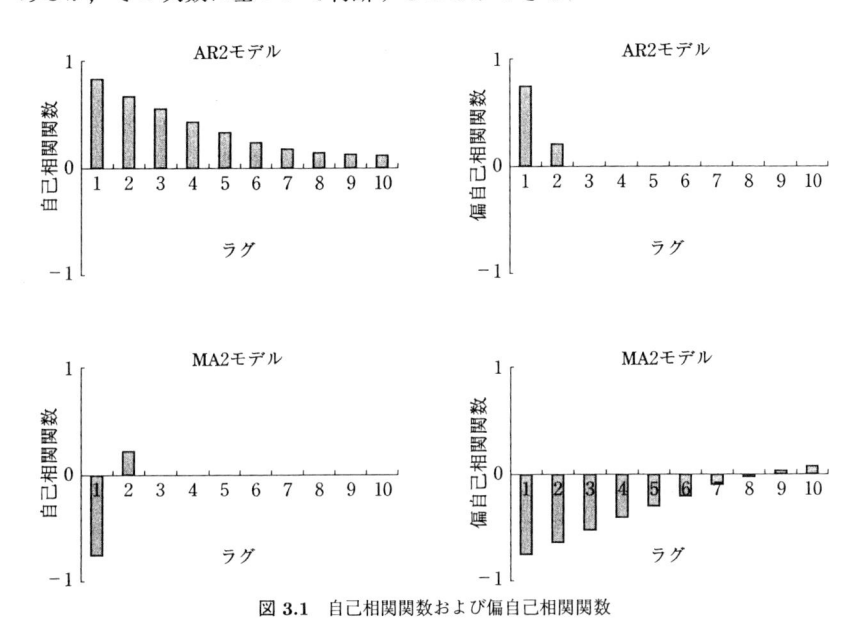

図 3.1 自己相関関数および偏自己相関関数

3.3.11 プリホワイトニング

入力系列に自己相関があり，入力系列と出力系列間の相互相関関数を直接算出した場合，その相互相関関数はそれらの関係について誤解を与えることになる．この問題を解決する一つの方法にプリホワイトニングと呼ばれる方法がある．まず，入力系列に ARIMA モデルを当てはめ，係数を推定する．次に，その求めた ARIMA モデルで入力系列をフィルターし，残差系列を白色ノイズにする．さらに，その同じ ARIMA モデルで出力系列をフィルターする．フィルターに通した入力系列とフィルターに通した出力系列との相互相関関数を計算するというものである．

3.3.12 干渉分析 (intervention analysis)

価格と広告といった伝統的なマーケティング変数以外に,不連続の出来事を販売量モデルに組み入れることができる時系列手法として干渉分析がある.例としては,政府の新しい規制の導入,競争的なブランドの参入,食品などに関連する中毒あるいは病気のような大惨事などがある.干渉分析はダミー変数をもつ回帰分析にダイナミクス性を加えて拡張したモデルと考えることができる.干渉分析に使われるダミー変数として,パルス効果(次第に減衰する一時的な効果)といったん起こると永久に存続するステップ効果の2つの異なった効果が考えられる.例えば,ストライキという出来事は生産や製品の配荷にパルス効果を引き起こしたり,新しいブランドの市場参入は既存ブランドの売上げに永久的なステップ効果を及ぼすことが考えられる.

干渉モデルは伝達関数モデルの一種で,入力系列として一時的なパルスや永久的なステップ変化を表す離散的な説明変数を伴うモデルである.干渉モデルでの伝達関数では,1つの説明変数項,または1つのオペレータに対して1つのパラメータが推定され,プリホワイトニングや相互相関関数は使用しない.

(3.26) 式を用いて干渉分析を行うことができる.

$$\Delta^d \Delta_s y_t = f_B(x_t) + \frac{\Theta_s(B^s)\Theta_q(B)}{\Phi_s(B^s)\Phi_p(B)}\varepsilon_t$$

伝達関数 $f_B(x_t)$ の例として以下の関数が挙げられている (Box and Tiao 1975 参照).

(a) $f_B(x_t) = b_0 x_{1t}$

(b) $f_B(x_t) = (b_0 - b_1 B)x_{1t}$

(c) $f_B(x_t) = (b_0/\Delta)x_{1t}$

(d) $f_B(x_t) = (b_0/\Phi_p(B))x_{1t}$

(e) $f_B(x_t) = (b_0/\Phi_p(B))x_{1t} + (b_1/\Delta)x_{2t}$

(f) $f_B(x_t) = (b_0/\Phi_p(B))x_{1t} + (b_1 B/\Delta)x_{2t}$

(g) $f_B(x_t) = b_0 x_{1t} - (b_1/\Phi_p(B))x_{2t} + b_2/\Delta$ (3.32)

ただし,x_{1t}, x_{2t} は干渉変数と呼ばれ,期間 t における干渉的な事件の有無を

3.3 ボックス・ジェンキンスモデル

表すダミー変数である．

図 3.2 はパルス状の干渉分析の例であり，特定の時点 t にのみ入力がある (x_{1t} や x_{2t} が特定の時点にのみ 1 の値をもつ)．(a) 図 3.2a は $t = 4$ 時点でのパルス状の干渉効果をもち，y_t は上側にシフトし，その時系列はそれ以前の状態に戻る．それ以外は定常な平均をもつ．(b) 非定常な平均をもつ時系列ではパルス状の干渉は，図 3.2b のように表される．$t = 4$ 時点で y_t は上にシフトし，その直後時系列はそれ以前の非定常な状態に戻る．(c) 図 3.2c は一時点の入力に対して $t = 4$ および $t = 5$ の 2 時点でパルス状の干渉効果をもち，それ以外では定常な平均をもつ．伝達関数の部分は $t = 4$ 時点では $b_0 x_{1t} (b_0 > 0)$，$t = 5$ 時点で $b_1 B x_{1t} = b_1 x_{1t-1} (b_1 < 0)$ であり，双方合わせると $b_0 x_{1t} + b_1 x_{1t-1}$ となる．これらの効果はそれぞれ累積しないため，$t = 4$ 時点をすぎると $b_0 x_{1t}$ の部分はゼロとなり，$t = 5$ 時点をすぎると $b_1 x_{1t-1}$ の部分もゼロとなる．(d) 図 3.2d は時間 $t = 1$ から $t = 3$ までは (a) と同レベルの定常な平均，$t = 4$ 時点で (a) と同レベルのパルス状の干渉効果をもち，$t = 4$ の後は継続的なダイナミックな減衰反応 $b_0 x_{1t} / (1 - b_1 B)$ となることを表す．$|b_1| \leq 1$ を仮定し，時

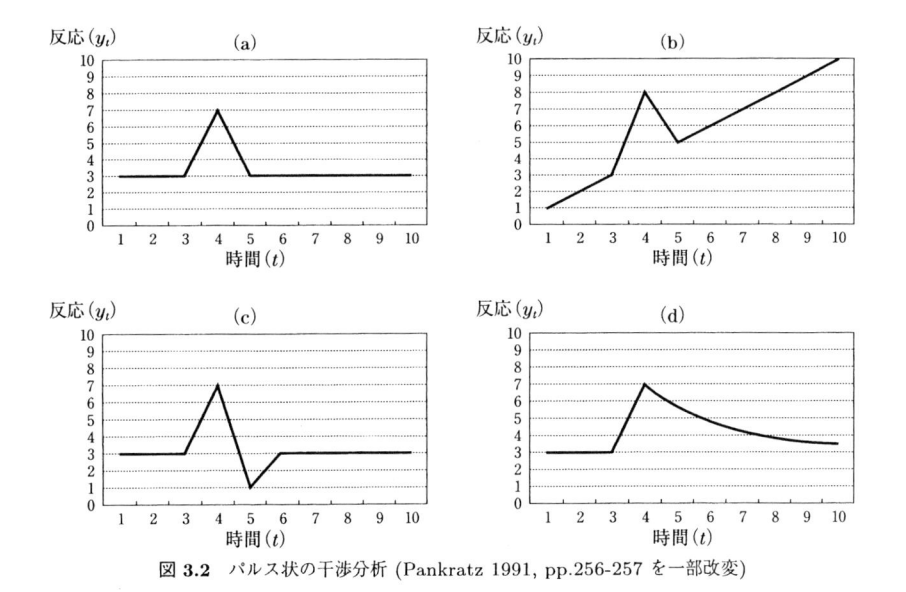

図 3.2 パルス状の干渉分析 (Pankratz 1991, pp.256-257 を一部改変)

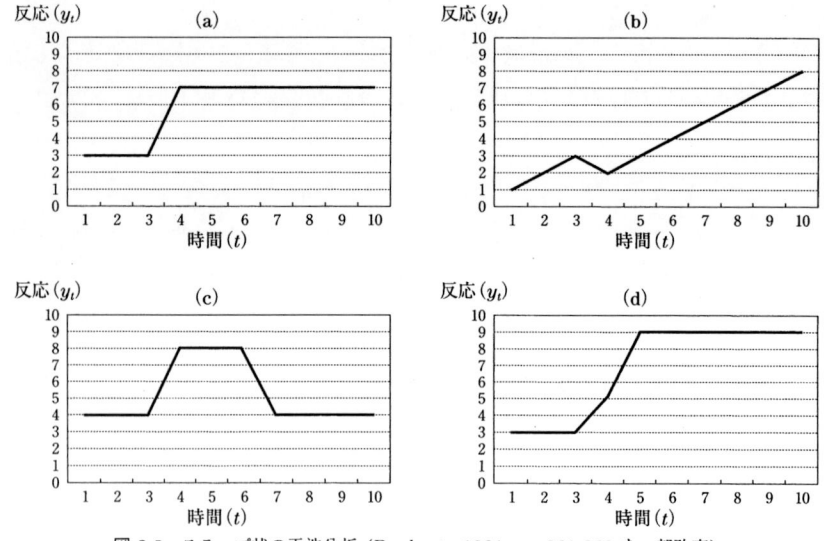

図 3.3 ステップ状の干渉分析 (Pankratz 1991, pp.261-262 を一部改変)

間が経つにつれてその干渉効果が徐々に減衰することを表す．$t=4$ の後では前期の反応 ($b_0 x_{1t}$) から $|b_1|$ の率により減少し，この減衰反応を表すモデルはコイック (Koyck) 型モデルと呼ばれ，b_1 は維持率を表す．

図 3.3 はステップ状の干渉分析の例であり，継続的に入力がある (入力を表す変数である x_{1t} や x_{2t} が継続的に 1 の値をもつ)．(a) 図 3.3a は $t=4$ 時点における即時的であるが永久に継続する効果 $b_0 x_{1t}$ を表す．ここでは，$t<4$ 時点では x_{1t} は 0 であり，$t \geq 4$ 時点では x_{1t} は 1 である．(b) 図 3.3b は非定常な平均をもつ時系列に対するステップ状の干渉分析の例である．(c) 図 3.3c は $t=4, t=5, t=6$ の 3 時点において x_{1t} は 1 であり，複数の時点で入力を指定することにより，それらの時点でステップ状の干渉効果を表すことができる．(d) 図 3.3d は (a) の場合において一期遅れた反応も伴うダイナミックなステップ効果をもつ場合である．この伝達関数は $(b_0 + b_1 B)x_{1t} = b_0 x_{1t} + b_1 x_{1t-1}$ である．

干渉分析手法で行われる手続きは以下のとおりである (Box and Tiao 1975, Montgomery and Weatherby 1980)．

1. 上記の $(a) - (g)$ のような x_t に対する伝達関数の仮説をたてる．

2. プロモーションを行っていない長い期間のデータがあり，引き続いてプロモーションが行われた場合，プロモーションを行っていない期間のデータに対して標準的な SARIMA 分析を用いてノイズモデル $\frac{\Theta_s(B^s)\Theta_q(B)}{\Phi_s(B^s)\Phi_p(B)}$ の推定を行う．

3. プロモーションが全データ期間行われた場合や何回も行われた場合などプロモーションを行っていない期間が長くない場合，2 段階の推定を行う．まず，入力系列がノイズ系列と独立であると仮定し，回帰分析を適用し，$f_B(x_t)$ に対するパラメータを推定し，誤差の推定値である残差を得る．次に，残差に対して SARIMA モデルを当てはめ，$\frac{\Theta_s(B^s)\Theta_q(B)}{\Phi_s(B^s)\Phi_p(B)}$ モデルを同定する．

プロモーションデータの場合，一般的にこのケース 3 がとられることが多い．伝達関数分析を行う際，上記のような関数を特定するために分析者は前もって仮説を立てる．

3.3.13 干渉分析の例 (1)—キャットフードのプロモーション評価

Leone (1987) はウエットタイプのキャットフードに関するプロモーション評価に干渉分析を用いた．「3 個で 1 ドル」というプロモーションは 1 カ月に 1 度という頻度で通常行われている．一方，この論文では「5 個で 1 ドル」というあまり行われないプロモーションを第 10 期目に取り扱っている．最終的な干渉モデルは以下で表される．

$$y_t = \left(492.24 - \frac{355.7B}{1-0.57B} + \frac{60.9B}{1-B}\right)x_t + \frac{1-0.76B}{1-0.97B^3}\varepsilon_t \quad (3.33)$$

ただし，

y_t は販売量，

x_t は 5 個で 1 ドルというプロモーションに関するダミー変数，

ε_t は誤差項，　$\varepsilon_t \sim N(0, \sigma_\varepsilon^2)$

である．

括弧で括られている x_t の係数が今回のプロモーションによる効果の強度を表

す．バックシフト・オペレータ B がついている項は，それぞれ1期遅れ効果である．まず，バックシフト・オペレータがついていない係数，492.24 は即時的な効果を表す．すなわち，通常の販売量と比較するとこのプロモーションの最初の効果は 492.24 個の販売量の増加を生み出している．この効果は分母がないため，減衰せず，次の期には影響を及ぼさない．次期の効果は，分子の係数で B がついている項に注目すると -355.7 と 60.9 があり，それぞれ1期遅れて影響が出る．つまり，$294.8 (= 355.7 - 60.9)$ 個の販売量の減少となっている．これはプロモーションにより購入の前倒し (purchase acceleration) が起こったものと推測される．また，これらの効果は分母があることから，さらに次の期以降に継続的な影響を及ぼすことになる．-355.7 に 0.57 をタイムラグの回数分掛けた数値 (減衰する項) と 60.9 に 1 を掛けた数値 (長期的に持続する効果) の和がそれ以降の効果の推定値である．プロモーション後には，60.9 個，約 10% の長期的な販売量の増加につながっている．

3.3.14 干渉分析の例 (2)—雪印乳業食中毒事件による牛乳市場への影響

2000 年 6 月 26 日に起きた一連の雪印乳業食中毒事件は，乳製品シェア No.1 企業の失墜と共に社会に大きな衝撃を与えた．雪印乳業は行政からの許可が出るまで事件後 7 月 13 日から 29 日間，牛乳の出荷停止処分となった．一連の事件では様々な報道がなされ，新たな事実が次々と発覚した．どの報道が一番雪印乳業の売上げに影響を与えたのか，雪印が販売を再開した後の売上げはどうなったのか，食中毒による被害者が出た関西と他の地域では影響が違うのかといったような疑問が浮かぶ．ここでは日次 POS データを分析することにより，「危機マーケティング」の領域である重大な事件が売上げに影響を及ぼす効果をモデル化する干渉分析を解説する．

まず，上記のような疑問点に関して以下のような仮説が考えられる．
- 事件後，雪印乳業の売上げは激減する
- 事件によって牛乳市場全体への影響は少なく，事件は競合ブランドにプラスに働く
- 生産再開後も雪印の売上げは低迷
- 事件の起こった関西では他地域より影響が大きい

- 事件第一報の影響が一番大きい
- ブドウ球菌発見の報道の影響が一番大きい

分析データに使用したデータは事件が起きた 2000 年の 1 月から 12 月までの日次 POS 販売量データである．対象店舗は入手した日本全国 124 店舗のうち，事件が起きた関西，牛乳生産地である北海道，最大の市場である関東エリアからそれぞれ 2 店舗ずつ選択した 6 店舗である．

この分析に使用した干渉モデルは入力がパルス状やステップ状のダミー変数をもつ SARIMA モデルであり，(3.26) 式で表される．

$$\Delta^d \Delta_s y_t = f_B(x_t) + \frac{\Theta_s(B^s)\Theta_q(B)}{\Phi_s(B^s)\Phi_p(B)}\varepsilon_t, \quad \varepsilon_t \sim N(0, \sigma_\varepsilon^2)$$

ただし，y_t は雪印製品の販売量シェア，$f_B(x_t)$ は雪印製品に関する各事件のダミー変数 x_t の線形関数，ε_t は白色ノイズである．今回の分析では，ダミー変数 x_i $(i=1,\cdots,5)$ (添え字 t は省略) として以下の 5 つを設定した．

$$x_1 = \left\{\begin{array}{l} 1 \ (6/29) \ 事件発生日 \\ 0 \ その他の日 \end{array}\right\}, \ x_2 = \left\{\begin{array}{l} 1 \ (7/13 - 7/29) \ 製造停止期間 \\ 0 \ その他の日 \end{array}\right\}$$

$$x_3 = \left\{\begin{array}{l} 1 \ (7/30) \ 生産再開日 \\ 0 \ その他の日 \end{array}\right\}, \ x_4 = \left\{\begin{array}{l} 1 \ (7/2) \ ブドウ球菌発見報道の日 \\ 0 \ その他の日 \end{array}\right\}$$

$$x_5 = \left\{\begin{array}{l} 1 \ (10/9 - 12/31) \ 事件発生後 100 日以降 \\ 0 \ その他の日 \end{array}\right\}$$

図 3.4 は関西の 1 店舗 (店舗 A) における雪印製品合計の日次販売量シェアの動きを表す．このグラフから 7 月 5 日〜10 月 10 日の間は雪印製品のシェアがゼロとなり，10 月 10 日以降店頭に商品が入り始め，11 月 27 日以降，単発的ではあるが，シェアが以前の 3/4 に近い水準まで回復していることが読み取れる．

図 3.4 では全体を通して雪印製品のシェアには何らかの周期性が見られる．周期性をもつ SARIMA モデルを，以下ではボックス・ジェンキンスの表記方法に周期性の次数 s を付け加えて ARIMA$(p,d,q)(P,d,Q)s$ とする．一番目の括弧内の数字は順に自己回帰の次数，和分階差の次数，移動平均の次数を表す．

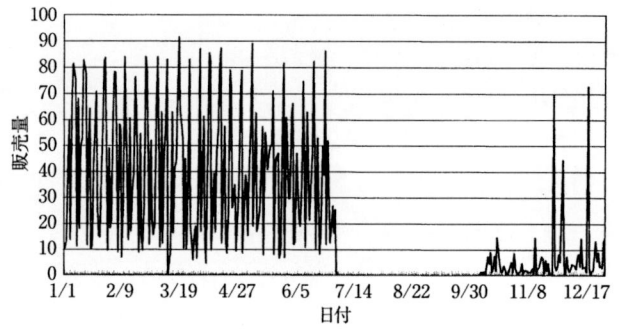

図3.4 雪印製品の日次販売量シェア

括弧の外側の数値 s は周期性の次数で，二番目の括弧内の数字は順に指定された周期性に関する自己回帰，和分，移動平均の階差の次数を表す．例えば，ARIMA(0,1,1)(0,1,1)7 は，7 日間の周期性をもつモデルで，自己回帰の項はなく，当日の値と前日の値との 1 次階差を元のデータから生成し，それを用いた 1 次の移動平均モデルを指定している．つまり，元のデータは定常ではなく，1 次のトレンドと，7 日間の周期性が存在していると仮定したモデルである．

まず，モデル 1 として，4 変数を全て入力し，自己回帰の次数を 1，移動平均の次数を 1 とした ARMA(1,1)，すなわちモデル 1 を店舗 A のデータに当てはめた．この場合，3 番目の括弧には各ダミー変数の有無が記載されている．

モデル 1：ARIMA$(1,0,1)(0,0,0)1(x1,x2,x3,x4)$

$$y_t = a + b_1 x_{1t} + b_2 x_{2t} + b_3 x_{3t} + b_4 x_{4t} + \frac{1-\theta_1 B}{1-\phi_1 B}\varepsilon_t \tag{3.34}$$

表 3.1 はモデル 1 における誤差の自己相関関数を表している．(3.8) 式において説明しているように，異なる時点間では誤差の相関はないものとする．ところが，表 3.1 では 7 日を 1 サイクルとした周期 (太字部分) で自己相関関数が非常に高くなっていることがわかる．タイムラグが 1 の自己相関関数の場合，$\rho(1)$ は 0.041 で，タイムラグが 48 の場合，$\rho(48)$ は － 0.055 である．これらの 48 個の自己相関関数のデータについて，「自己相関関数はゼロであるという仮説」はカイ 2 乗検定により有意水準 1 ％未満 (ほとんど 0 ％) で有意となり，棄却された．したがって，SARIMA モデルを用いてデータの周期性を除去する必要がある．

表 3.1 モデル 1 での誤差の自己相関関数

ラグ k	ラグ						
	0	1	2	3	4	5	6
0～6	1.000	0.041	−0.093	−0.076	−0.080	−0.096	0.014
7～13	**0.563**	−0.038	−0.082	−0.090	−0.137	−0.113	−0.024
14～20	**0.523**	−0.041	−0.103	−0.142	−0.200	−0.109	−0.008
21～27	**0.524**	−0.034	−0.042	−0.087	−0.112	−0.081	−0.016
28～34	**0.526**	−0.011	−0.010	−0.100	−0.140	−0.091	0.007
35～41	**0.538**	−0.065	−0.059	−0.119	−0.119	−0.061	0.001
42～48	**0.476**	−0.042	−0.064	−0.128	−0.134	−0.078	−0.055

ラグ 1〜48 のデータ数：48；2 乗和：775.92；自由度：46；確率：0.000

そこで，モデル 2 として自己回帰および移動平均の次数を同じとし，周期を 7 として SARIMA モデルを当てはめた．表 3.2 はモデル 1 とモデル 2 の情報量規準 AIC の値を比較したものである．AIC の値が小さいほど，インサンプルデータに対してモデルの当てはめが優れていることを表す．モデル 2 の AIC は −308.8 で，モデル 1 の AIC より 200 ほど小さくなっており，モデルへの周期性の導入によりモデルのデータへの当てはまりが向上したことが分かる．モデル 2 によって誤差の自己相関関数が 0 であるという仮説は棄却されず，雪印商品のシェアには一週間の周期性があるといえる．この結果を踏まえて，以降，データの周期性の次数は 7 とする．

表 3.2 モデル 1 とモデル 2 の AIC の比較

	ARIMA モデルの次数 (説明変数)	AIC
モデル 1	ARIMA$(1,0,1)(0,0,0)1(x1,x2,x3,x4)$	−109.6
モデル 2	ARIMA$(1,0,1)(1,0,1)7(x1,x2,x3,x4)$	−308.8

表 3.3 はエリア別に AIC が最小である最良のモデルをまとめたものである．6 店舗のうち 4 店舗で x_4 が雪印製品のシェアに影響を与えていることが分かった．つまり，分析を行った店舗においてブドウ球菌発見の報道 (7 月 2 日) が事件当初の影響として非常に大きかったことが言える．また，x_4 の他に 6 店舗中 3 店舗で，「製造停止期間」である x_2 が雪印製品のシェアに影響を与えていることが分かった．事件発生のニュースである x_1 は有意とならず，仮説「事件第一報の影響が一番大きい」は覆された．

さらに，表 3.3 においてパラメータ推定値を地域別に比較した．その結果，関

表 3.3 各店舗で選択されたモデルおよびパラメータ推定値 $\hat{b}_4$ の地域差比較

店舗 (地域)	ARIMA モデルの次数 (説明変数)	$\hat{b}_4$
店舗 A(関西)	ARIMA$(1,0,1)(1,0,1)7(x4)$	0.32
店舗 B(関西)	ARIMA$(2,0,2)(2,0,2)7(x2,x4)$	0.49
店舗 C(関東)	ARIMA$(1,0,1)(1,0,1)7(x2)$	-
店舗 D(関東)	ARIMA$(2,0,1)(2,0,1)7(x2,x4)$	0.02
店舗 E(北海道)	ARIMA$(1,0,1)(1,0,1)7(x3)$	-
店舗 F(北海道)	ARIMA$(1,0,2)(1,0,2)7(x4)$	0.17

西の2店舗において他の地域よりパラメータの推定値が大きいことから，分析を行った店舗においては関西は他地域に比べ，ブドウ球菌の報道に対する反応が大きかったことが分かる．

上記で分析されていない課題として，事件後の雪印製品のシェア回復をどうモデル化するかという点が挙げられる．ARIMA モデルではなく第4章で解説するより柔軟なモデルで，事件の影響の減衰をモデル化することが考えられる．事件の影響の地域差についても，今回は推定されたパラメータの大きさを比較して影響の大きさの判断を行ったが，この分析結果は限られたサンプル店に関するものであり，一般化するにはもっと多くの店舗数で分析し，統計的に検定する必要がある (牧之段，近藤 2002)．

3.4 構造時系列モデル

最近発展してきた予測方法の一つに構造時系列モデリング (Harvey 1985, 1989) がある．構造時系列モデル (STSM：structual time series model) ではレベル，トレンド，季節性，周期性，不規則性成分という分解成分は ARIMA モデルと同様であるが，相違点は非定常性を取り除くためにモデル化前にデータの差分をとる必要がなく，原系列のままデータを使用してモデル中で差分をとるプロセスを構造として指定する．構造時系列モデルは3.5.1項で説明される状態空間モデルで表現される．以下に構造時系列モデルの3つのバリエーションを簡単に説明する．

白色ノイズのあるランダムウォークモデルは3.1.2項の指数平滑化手法に対する統計モデルとして見なされ，以下のように (平均) レベル μ_t と不規則性成分 ε_t をもつモデルである．

3.4 構造時系列モデル

$$y_t = \mu_t + \varepsilon_t, \qquad \varepsilon_t \sim N(0, \sigma_\epsilon^2) \qquad (3.35)$$

レベル成分 μ_t は以下のランダムウォークに従うものと仮定する.

$$\mu_t = \mu_{t-1} + \eta_t, \qquad \eta_t \sim N(0, \sigma_\eta^2) \qquad (3.36)$$

ドリフト付きランダムウォークモデルは決定的なトレンド項 β を白色ノイズのあるランダムウォークモデルに追加したものである (Harvey 1989). (3.35) 式は前に説明したものと同じで, (3.36) 式は以下のようになる.

$$y_t = \mu_t + \varepsilon_t, \qquad \varepsilon_t \sim N(0, \sigma_\epsilon^2)$$
$$\mu_t = \mu_{t-1} + \beta + \eta_t, \qquad \eta_t \sim N(0, \sigma_\eta^2) \qquad (3.37)$$

局所線形トレンドモデル (Harvey 1984) は Holt (1957) の線形指数平滑化手法に関連しており, ドリフト付きランダムウォークモデルにおけるトレンド項は決定項ではなく, β_t と表現してランダムウォークに従い, 変化するように取り扱っている. (3.37) 式は以下のように置き換えられる.

$$y_t = \mu_t + \varepsilon_t, \qquad \varepsilon_t \sim N(0, \sigma_\epsilon^2)$$
$$\mu_t = \mu_{t-1} + \beta_{t-1} + \eta_t, \qquad \eta_t \sim N(0, \sigma_\eta^2)$$
$$\beta_t = \beta_{t-1} + \zeta_t, \qquad \zeta_t \sim N(0, \sigma_\zeta^2) \qquad (3.38)$$

Andrews (1994) ではこれまで開発されてきた様々な予測方法と構造時系列モデルとの予測精度の比較を行っている. Makridakis 他 (1982) は, (POS データも含めた)111 のビジネス・経済データ時系列を使用して包括的な予測コンペを行った. それ以降の構造モデルの相対的予測比較 (Harvey 1984 など) は, 2,3 の時系列データのみで行われていた. Andrews (1994) では比較対象モデルは, これまで説明してきた ARIMA モデル (Box and Jenkins 1976), Bayes モデル (Fildes 1983), Lewandowski (1984) の予測システム (FORSYS), 自己回帰の自己回帰移動平均 ARARMA モデル (Newton and Parzen 1984) と構造時系列モデルである. 単純指数平滑化法, ホルト (Holt) の指数平滑化法, ホルト・ウィンタース (Holt-Winters) の指数平滑化法などの単純な方法は比較されていない. 構造時系列モデルは, 年次, 四半期, 月次のデータおよび季節性データ

を用いた場合や予測期間の長い場合に，2.4.2項で説明したMAPEの尺度で良い予測精度が得られたと報告されている．

3.5 カルマンフィルターを用いた状態空間モデルアプローチ

工学分野においてKalman (1960)とKalman and Bucy (1961)は状態推定を行うための効率的な逐次的計算方法であるカルマンフィルター手法を導入した．システムの状態はシステムの過去の振る舞いを要約したものとして解釈できる．その状態のマルコフ性(一期前の状態だけに依存するという性質)により観察されたデータに基づく状態空間モデルの尤度計算が容易になっている点で，状態空間モデルは時系列分析において重要である (Schweppe 1965)．つまり，応用面におけるカルマンフィルターの重要な点は，ノイズの推定と同時に行われている状態変数の推定に関して正確な最大対数尤度計算を行っていることである．ノイズの分布が全て正規分布である時，カルマンフィルターによる推定量は最適な推定量，すなわち，状態の最小平均2乗線形推定量 (minimum mean squared linear estimator) であり，最小分散不偏推定量 (minimum variance unbiased estimator) であることが証明されている．

Rausser, Mundlak and Johnson (1982) は一般的なカルマンフィルターの有用性を議論し，よく知られている典型的な時変係数線形モデルとして(係数を確率変数と見なし，係数の分布を想定する)ランダム係数モデル，3.4節のランダムウォークモデル，固定効果モデルなどがあるが，実質的には一般的なカルマンフィルターの特別なケースであると述べている．さらに，カルマンフィルターによる推定法は，Sarris (1973) によって準ベイズアプローチと同等であることが示され，Sant (1977) によってGLS (generalized least squares) 推定法と同等であることが示された．マーケティング分野でのカルマンフィルターを用いた手法としてLiu and Hanssens (1981) がある．

次節以降に分析例として挙げている牛乳カテゴリーの店舗レベルのPOSデータには，明らかに時間的に変化する性質，ベースライン販売量の平均的な動きと平行してピーク部分がゆるやかに変化するパルス状の増分販売量の存在が観察されている．Cooley and Prescott (1976) が述べたように時間的に変化する

源は多数あるが，本書では季節性のような緩やかに変化する環境要因や時間的に変化するブランド間の競合関係といった局面に焦点をあてる．本書での ETS (econometric time series) モデルとして，カルマンフィルターを用いた準ベイズ手法であるベクトル状態空間モデルを使用する．

3.5.1 状態空間モデル

時系列データのモデル化へのアプローチには，3.3節で説明したボックス・ジェンキンスに代表される，1) 潜在変数を含まない統計モデルと 2) 上記に紹介した制御理論を出発点とする潜在変数を含む状態空間モデルに大別される．

p 次の自己回帰 (AR(p)) モデルは以下のように表された．

$$y_t = \phi_1 y_{t-1} + \phi_2 y_{t-2} + \cdots + \phi_p y_{t-p} + \varepsilon_t, \qquad \varepsilon_t \sim N(0, \sigma^2) \qquad (3.39)$$

(3.39) 式は推定すべき各パラメータが加法型 (線形モデル) になっており，かつ誤差項に正規分布を仮定している．線形モデルを特殊な形として含めた一般的な非ガウス型・非線形自己回帰モデルは以下のように表される．

$$y_t = f(y_{t-1}, y_{t-2}, \cdots, y_{t-p}, \varepsilon_t) \qquad (3.40)$$

つまり，統計モデルである (3.40) 式は観測データ間および誤差の関係だけで記述し，他に重要な変数を必要としないことを仮定している．

一方，一般化状態空間モデルは観測データのみで記述されるという仮定はなく，直接観測できない状態変数もモデルの中に含まれる．一般化状態空間モデルは次のような観測モデルとシステムモデルの 2 つのモデルで表される．

$$y_t = H(\boldsymbol{\alpha}_t, w_t) \qquad \text{(観測モデル)} \qquad (3.41)$$

$$\boldsymbol{\alpha}_t = F(\boldsymbol{\alpha}_{t-1}, v_t) \qquad \text{(システムモデル)} \qquad (3.42)$$

ただし，$\boldsymbol{\alpha}_t$ は状態と呼ばれている直接観測できないベクトル，w_t は観測ノイズ，v_t はシステムノイズである．

一般化状態空間モデルまで一度に話を進めてしまったが，これ以降で解説する線形状態空間モデルでは観測モデルとシステムモデルを以下のような加法型のモデルと指定し，誤差分布が正規分布に従うものと仮定する．

$$y_t = H_t \boldsymbol{\alpha}_t + w_t \qquad \text{(観測モデル)} \qquad (3.43)$$

$$\boldsymbol{\alpha}_t = F\boldsymbol{\alpha}_{t-1} + Gv_t \qquad \text{(システムモデル)} \qquad (3.44)$$

$$\begin{bmatrix} w_t \\ v_t \end{bmatrix} \sim N\left(\begin{bmatrix} 0 \\ 0 \end{bmatrix}, \begin{bmatrix} \Sigma_w & 0 \\ 0 & Q \end{bmatrix}\right) \qquad (3.45)$$

ただし，$\boldsymbol{\alpha}_t$ は状態と呼ばれる直接観測できないベクトル，H_t, F, G は係数行列である (ここで Σ_w および Q を時間的に変化する分散共分散行列とすることもできる).

例として以下の p 次の AR モデルの状態空間表現を考えてみよう.

$$y_t = \phi_1 y_{t-1} + \cdots + \phi_p y_{t-p} + v_t \qquad (3.46)$$

係数行列 H_t および状態ベクトル $\boldsymbol{\alpha}_t$ を一つの例として以下のように定義すると

$$H_t = \begin{bmatrix} 1 & 0 & \cdots & 0 \end{bmatrix}, \quad \boldsymbol{\alpha}_t = \begin{bmatrix} y_t & \cdots & y_{t-p+1} \end{bmatrix}^T \qquad (3.47)$$

AR モデルの観測モデルは (3.43) 式において観測ノイズをもたない以下の形

$$y_t = H_t \boldsymbol{\alpha}_t \qquad (3.48)$$

で表されることがわかる.

AR モデルのシステムモデルは

$$F = \begin{bmatrix} \phi_1 & \cdots & \phi_{p-1} & \phi_p \\ 1 & & & 0 \\ & \ddots & & \\ \mathbf{0} & & 1 & 0 \end{bmatrix}, \quad G = \begin{bmatrix} 1 \\ 0 \\ \vdots \\ 0 \end{bmatrix} \qquad (3.49)$$

とおけば

$$\boldsymbol{\alpha}_t = F\boldsymbol{\alpha}_{t-1} + Gv_t$$

となり，(3.44) 式と一致することがわかる．同じ時系列モデルに対して，上記以外の状態空間表現も可能である．

3.5.2 モデルの同定

モデルに含まれるパラメータを ϑ, 観測値を $y_1, \cdots, y_N$ とする時, 尤度関数は条件付き分布を用いて以下のように表される.

$$L(\vartheta) = f(y_1, \cdots, y_N | \vartheta) = \prod_{t=1}^{N} f(y_t | Y_{t-1}, \vartheta) \tag{3.50}$$

ただし, $Y_{t-1} \equiv \{y_1, \cdots, y_{t-1}\}$ で, (3.45) 式において誤差分布が正規分布に従うものと仮定しているので, 右辺の各項は以下のように与えられる.

$$f(y_t | Y_{t-1}, \vartheta) = (2\pi)^{-k/2} (|V_{t|t-1}|)^{-1/2} \times \exp\left\{-\frac{1}{2}\varepsilon_{t|t-1}{}^T V_{t|t-1}^{-1} \varepsilon_{t|t-1}\right\} \tag{3.51}$$

ここで, $\varepsilon_{t|t-1} = y_t - y_{t|t-1}$ は時系列の予測誤差, $y_{t|t-1}$ と $V_{t|t-1}$ は観測値 y_t の予測値および分散共分散行列で以下のように求めることができる.

$$y_{t|t-1} = H_t \boldsymbol{\alpha}_{t|t-1} \tag{3.52}$$

$$V_{t|t-1} = H_t W_{t|t-1} H_t^T + \Sigma_w \tag{3.53}$$

ここでは $\boldsymbol{\alpha}_{t|t-1}$ および $W_{t|t-1}$ は状態ベクトル $\boldsymbol{\alpha}_t$ の 1 期先予測値および分散共分散行列で, 次項で説明するカルマンフィルターによって簡単に求められる (片山 1983). (3.51) 式を (3.50) 式に代入し, 自然対数変換を施すと次の (3.54) 式を得る.

$$\ln L(\vartheta) = -\frac{1}{2}\left\{Nk\ln 2\pi + \sum_{t=1}^{N}\ln|V_{t|t-1}| + \sum_{t=1}^{N}\varepsilon_{t|t-1}{}^T V_{t|t-1}^{-1}\varepsilon_{t|t-1}\right\} \tag{3.54}$$

これを最大化することによって ϑ の最尤推定値を求めることができる.

3.5.3 カルマンフィルターによる状態推定

時系列モデルを状態空間表現した後, 残された問題は状態ベクトルを推定することである. 観測値 $Y_t \equiv \{y_1, \cdots, y_t\}$ $(t = 1, \cdots, N)$ および初期値 $\boldsymbol{\alpha}_{0|0}$ と $V_{0|0}$ が与えられた場合, $\boldsymbol{\alpha}_t$ の分布を評価することによってカルマンフィルターにより状態を推定する. カルマンフィルターの再帰的なプロセスは以下のとお

りである.

1) 状態ベクトルの予測

初期値 $\boldsymbol{\alpha}_{0|0}, W_{0|0}$ を設定し，カルマンフィルターの下記の方程式 (3.55), (3.56) を使うことによって，次期の状態 $\boldsymbol{\alpha}_{1|0}$ および $W_{1|0}$ を予測する.

2) 状態ベクトルのフィルター

方程式 (3.58), (3.59) と新しい観測値 y_1 と共に，$\boldsymbol{\alpha}_{1|1}, W_{1|1}$ を更新する. $\boldsymbol{\alpha}_{t|t-1}, \boldsymbol{\alpha}_{t|t}, W_{t|t-1}, W_{t|t}(t=1,\cdots,N)$ の計算全体が完了するまでプロセス 1) および 2) を続ける.

3) 状態ベクトルの平滑化

方程式 (3.61), (3.62) の固定区間平滑化を使用して状態ベクトル $\boldsymbol{\alpha}_{N-1|N}$, $W_{N-1|N}$ を得る. $\boldsymbol{\alpha}_{N-1|N},\cdots,\boldsymbol{\alpha}_{1|N}, W_{N-1|N},\cdots, W_{1|N}$ の計算が完了するまでプロセス 3) を継続する.

カルマンフィルターの方程式は以下のように与えられる.

1) 予測 (時間更新) 方程式

$$\boldsymbol{\alpha}_{t|t-1} = F\boldsymbol{\alpha}_{t-1|t-1} \qquad (3.55)$$

$$W_{t|t-1} = FW_{t-1|t-1}F^T + GQG^T \qquad (3.56)$$

ただし，初期状態 $\boldsymbol{\alpha}_{0|0}$ と $W_{0|0}$ は与えられていると仮定する.

2) フィルター (観測値更新) 方程式

$$K_t = W_{t|t-1}H_t^T(H_tW_{t|t-1}H_t^T + \Sigma_w)^{-1} \qquad (3.57)$$

$$\boldsymbol{\alpha}_{t|t} = \boldsymbol{\alpha}_{t|t-1} + K_t(y_t - H_t\boldsymbol{\alpha}_{t|t-1}) \qquad (3.58)$$

$$W_{t|t} = (I - K_tH_t)W_{t|t-1} \qquad (3.59)$$

3) 平滑化方程式

$$A_t = W_{t|t}F^TW_{t+1|t}^{-1} \qquad (3.60)$$

$$\boldsymbol{\alpha}_{t|N} = \boldsymbol{\alpha}_{t|t} + A_t(\boldsymbol{\alpha}_{t+1|N} - \boldsymbol{\alpha}_{t+1|t}) \qquad (3.61)$$

$$W_{t|N} = W_{t|t} + A_t(W_{t+1|N} - W_{t+1|t})A_t^T \qquad (3.62)$$

3.6 その他の最近のモデル—**LA/AIDS** を用いたプライベートブランドの分析

米国では，ここ 10 年間に多くの製品カテゴリーにおいてプライベートブランド製品が投入されてきた．1997 年時点で 20.8%のマーケットシェアを保持するようになってきている．しかし，カテゴリー別に見るとシェアを大きく伸ばしているカテゴリーもあるが，そうでないカテゴリーもある．また，食品業界のマーケティング・マネージャーにとって，ナショナルブランドとプライベートブランド間にどのような競合的交互作用が存在するかは大きな関心事であるが，Cotterill 他 (2000) によるとナショナルブランドとプライベートブランド間の競合的交互作用についてあまり研究がなされてこなかった．そこで，彼らは同時性を加味した価格差に関する競合的交互作用を分析するために計量経済学的な分析手法である linear approximate almost ideal demand system (LA/AIDS) を適用したモデルを用いて，ブランドレベルの需要分析 (消費者の価格に対する反応 (需要) と企業の価格政策 (供給)) を行った．

LA/AIDS は超越対数関数 (transcendental logarithmic function) と呼ばれ，平均費用関数の対数をテイラー級数に展開する．Cotterill 他 (2000) では 1 次の近似をとったものであり，反応の非線形性を表現することができる．具体的な LA/AIDS モデルは以下のとおりである．

要素シェア式

$$\begin{cases} S_{ij}^1 = a_{10} + a_{11} \ln P_{ij}^1 + a_{12} \ln P_{ij}^2 + a_{13} \ln E_{ij} + a_{14} D_{ij}, \\ S_{ij}^2 = a_{20} + a_{21} \ln P_{ij}^1 + a_{22} \ln P_{ij}^2 + a_{23} \ln E_{ij} + a_{24} D_{ij}, \\ S_{ij}^1 + S_{ij}^2 = 1, \\ E_{ij} = \dfrac{1 \text{人当たりのカテゴリー } i \text{への消費支出額}}{S_{ij}^1 \ln P_{ij}^1 + S_{ij}^2 \ln P_{ij}^2} \end{cases} \quad (3.63)$$

価格反応関数

$$\begin{cases} \ln P_{ij}^1 = b_{10} + b_{11} \ln P_{ij}^2 + b_{12} \ln D_{ij} + b_{13} E_{ij} + b_{14} \ln C_{ij}^1, \\ \ln P_{ij}^2 = b_{20} + b_{21} \ln P_{ij}^1 + b_{22} \ln D_{ij} + b_{23} E_{ij} + b_{24} \ln C_{ij}^2, \end{cases} \quad (3.64)$$

ただし，カテゴリーは i，市場は j，各変数は以下のとおりである．

S^1_{ij} はナショナルブランドの (ドル換算) 市場シェア,

S^2_{ij} はプライベートブランドの (ドル換算) 市場シェア,

P^1_{ij} はナショナルブランドの 1 単位量における小売価格,

P^2_{ij} はプライベートブランドの 1 単位量における小売価格,

E_{ij} は 1 人当たりのカテゴリーへの消費支出額をストーンの価格指数で割ったもの,

D_{ij} は小売需要を喚起するシフト変数 (例:小売広告量, 割引率, 市場の特徴, プライベートブランドの配荷率),

C^1_{ij} はナショナルブランドの小売業側が価格上昇を引き起こすシフト変数 (卸売り価格に対して小売業側の値上げ能力を表す),

C^2_{ij} はプライベートブランドの小売業側の価格上昇を引き起こすシフト変数 (例:小売業者の価格上げ能力, パッケージの大きさのコスト差など), a, b は係数.

マーケティング分野でよく用いられている効用を最大化するマーケットシェアモデル (第 5 章以降を参照) に対し, LA/AIDS では計量経済学的なアプローチで小売段階のブランドレベルの需要体系に関する分析を目的とし, 消費者のコストの関数から支出の市場シェアを導出する. LA/AIDS は多変量で内生変数が入った同時方程式であるため, パラメータ推定は 3 段階最小 2 乗法 (three-stage least squares) を用いる.

Cotterill 他 (2000) の例では, 59 の地域市場における 125 カテゴリーに関するプールされた分析, 6 カテゴリーにおける詳細な分析を行っているが, モデル式のデータに対する当てはまり具合を示す同時方程式に関する重相関係数[*2)]はパンについては 0.932, インスタントコーヒーとマーガリンについては 0.998 を記録し, この LA/AIDS モデルがデータによく当てはまっていることが示された. これまでのクロスセクショナルな分析手法による研究では, ナショナルブランドとプライベートブランドの価格が大きくなればなるほどプライベートブランドのシェアが小さくなるという矛盾した結果が得られていた (McMaster

---

[*2)] この重相関係数はシステムにおける全ての独立変数によって説明される外生変数におけるシステム全体の変動の割合を測定するものである. この統計量は通常非常に高く, 注意深く解釈する必要がある. 多重共線性が重相関係数を高くしている可能性がある.

1987 など).Cotterill 他 (2000) の研究では,需要の同時性と競合企業間の競争的交互作用を考慮しているため,ナショナルブランド (またはプライベートブランド) の価格が上昇すればするほどシェアが小さくなるという矛盾のない結果が得られた.

わが国における LA/AIDS による POS データの分析例は少なく,牛乳カテゴリーを用いた木下,鈴木 (2002) の研究がある.また,POS データを用いた LA/AIDS による研究上での問題点 (例えば商圏がオーバーラップしていて独立な市場として分離できないなど) に関しては川村 (1999) に指摘されている.

4

時系列-クロスセクショナル分析

時系列と回帰分析の統一されたモデルを実現するために，本章では全ての成分を固定したものではなく，時間的に変動するように時系列予測モデルを拡張する．そのため，カテゴリー合計モデルとブランドシェアモデルといった，異なる種類のモデルによる推定が不要となり，統一的なモデリングとなっている．このことはプロモーションによる売上げの増加分をカテゴリー合計の拡大と(ブランドシェアではなく)販売量レベルのブランドスイッチへの分解も可能にしている．

4.1 多変量時系列構造モデル

4.1.1 多変量時系列構造モデルの目的

マーケティング・リサーチの分野では，POSデータやスキャン・パネルデータなどのように集計の度合いが非常に低いミクロデータを対象とした分析が主に行われる．それぞれのデータに最も強く現れている支配的な現象をマネジメントの観点からモデル化して分析することに主眼が置かれるため，それぞれの現象に特化した数多くのモデルが個別に使われている．その一方で，その背後にあるゆっくりと変化する季節要因などのデータの環境的な変動要因は無視されがちである．また，POSデータは商品数が非常に多く，これまでは各商品間の関係に分析の重点が置かれ，時間的なダイナミクスは一部の特定な場合を除いてモデルの中に取り入れられなかった．さらに小売業においては，昨今の膨大で詳細なデータの蓄積に伴い，様々な視点からのモデル化が可能となっている．したがって，限られたタイプのモデル化ではなく，POSデータの特性を柔軟に表現できる統一的な枠組みの上で自由にモデル化できることが求められて

いる.

そこで，本章は年々強力となるコンピュータの計算力を背景に，個別のモデルではなく，環境的な要因やダイナミクス性も含めて多くのデータの変動要素を統一的に取り扱うことが可能な多変量時系列構造モデルの枠組みで，日次および週次の POS データをモデル化する方法 (近藤 1999a, 1999b) を説明する．非常に簡単なモデルは，より複雑なモデルと比較してモデル上表現されていない部分が多く残されている．多変量時系列構造モデルは，分析者が興味のある部分を分析できるようにより複雑なモデルを表現できる統一的な枠組みを用意することを目的とする．本章で説明する多変量時系列構造モデルは，状態空間モデルによって POS データの特性である競合商品間の関係と時間的関連を直接モデル化するものである．

4.1.2 基本モデル

店頭に並べられている個々の商品をそれぞれ 1 つのブランドとする．ただし，直接分析対象としない残りの商品は一括してその他ブランド合計とする．t 期における k 個のブランドの販売量を k 変量の時系列 $\boldsymbol{y}_t = (y_t^{(1)}, \cdots, y_t^{(k)})^T$ で表し ($y_t^{(k)}$ はその他ブランド合計)，以下のように分解できるものとする．

$$\boldsymbol{y}_t = \boldsymbol{\mu}_t + \boldsymbol{d}_t + \boldsymbol{x}_t + \boldsymbol{w}_t, \qquad \boldsymbol{w}_t \sim N(\boldsymbol{0}, \Sigma_w) \tag{4.1}$$

ただし，$\boldsymbol{\mu}_t$ は長期のベースライン販売量 (トレンド) 成分，$\boldsymbol{d}_t$ は周期的な曜日変動成分，$\boldsymbol{x}_t$ は短期的な説明変数成分，$\boldsymbol{w}_t$ は観測ノイズを表す k 次元のベクトルとする．観測ノイズ $\boldsymbol{w}_t$ は平均ベクトルがゼロで，分散共分散行列が Σ_w の正規分布に従うものとする．(4.1) 式は観測された変動を傾向的な変化，曜日の影響，説明変数による影響，その他の偶然の変動に分解し，説明するものである．

a. 長期のベースライン販売量成分

あるブランドの長期のベースライン販売量とは，プロモーションが全く行われていない場合のベースとなる販売量で，比較的長期の販売量の変動 (トレンド) を説明する成分をさす．対象とするカテゴリーは成熟製品カテゴリーで，このベースライン販売量成分は習慣的なリピート購入に対応する．ベースライン

販売量成分 $\boldsymbol{\mu}_t = \{\mu_t^{(i)}\}$ $(i=1\cdots,k)$ は l 回差分をとった後，ほぼゼロとなる成分として以下の l 次の確率差分方程式で表現する．

$$\Delta^l \mu_t^{(i)} = v_\mu^{(i)}, \qquad v_\mu^{(i)} \sim N(0, \sigma_{\mu_i}^2) \qquad (4.2)$$

ただし，システムノイズ $v_\mu^{(i)}$ は正規白色過程であり，$\Delta \equiv 1 - B$ を $\Delta \mu_t^{(i)} = \mu_t^{(i)} - \mu_{t-1}^{(i)}$ で定義されるシフトオペレータとする (Kitagawa and Gersch 1984). ベースライン販売量成分である (4.2) 式では，このように非定常性を表現するためにモデル式の中で差分をとっているのに対し，ARIMA モデルではモデル化の前に実際にデータの差分をとる．

このベースライン販売量は，変動が全くない ($\sigma_{\mu_i}^2 = 0$) 場合，回帰モデルでの切片に相当する．また，この成分は第 3 章の平滑化法と同じで，長期的な，滑らかな傾向を推定するものである．

b. 周期的な曜日変動成分

周期的な曜日変動成分 d_t は 1 週間のサイクルで同様なパターンを繰り返す成分である．曜日変動成分 $\boldsymbol{d}_t = \{d_t^{(i)}\}(i=1,\cdots,k)$ は以下のように 7 日間で 1 周期 ($s=7$) の和がほぼゼロとなる成分としてモデル化される．

$$\sum_{j=0}^{s-1} d_{t-j}^{(i)} = v_d^{(i)}, \qquad v_d^{(i)} \sim N(0, \sigma_{d_i}^2) \qquad (4.3)$$

ただし，システムノイズ $v_d^{(i)}$ は正規白色過程であり，曜日変動のパターンの変化に対応する (Kitagawa and Gersch 1984). 周期性を表現するために，周期性成分である (4.3) 式でもベースライン販売量成分と同様にモデル式の中で差分をとる．

c. 説明変数成分

説明変数成分 x_t は値引きなどの短期的なプロモーションがブランドの販売量に影響を及ぼす成分とする．説明変数成分の係数は回帰式では傾き部分に相当する．本時系列モデルでは傾き部分の係数も緩やかに変動するモデルとなっている．

説明変数成分 $\boldsymbol{x}_t = \{x_t^{(i)}\}(i=1,\cdots,k)$ は 4.1.6 項で定義される（自己の価格変化により販売量が増加する場合にのみ関わる）価格反応関数 $\boldsymbol{u}_t$ を用いて，

以下のように表現できるものとする．

$$\boldsymbol{x}_t = B_t \boldsymbol{u}_t, \qquad B_t = \{b_t^{(ij)}\} \tag{4.4}$$

ただし，$b_t^{(ij)} (i,j = 1,\cdots,k)$ は競合構造を表す係数で，制約条件 $b_t^{(ii)} \geq 0$，$b_t^{(ij)} \leq 0 \ (i \neq j)$ を満たす．さらに，係数 $b_t^{(ij)}$ は市場の変化に反応して緩やかに変化する時変係数であるとする．このような時変係数に対してランダムウォーク型のモデル

$$b_t^{(ij)} - b_{t-1}^{(ij)} = v_b^{(ij)}, \qquad v_b^{(ij)} \sim N(0, \sigma_{b_{ij}}^2) \tag{4.5}$$

を導入し，システムノイズ $v_b^{(ij)}$ は正規白色過程とする．ただし，その分散はベースライン販売量成分の変動の大きさに比例し，σ_b^2 をブランド間で共通な分散に関するパラメータとし，$\sigma_{\mu_i}^2$ をブランド i のベースライン販売量成分のシステムノイズ分散とする時，

$$\sigma_{b_{ij}}^2 = \sigma_b^2 (\sigma_{\mu_i}^2 / \sum_{h=1}^{k} \sigma_{\mu_h}^2) \tag{4.6}$$

が成り立つものとする．

説明変数成分のシステムノイズ分散がベースライン販売量成分のシステムノイズ分散との関係で大きくなりすぎないように，日次のデータでは (4.7) 式において R を価格反応関数のレンジの半分とし，値引き成分の上限を与えている (Kondo and Kitagawa 2000)．

$$\sigma_b \leq R^{-1} \sqrt{\sum_{h=1}^{k} \sigma_{\mu_h}^2} \tag{4.7}$$

4.1.3 状態空間表現に基づくモデルの同定と時系列の分解

(4.1)～(4.4) 式のモデルは以下の状態空間モデルで統合することができる．

$$\boldsymbol{y}_t = H_t \boldsymbol{\alpha}_t + \boldsymbol{w}_t \qquad \text{観測モデル} \tag{4.8}$$

$$\boldsymbol{\alpha}_t = F \boldsymbol{\alpha}_{t-1} + G \boldsymbol{v}_t \qquad \text{システムモデル} \tag{4.9}$$

ただし，$\boldsymbol{\alpha}_t$ は状態ベクトル，$\boldsymbol{w}_t$ は観測ノイズ，$\boldsymbol{v}_t$ はシステムノイズで，以

下のように正規分布に従うものとする.

$$\begin{bmatrix} w_t \\ v_t \end{bmatrix} \sim N\left(\begin{bmatrix} 0 \\ 0 \end{bmatrix}, \begin{bmatrix} \Sigma_w & 0 \\ 0 & Q \end{bmatrix} \right) \qquad (4.10)$$

(4.1) 式の時系列モデルに対するシステムモデルは具体的に以下のように書き表すことができる.

$$\begin{bmatrix} \mu_t \\ d_t \\ b_t \end{bmatrix} = \begin{bmatrix} F_\mu & & 0 \\ & F_d & \\ 0 & & I_{k^2} \end{bmatrix} \begin{bmatrix} \mu_{t-1} \\ d_{t-1} \\ b_{t-1} \end{bmatrix} + \begin{bmatrix} G_\mu & & 0 \\ & G_d & \\ 0 & & G_b \end{bmatrix} \begin{bmatrix} v_\mu \\ v_d \\ v_b \end{bmatrix}$$
(4.11)

状態ベクトル μ_t, d_t, b_t, システムノイズ v_μ, v_d, v_b, システムモデルの行列 $F_\mu, F_d, G_\mu, G_d, G_b$ のそれぞれの成分および観測モデルの行列 $H_t = [\, H_\mu \ H_d \ H_{b_t}\,]$ は, 具体的なモデルに応じて (例えば, 次項のモデル 1, モデル 2 のように) 指定される. 説明変数成分を含むモデルの場合は H_{b_t} に説明変数が入り, b_t はその係数となる. I_{k^2} は k^2 の次元をもつ単位行列である. 状態空間表現の利用により, モデルの同定, 時系列の予測・分解を統一的な枠組の下で行うことができる.

4.1.4　ベースライン販売量と曜日変動のモデル

分析には牛乳カテゴリーにおける店舗 A の週次データおよび店舗 B の日次データを使用した. 店舗 A のデータにはベースライン販売量成分のみをもつ下記のモデル 1 を当てはめた.

モデル 1 (1 次階差をもつベースライン販売量成分のみ)

$$y_t = \mu_t + w_t \qquad (4.12)$$

$$\mu_t = \mu_{t-1} + v_t \qquad (4.13)$$

上式は (4.8), (4.9) 式においてデータの差分をとる回数 (＝差分の次数) l を 1 とし, $\alpha_t = \mu_t$, $H_t = [I_k]$, $F = F_\mu = [I_k]$, $G = G_\mu = [I_k]$ と指定することにより得られる.

4.1 多変量時系列構造モデル

店舗 B の日次のデータには (4.12) 式の代わりにベースライン販売量成分＋曜日変動成分をもつ以下で指定するモデル 2 を当てはめた．

モデル 2 (1 次階差をもつベースライン販売量成分＋曜日変動成分)

$$y_t = \mu_t + d_t + w_t \tag{4.14}$$

モデル 2 は (4.8) 式および (4.9) 式において α_t, H_t, F, G を以下のように指定することにより得られる．

$$\alpha_t = \left[\ \mu_t\ \middle|\ d_t\ \ d_{t-1}\ \ d_{t-2}\ \ d_{t-3}\ \ d_{t-4}\ \ d_{t-5}\ \right]^T,$$

$$F = \left[\begin{array}{c|c} F_\mu & \mathbf{0} \\ \hline \mathbf{0} & F_d \end{array}\right], \quad F_d = \begin{bmatrix} -I_k & -I_k & -I_k & -I_k & -I_k & -I_k \\ I_k & 0 & 0 & 0 & 0 & 0 \\ 0 & I_k & 0 & 0 & 0 & 0 \\ 0 & 0 & I_k & 0 & 0 & 0 \\ 0 & 0 & 0 & I_k & 0 & 0 \\ 0 & 0 & 0 & 0 & I_k & 0 \end{bmatrix},$$

$$F_\mu = G_\mu = I_k, \quad G = \left[\begin{array}{c|c} G_\mu & \mathbf{0} \\ \hline \mathbf{0} & G_d \end{array}\right], \quad G_d = \left[\ I_k\ \ \mathbf{0}\ \ \mathbf{0}\ \ \mathbf{0}\ \ \mathbf{0}\ \right]^T,$$

$$H_t = \left[\ I_k\ \middle|\ I_k\ \ \mathbf{0}\ \ \mathbf{0}\ \ \mathbf{0}\ \ \mathbf{0}\ \ \mathbf{0}\ \right] \tag{4.15}$$

全ての商品がゼロ販売量の場合は，店舗が休業日の場合や存在していたデータが失われた場合で，これらは欠測データとして取り扱った．状態の初期値は各段階における最初に設定したモデル (通常は最も単純なモデル)，例えばモデル 1 では，一階のトレンド成分のみの多変量モデルにおいて AIC が最小となるように初期値を決定した．

ベースライン販売量の動きと曜日変動の存在

モデル 1 ではベースライン成分の階差次数を変更することにより複数のモデルを指定することができる．ここでは，階差次数を $l = 1, 2, 3$ として分析を行い，表 4.1 にモデル 1 の分析における AIC およびパラメータ数を示した．

店舗 A のブランドは A1～A4，その他合計の 5 ブランドとする．A4 のベースライン成分は，他のブランドよりベースライン成分に変動が少なくデータ数

が少ないため，時間的に変化しない成分とした．(4.12), (4.14) 式を含む 1 次から 3 次階差の差分モデルを AIC で比較したところ，1 次のベースライン成分モデル，局所的に一定の成分をもつモデルが店舗 A において良い結果を得た．これは，週次ではデータの集計間隔が非常に短いので，局所的に一定な成分で表現するほうが良いことを示唆している．

表 4.1 店舗 A および店舗 B の各モデルにおける AIC, パラメータ数

店舗 A (週次のデータ)			店舗 B (日次のデータ)		
Model 1 (l：階差次数)	AIC	パラメータ数	Model (l：階差次数, j：周期)	AIC	パラメータ数
Model 1(1)	4042.7 †	24	Model 1(1,1)	39354.0 †	24
Model 1(2)	4143.8	29	Model 1(2,1)	39782.6	29
Model 1(3)	4257.6	34	Model 1(3,1)	47398.4	34
			Model 2(1,7)	39118.0 ‡	52
			Model 2(2,7)	39568.4	57
			Model 2(3,7)	48071.2	62

†, ‡ はそれぞれモデル 1, モデル 2 での最良モデルを表す．

　表 4.1 は店舗 A および店舗 B に関する各モデルにおける AIC およびパラメータ数を表したものである．主要ブランドは 4 ブランドでそれぞれ A1～A4, B1～B4 とし，加えてその他合計の 5 ブランドとした．A4 および B4 のベースライン成分を固定とした．店舗 B の日次データでもベースライン成分は局所的に一定な成分 (すなわち $l = 1$) で表現するほうが良いことが示された．ベースライン成分に曜日変動を加えたモデルと加えないモデルとの比較では，曜日変動を加えることによって AIC の値が 39354.0 から 39118.0 へと 200 以上も大幅に減少し，モデルの改善が見られた．ただし，ブランド B4 は単発的に店頭に在庫がおかれているため，曜日変動成分はモデルに加えられていない．

　図 4.1 は店舗 B に関するグラフで，左は観測データ，右はモデルから得られたベースライン成分＋曜日変動成分をそれぞれ表す．これら 2 つの図から，この項で考慮したモデルの範囲では，たとえ AIC の値が最小となる最も「良い」モデルを用いてもかなり大きな残差が存在することがわかる．次項では値引き効果も考慮したモデルで両店舗のデータ分析を行う．

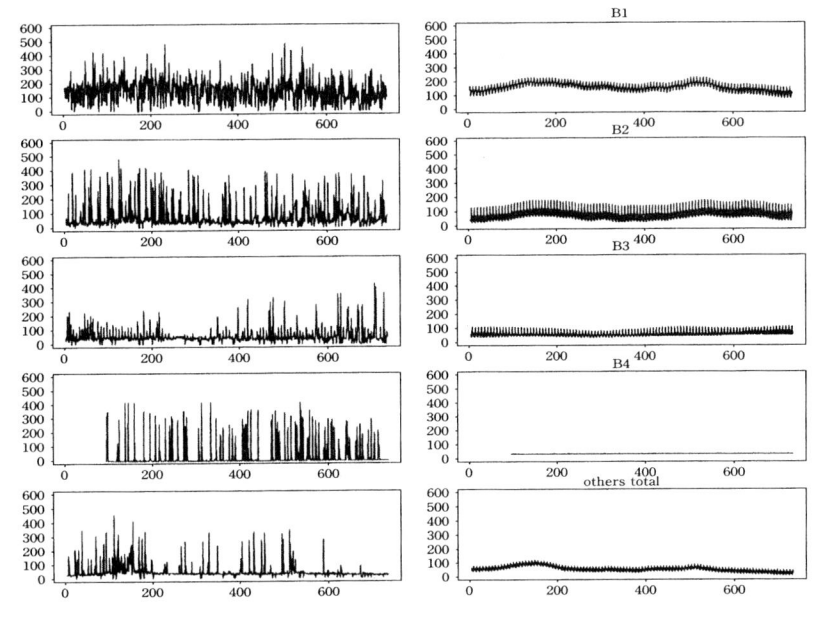

図 4.1 店舗 B に関する観測データ (左);ベースライン+曜日変動 (右)(1994/2/28〜1996/3/3)

4.1.5 値引き効果を考慮したモデル化

前節の分析では考慮したモデルの中で AIC 最小のものを用いても大きな残差が残されたので,ここではモデルを拡張し,値引きの影響を表す成分 x_t を加えた値引き効果モデルを導入する.4.1.6 項ではあるブランドの価格と販売量の関係を表す一変量モデルによる価格反応関数を決定する.4.1.7 項で価格反応関数と販売量に関して競合構造を表す多変量モデルを構築し,4.1.8 項は競合構造が時間的に変化する時変係数モデルを取り扱う.

4.1.6 自己価格の変化による販売量増加モデル

価格は消費者の購入商品決定の際に利用される一連の入力情報と見なすことができ,結果的に生じる販売量の増減効果は消費者の意思決定プロセスを通した断続的な効果である.消費者の価格に対する反応をモデル化する際,まず,ある 1 つのブランドの値引きがそのブランドの短期的な販売量増加をもたらす場合のみを考える.これはマーケティングモデル構築において,最も単純なモデ

ルを最初に構築し,それを複雑化していくプロセスに沿うものであり,また販売量に影響を与える短期的な値引きをそうでないものと区別する.

一方,競合ブランドに対する影響は価格反応関数においては考慮せず,次項の競合構造モデルの中で取り扱うことにする.つまり,あるブランドの値引きによってそのブランドの販売量が増加するかどうかをまず考慮する必要があり,入力-出力の関係を記述するモデルがこの点において重要な役割を果たす.値引きによるパルス状の販売量増加をモデル化したものを「価格反応関数」と呼ぶことにし,$\boldsymbol{u}_t = \{u_t^{(i)}\}(i=1,\cdots,k)$ を以下の k 変量の価格反応関数とする.

$$u_t^{(i)} = f(p_t^{(i)}) \geq 0, \qquad i=1,\cdots,k \tag{4.16}$$

ただし,$\boldsymbol{p}_t = \{p_t^{(i)}\}(i=1,\cdots,k)$ は k 変量ベクトルで,ある商品カテゴリーにおける実際のブランドの価格とする.考慮された価格反応関数はゼロを出発点とし,その出発点での基本となる販売量レベルはベースライン成分 (+曜日変動) の販売量レベルと一致する.価格反応関数が大きくなるほど販売量は増加する.

回帰モデルとの比較を考えると,説明変数である価格反応関数はゼロについて片側半分だけを取り扱うことになるが,準ベイズ手法であるカルマンフィルターを使用することでベースライン販売量成分の事前分布および説明変数成分の事前分布を仮定しているので,このようなモデル化は可能である.自己の説明変数のみをこの部分で取り扱い,もう半分の領域である競合の説明変数は多変量モデルのところで取り扱う.

最も簡単な価格反応関数 $\boldsymbol{u}_t$ は,以下のように定義される全期間の最高価格 (通常価格の代用) と実際の価格の差 $\tilde{u}_t$ である.

$$\tilde{u}_t^{(i)} = \max_{s \in \{1,\cdots,N\}} p_s^{(i)} - p_t^{(i)} \geq 0 \tag{4.17}$$

この価格反応関数決定の際に,データの観察によって得られた情報をそのままモデル化できるように (4.16) 式では非線形モデル (具体的な形状については 2.2 節を参照) も含む非常に柔軟な形になっている.価格反応関数は,値引き効果成分 x_t に関する (4.4) 式において係数 $b_t^{(ij)}$ が時間的に変化しない一変量モデルで表現する.

本節で取り上げた価格反応関数例は以下のとおりである (Kondo and Kitagawa 2000 参照). 価格反応関数 $f_1 \sim f_3$ は次の (値引きの) 強度に関する条件 C を指定した共通式を使って表すことができる.

$$u_t^{(i)} = \tilde{u}_t^{(i)} - c_t \quad \text{条件 C を満たす場合}$$
$$= 0 \quad \text{条件 C を満たさない場合} \quad (4.18)$$

f_1) **値引きレベル**：全期間における最高価格と実際の価格との価格差

$$\text{無条件に } c_t = 0 \quad (4.19)$$

f_2) **競合ブランドとの相対値引きレベル**: あるブランドの販売増は競合ブランドの値引きレベル以上の場合のみ

$$c_t = 0, \quad \text{条件 C は} \quad \tilde{u}_t^{(i)} \geq \max_{\substack{j \in \{1, \cdots, k\}, \\ j \neq i}} \tilde{u}_t^{(j)} \quad (4.20)$$

f_3) **競合ブランド間における最大値引きレベル**: 販売増は f_2 と同じ条件だが，その入力レベルは競合ブランドとの値引きレベル差により決定

$$c_t = \max_{\substack{j \in \{1, \cdots, k\}, \\ j \neq i}} \tilde{u}_t^{(j)}, \quad \text{条件 C は} \quad \tilde{u}_t^{(i)} \geq c_t \quad (4.21)$$

f_4) **上限および下限のしきい値**: 販売増は価格差がある範囲にある場合のみ.

$$u_t^{(i)} = \tilde{u}_t^{(i)} \quad Lth \leq \tilde{u}_t^{(i)} \leq Uth \text{ の場合}$$
$$= 0 \quad \text{その他} \quad (4.22)$$

ただし, $0 < Lth < Uth$ により 上限 (Uth) および下限 (Lth) のしきい値を決定.

図 4.2 にある分析データ例の B4 では，商品の品質保証期限が近づいているために大幅な値引きが実施されたことが考えられる．この品質劣化の場合の値引きと通常のプロモーションの場合の値引きでは消費者の反応の仕方が全く異なる．上限のしきい値は商品の品質が良くない場合での値引きの入力値がゼロになるように設けられている．この例では，価格と販売量の関係は商品の期待される品質が与えられた後の，条件付のものと考えられる.

f_5) **値引き効果減衰関数**: 値引きが 2 期以上続けて行われた場合，値引き効

果が減衰する．店頭での在庫切れなどの物理的な状況や初期の効果レベルに復帰するリセット機能も考慮する．

$$u_t^{(i)} = \exp\left\{-\gamma(t-t_0)\right\} f_b[u_t^{(i)}] \quad (4.23)$$

ただし，$f_b[\bullet]$ は f_1 から f_4 における最良の価格反応関数を表す．$\gamma \geq 0$ は定数パラメータ，t_0 は値引き開始時点である．

表 4.2 は価格反応関数に使用したブランドである A1～A4，B1～B4 の通常価格および特徴をまとめたものである．店舗 A および店舗 B ともに上位 4 ブランド構成の特徴が類似している．4 ブランドの内訳は最も高価格のナショナルブランドのレギュラータイプの商品，その低脂肪タイプ，さらにナショナルブランドより低価格のプライベートブランド，期間の途中から加わった新規取り扱いブランドである．

表 4.2 店舗 A および店舗 B の各ブランドの通常価格および特徴

	ブランド	通常価格	タイプ	特徴
店舗 A	A1	228	レギュラー	ナショナルブランド
	A2	188	A1 の低脂肪タイプ	ナショナルブランド
	A3	195	レギュラー	プライベートブランド
	A4	228	レギュラー	新規取り扱いブランド
店舗 B	B1	198	レギュラー	プライベートブランド
	B2	228	レギュラー	ナショナルブランド
	B3	178	B2 の低脂肪タイプ	ナショナルブランド
	B4	215	レギュラー	新規取り扱いブランド，特に週の後半に単発的に店頭在庫有り

表 4.3 は B1～B4 の価格反応関数に関する分析結果をまとめたもので，記号の μ, d, $f_1 \sim f_5$ はそれぞれベースライン販売量成分，曜日変動成分，各価格反応関数を表す．AIC によるモデル比較の結果，f_1, f_2, f_3 のうち，B2，B3 において f_1 が選ばれ，B1 では f_3 が最良の価格反応関数であることが分かった．つまり，低価格商品であるプライベートブランド B1 の値引きは他のブランドが値引きしていない場合にのみ，しかも，他のブランドの値引きを上回る値引き額差に関して有効であることが分かった．

表 4.4 にプライベートブランド B1 の販売量，価格反応関数 f_1(値引き)，f_2 および B2，B3，B4 の価格反応関数 f_1 に関する実データの一部を表示した．

4.1 多変量時系列構造モデル

表 4.3 B1~B4 の価格関数に関する AIC 値

モデル ($\mu,d,f_\bullet$)	B1	B2	B3	B4
モデル (μ)	8071	8249	7400	3449
モデル (μ,d)	8046	8256	7388	-
モデル (μ,d,f_1)	7930	7793 †	6659 †	3394
モデル (μ,d,f_2)	7863	7902	6802	-
モデル (μ,d,f_3)	7839 ‡	7878	6880	-
モデル ($\mu,-,f_4$)	-	-	-	3220 †
モデル (μ,d,f_5)	7841†	7755 ‡	6602 ‡	3054 ‡

‡, † はそれぞれ最良のモデル, 二番目に良いモデルを表す.

表 4.4 B1 の販売量, f_1(値引き), f_2, および B2~B4 の f_1(値引き)

B1			B2	B3	B4	B1			B2	B3	B4
販売量	f_1	f_2	f_1			販売量	f_1	f_2	f_1		
368	20	20	0	0	0	207	0	0	0	0	0
157	0	0	0	20	0	197	0	0	0	0	0
195	0	0	0	0	0	111	0	0	50	0	0
165	20	0	0	0	47	241	0	0	40	20	0
212	0	0	0	0	0	289	0	0	50	0	0
53	0	0	0	0	0	305	20	20	13	0	0
176	9	9	0	0	0	254	0	0	0	0	0
186	20	0	0	0	47	178	0	0	0	0	0
202	0	0	0	13	0	218	0	0	0	0	0
34	0	0	40	0	0	99	0	0	0	0	47
212	0	0	0	0	0	207	0	0	0	7	0
271	0	0	0	0	0	396	10	10	0	0	0

B2, B3, B4 が値引きしていない時のみに B1 の値引きがそのブランドの販売量増加に貢献していることが読み取れる. つまり, B4 が大幅な値下げをしている場合は, B1 がいつもどおりに値下げをしても B1 の販売量は増加していない.

図 4.2 は 4 ブランドの値引きレベル (x 軸) と販売量 (y 軸) のグラフである. B4 の値引きに関して 2 つのグループが異なる動きをしていることが分かる. 値引きが 60 円を超える場合はほとんどゼロに近い販売量を記録している. この値引きは商品の品質低下を反映したものと考えられ, 上限のしきい値を超えるものは値引きが販売量の増加をもたらすという条件に合わないものとして価格反応関数の入力をゼロとする. 分析の結果, AIC により上限 (57 円) および下限 (18 円) のしきい値の推定値を決定した. 第 4 番目の価格反応関数は上限および下限のしきい値をもつ f_4 である. 値引きが明らかに販売量に貢献しないグループが存在するのは B4 のみであることから, B4 のみ価格反応関数 f_4 を考慮した. さらに B4 では常時店頭在庫があるとは限らないため, f_2, f_3 は考慮

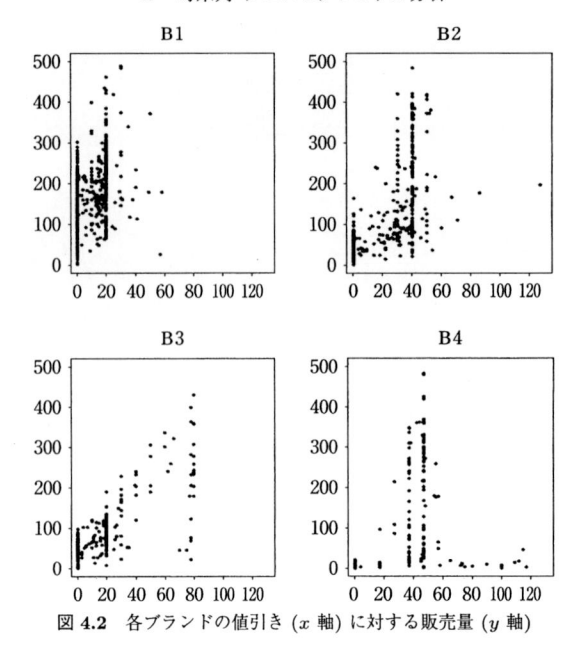

図 4.2 各ブランドの値引き (x 軸) に対する販売量 (y 軸)

しないで f_1 と f_4 を AIC で比較した結果，f_4 が最良のモデルとして選ばれた．

B1 を除く B2，B3，B4 では，f_1 から f_4 の条件に加えて値引き効果の減衰を加えた f_5 の関数をもつモデルの AIC が最小となり，一番良いことが分かった．つまり，ナショナルブランドについては値引きの状態が継続すると消費者は値引きに慣れてしまって反応しなくなり，低い価格を当たり前の価格と思ってしまうといえよう．弱い立場にあるプライベートブランド B1 では競合との値引きの状況が消費者の反応を引き起こすかどうかを決定するといえよう．

4.1.7　多変量定係数モデルでの値引き効果を考慮した分析例

次のステップとして多変量の形で値引き効果を考慮した．すなわち，自己の価格関数に加えて競合の価格関数も説明変数としてモデル化した．店舗 A の週次のデータに対しては曜日変動成分を含まないモデル 3 により，店舗 B の日次のデータに対しては曜日変動成分を含むモデル 4 により，多変量時系列 (定係数) モデルを当てはめた．つまり，(4.4)〜(4.6) 式において値引き効果を加えた定係数モデル ($\sigma_b^2 = 0$) で，定係数 $b_0^{(ij)}$ を全て含めたフルモデル (Model Full)

を当てはめた.

モデル 3 (ベースライン成分＋値引き効果)

$$y_t = \mu_t + x_t + w_t \tag{4.24}$$

モデル 4 (ベースライン成分＋曜日変動＋値引き効果)

$$y_t = \mu_t + d_t + x_t + w_t \tag{4.25}$$

ただし，μ_t はベースライン販売量成分，d_t は曜日変動成分，x_t は説明変数成分を表す．店舗 B に関する各モデルの AIC およびパラメータ数は表 4.5 に示す．4.1.4 項の値引き効果を考慮しない最良のモデルは上から 1 行目で，フルモデルは 2 行目である．店舗 B では AIC の値は値引き効果を考慮しない場合の 39118.0 から値引き効果を考慮した場合の 36810.4 へと 2300 以上減少し，モデルの当てはまりは著しく改善した.

価格反応関数の変数選択の手順

さらに価格反応関数の最良の組み合わせを決定するため，AIC を用いて変数選択を行った．まず変数減少法を適用し，ある変数を削除した場合に AIC の値が一番小さくなる順序でフルモデルから変数を削除した．例えば，表 4.5 の店舗 B に関するモデル M4,9,14 は全ての価格反応関数を含む Model Full から表 4.6 の店舗 B に関する 4,9,14 の数字を示す価格反応関数，つまり，ブランド B1, B2, B3 の価格反応関数が B4 の販売量に影響を与える部分のみを取り除いた残り全ての変数を含むモデルである．この結果，最良の定係数モデル M2 は，フルモデルと比較してパラメータ数が 36 個減少し，AIC も 183.2 減の 36627.2 となった．次に，選択されたサブセットにある変数を加えた時に一番小さい AIC の値をもつ変数を加えていく変数増加法で変数選択を行った場合，2 番目に良いモデルは M12 ＋ (モデル M2 に表 4.6 で 12 の数字の示す価格反応関数を加えたモデル) となった.

分析の結果得られた最良の定係数モデルについて，表 4.6 に店舗 A および店舗 B の各ブランドの価格反応関数と販売量の関係を数字で表し，各変数に対する必要なパラメータ数も表示した．この表は価格反応関数の説明変数がどのように各ブランドの販売量に影響を与えるかを反映している．( ) で囲まれてい

表 4.5　店舗 B の定係数モデルに対する AIC

Model (μ, d, x)	AIC		パラメータ数
Model (μ, d)	39118.0	(2490.8)	52
Model Full	36810.4	(183.2)	112
Model M4, 9, 14	36760.0	(132.8)	104
Model M8	36741.8	(114.6)	100
Model M20	36727.6	(100.4)	96
Model M18	36705.8	(78.6)	92
Model M12	36700.0	(72.8)	90
Model M11	36683.6	(56.4)	88
Model M5	36674.8	(47.6)	86
Model M10	36661.6	(34.4)	82
Model M15	36652.8	(25.6)	80
Model M3	36636.6	(9.4)	78
Model M2	36627.2 ‡	(0.0)	76
Model M17	36643.5	(16.3)	72
Model M16	36752.4	(125.2)	68
Model M6	36808.0	(180.8)	64
Model M1	37027.2	(400.0)	62
Model M7	37733.6	(1106.4)	58
Model M13	38636.4	(2009.2)	56
Model M19	39118.0	(2490.8)	52
Model M12+	36630.0 †	(2.8)	78

(　) 内の数値は最良モデル M2 との AIC の差；‡ は最良モデルを表す．† は 2 番目に良いモデルを表す．

表 4.6　販売量および価格関数

販売量	店舗 A の価格関数				販売量	店舗 B の価格関数			
	U_{A1}	U_{A2}	U_{A3}	U_{A4}		U_{B1}	U_{B2}	U_{B3}	U_{B4}
パラメータ数	3	1	1	3	パラメータ数	2	4	2	4
Y_{A1}	(1)	6	11	⟨16⟩	Y_{B1}	(1)	(6)	11	(16)
Y_{A2}	2	(7)	12	17	Y_{B2}	2	(7)	⟨12⟩	(17)
Y_{A3}	(3)	8	13	18	Y_{B3}	3	8	(13)	18
Y_{A4}	4	9	14	(19)	Y_{B4}	4	9	14	(19)
Y_{OT}	5	10	15	20	Y_{OT}	5	10	15	20

る数字を含むモデルが最良のモデル，⟨　⟩印で囲まれている数字を含むモデルは 2 番目に良いモデルである．

4.1.8　係数のダイナミクス性を取り入れたモデル

　前項では多変量間での回帰係数の構造が時間的に変化しない定係数モデルの構築を行った．しかし，新しい商品が棚に置かれた場合に競合構造が変化せずに新商品の販売量が既存商品の販売量の上に加算されることも考えられるが，

4.1 多変量時系列構造モデル

競合構造が変化すると考えるのが自然である．そこで，回帰係数が固定ではなく，時間的に変化する時変係数モデルを考慮した．時変係数モデルは定係数モデルにおいて $\sigma_b^2 > 0$ と指定することによって得られる．

表 4.7 は店舗 B での最良のモデル M2 について定係数モデルと時変係数モデルとを比較した結果をまとめたものである．記号の μ, d, x は前項と同じで，添え字 c, m はそれぞれ定係数と時変係数を指す．モデル比較の結果，時変係数モデルの M2 が最良のモデルとして選ばれた．

表 4.7 店舗 B の時変係数モデルに対する AIC およびパラメータ数

Model(μ, d, x)	AIC	パラメータ数
Model (μ)	39354.0	24
Model (μ, d)	39118.0	52
Model M2 (μ, d, x_c)	36627.2	76
Model M2 (μ, d, x_m)	36603.1 ‡	77

‡ は最良モデルを表す．

図 4.3 は店舗 A および店舗 B における最良のモデルの価格反応関数と販売量に関して，各ブランドの競合関係をそれぞれ図解したものである．例えば，プライベートブランド A3 を除く 3 ブランドの値引きは各販売量増加に貢献していることがわかる．プライベートブランド B1 の販売量は競合 B2 および B4 の値引きによって減少している．また，ナショナルブランドの B2 は競合ブランド B4 の値引きによって負の影響を受けている．B3(低脂肪タイプ)，B4 の販売量は競合ブランドから影響を全く受けていない．

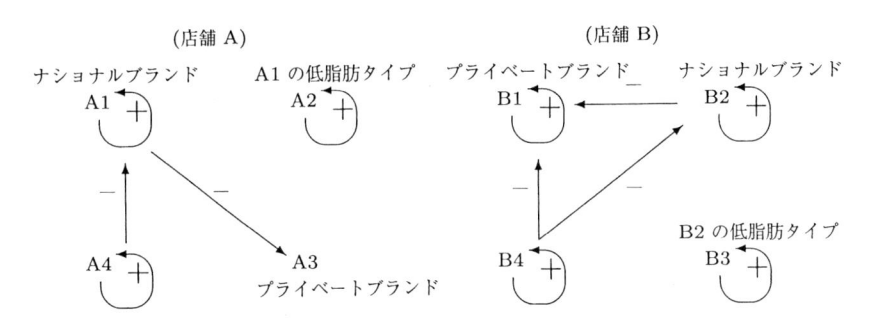

図 4.3 各ブランドにおける価格反応関数と販売量の関係

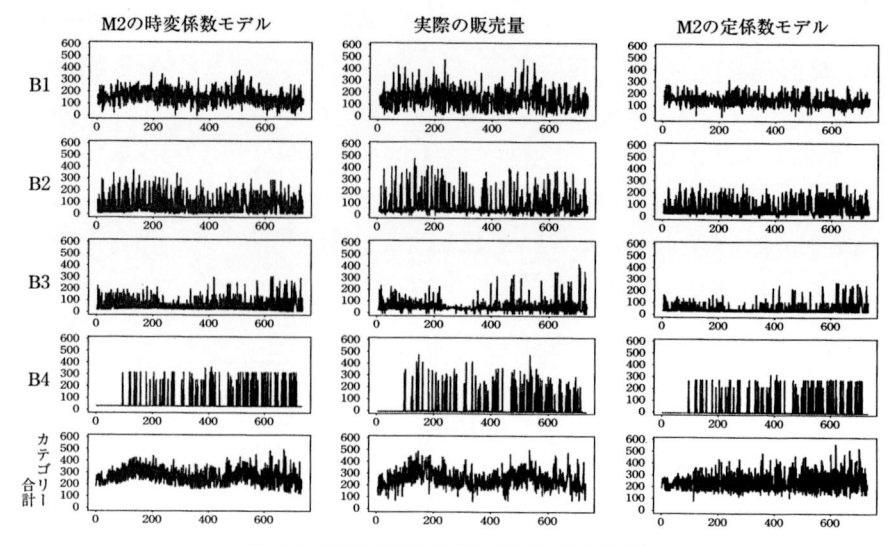

図 4.4 店舗 B に関する販売量とモデルの推定値

店舗 A および店舗 B ともに低脂肪タイプが他のブランドから独立していることが分かった．つまり，競合構造の発見において AIC で得られた最良のモデルでは経験的に納得のいく結論を導き出していることが分かる．このように独立したブランドと競合関係にあるブランドを分別することにより，消費者側から見た新しいサブカテゴリーの発見が可能になる．

図 4.4 は店舗 B に関するグラフで，左が時変係数モデル M2 (μ_m, d_m, x_m) の推定販売量，中央が実際の販売量，右が定係数モデル M2 (μ_c, d_c, x_c) の推定販売量である．上から 4 大ブランドの B1〜B4 と続き，一番下が 4 大ブランドとその他合計を足し合わせた店舗 B における牛乳販売量の合計である．各ブランドについては時変係数モデルと定係数モデルではそれほど差がないようにみえるが，牛乳販売量合計では定係数モデルに対する時変係数モデルの優越性は視覚的に明らかである．時変係数モデルではパラメータの不安定性が懸念されるが，実際，645 のインサンプルと 90 のアウトサンプルに 735 の全サンプル数を分けて，予測誤差の比較を行い，その安定性を確認した．単純な多変量回帰モデルでは各ブランドの推定値はそこそこ許容できるとしても，牛乳販売量合計といった全体像の情報を抽出することには向かず，全体像を適切に捉える

4.2 ブランドスイッチ効果とカテゴリー拡大効果

あるブランドのセールスプロモーションが行われた場合，小売店担当者はそのブランドの売上高はその期間中は著しく増加することを熟知している．しかし，どれだけの販売量増加がブランドスイッチによるもので，どれだけがカテゴリーの拡大 (購入量の純増) によるものなのかは重要なマネジメント上の知見であるが，POS データの動きを商品別に見ていたのでは分からない．

このブランドスイッチ効果をカテゴリー拡大効果から分離する研究について，これまでは主に消費者レベルのスキャン・パネルデータを使うことによって行われていた．ブランドスイッチ対ブランド・ロイヤルティに関して，Colombo and Morrison (1989) は，スイッチング行列を伴う消費者購買行動モデルを用いて消費者を真にブランド・ロイヤル層とスイッチャーと考えられる層に分けてプロモーション効果を評価した．Krishnamurthi and Raj (1991) は，家庭内在庫の効果を取り込みながら，分析を行う前に消費者をブランド・ロイヤル層とそうでない層にセグメンテーションするアプローチをとった．他方，Bucklin and Gupta (1992) が前倒し購買である購買加速効果を捉えた．Grover and Srinivasan (1992) は消費者をブランドシェアの観測値によりブランド・ロイヤル層とブランド・スイッチャー層に分けて，ブランドシェアとカテゴリー販売に関して小売プロモーション効果を評価した．最近では Dillon and Gupta (1996) は，カテゴリー購買行動により消費者をブランド・ロイヤル層とブランド・スイッチャー層にセグメンテーションを行った．これらすべてのアプローチはミクロレベルの個人購買データを用いて商品のシェアモデルを構築している．

4.2 節では，シェアの形式ではなく，プロモーション効果をブランドスイッチとカテゴリー拡大に販売量レベル (すなわち，1 店舗における販売量を集計した消費者購買) で直接分解する．主要ブランドの販売量とカテゴリー販売量のデータを使用し，それらを同時に説明変数上に回帰することにより効果の分解を行う．使用した説明変数は前節と同様にそのブランド自身の売上高を増加させるように定義した．ブランドスイッチ効果はカテゴリー販売では消えてしま

うが，ブランド販売量では残るというゼロ・サム情報を利用する．個人レベルのスキャン・パネルデータは店舗レベルの購入量サンプルの一部だけを含んでいるが，店舗レベルのスキャナーデータは店舗全体の販売量を含んでおり，小売業者は販売促進の効果分析を行うためにアクセスすることが容易である．これまで，容易に得られる店舗レベルのスキャナーデータを用いて実際に効果を分解する方法はなかった．この節では値下げ効果をブランドスイッチ効果とカテゴリーの拡大に分解する方法を説明し，実際のデータを使って分析する．

4.2.1 基本モデルおよび価格プロモーション効果の定義

ブランドの販売量を k 変量の時系列 $\boldsymbol{y}_t = (y_t^1, \cdots, y_t^k)^T$ $(t = 1, \cdots, N)$ で表し，以下のように分解できるものとする．

$$\boldsymbol{y}_t = \boldsymbol{\mu}_t + \boldsymbol{d}_t + \boldsymbol{x}_t + \boldsymbol{w}_t, \quad \boldsymbol{x}_t = \boldsymbol{g}_t + \boldsymbol{z}_t, \quad \boldsymbol{w}_t \sim N(\boldsymbol{0}, \Sigma_w) \quad (4.26)$$

$\boldsymbol{\mu}_t$ は長期のベースライン販売量(トレンド)成分，$\boldsymbol{d}_t$ は周期的な曜日変動成分，$\boldsymbol{x}_t$ は短期的な説明変数成分，$\boldsymbol{w}_t$ は観測ノイズを表す k 次元のベクトルとする．短期的な成分 $\boldsymbol{x}_t$ はさらにブランドスイッチ効果成分 $\boldsymbol{g}_t$ とカテゴリー拡大効果成分 $\boldsymbol{z}_t$ の2つに分解する．観測ノイズ $\boldsymbol{w}_t$ は平均がゼロで，分散共分散行列が Σ_w の正規分布に従うものとする．

価格プロモーション効果を明確にするために，Blattberg and Neslin (1990, p.112-113) による次のプロモーション効果の定義を採用する．価格プロモーションにおける5つのメカニズムは次のように報告されている．

1) ブランドスイッチ：プロモーションが行われていなかった場合には購入されない，通常とは異なるブランドを消費者に購入する気にさせる
2) リピート購買：消費者が将来同じブランドを購買する確率がプロモーションにより増大する
3) 購買加速：消費者の購買タイミングまたは購買量はプロモーションによって変化を受ける
4) カテゴリーの拡大：消費者の商品カテゴリーの全消費量はプロモーションによって増大する
5) 店舗代替：消費者は代替店舗で商品を購入することによってプロモーショ

ンに反応する

この定義の下で, 購買 (商品または時期または場所) の変化に関する成分は「ブランドスイッチ」,「購買加速」, そして「店舗代替」に分解することができる. これらの効果は消費に関する純粋増分を作り出すものではなく, 競合ブランドから, 将来の消費から, または競合店舗から借りてきた増加分である. Kumar and Leone (1988) などの過去の研究からは「店舗代替」効果の存在が提示されている.「店舗代替成分」はこの項のモデルの中には含まれていないが, 正の「店舗代替」効果は店舗の価格プロモーションによる効果としてカテゴリー拡大効果の一部の中に含まれている (競合店舗による負の店舗代替は含まれていない). 本項では, 品質が劣化しやすく, 家庭で長期保存できない牛乳を使用して分析を行うため, 購買加速は存在しないと仮定する. 強い購買加速が発生する商品カテゴリーの基準は Blattberg and Neslin (1990) によって以下のように与えられている:値下幅が大きく, 頻繁にプロモーションが行われない商品カテゴリー, 嵩張らない (在庫保管が容易である基準), 値段が張らない, 商品間で競争が激しい. この章の時系列モデルの枠組みで「購買加速」に対する追加のARMA 成分を加えることも可能である.

各ブランド i について販売量は以下のように書き表すことができる.

$$y_t^i = \mu_t^i + d_t^i + g_t^i + z_t^i + w_t^i, \quad i = 1, \cdots, k \tag{4.27}$$

各ブランドの販売量を合計することによって, カテゴリー合計の販売量 $y_t^\bullet$ は以下のように書き表すことができる.

$$y_t^\bullet = \sum_{i=1}^{k} y_t^i = \mu_t^\bullet + d_t^\bullet + g_t^\bullet + z_t^\bullet + w_t^\bullet \tag{4.28}$$

$$g_t^\bullet = \sum_{i=1}^{k} g_t^i = 0 \tag{4.29}$$

このように, カテゴリー合計に対して (4.28) 式のブランドスイッチの項は, 条件 (4.29) により消滅する. したがって, (4.29) 式を満たせば, ブランドスイッチ効果からカテゴリー拡大効果を分離することができる. ブランドの販売量を合計することは,「ブランドスイッチ」の競合構造の下で各ブランドの販売量

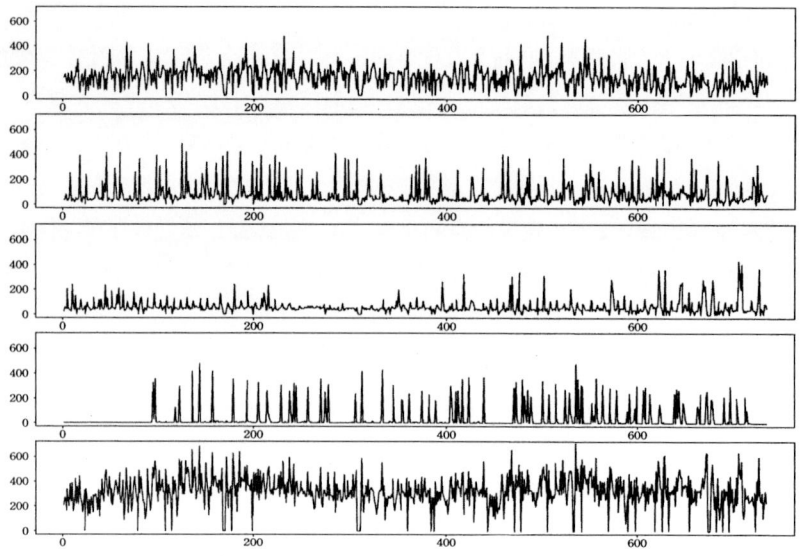

図 4.5 4 ブランド (B1, B2, B3, B4) とその合計の販売量の動き

データでは存在していた大きな分散を取り除くことになる．

図 4.5 は本文で分析した実際の日次販売量である．1 番上から 4 番目までのグラフは主な 4 ブランドの 2 年間の動きを示している．価格反応関数は 1 つのブランドの販売量を増加させるように設定されているので，次項以降で説明するようにその増加分を競合ブランドの販売量の減少またはカテゴリー販売量の増加に振り分けるように状態空間モデルにおいて指定する．

4.2.2 価格プロモーション効果の 2 つの成分

販売量プロモーション効果について Blattberg and Neslin (1990, p.186) は以下のようにコメントしている．

> カテゴリー販売量モデルは「購買加速」および「カテゴリー拡大」に関する情報を提供し，一方，ブランド販売量モデルや販売量シェアモデルはブランドスイッチや「購買加速」に関する情報を提供する．

言い換えれば，全ブランド販売量は合計されたカテゴリーのデータの要素であり，ブランドをカテゴリーとして集計した後に消滅するメカニズムと，存在し

つづけるメカニズムの双方を保持しているということができよう.「購買加速」を無視できる場合,前者のメカニズムを「ブランドスイッチ」メカニズム,後者を「カテゴリー拡大」メカニズムと考えることができる.

図 4.6 はブランド A の値引き効果を例示したものである.一番上の線はブランド A とブランド B の売上げの累積グラフである.ブランド A の価格が著しく下がった時点でカテゴリーの拡大に少し貢献していることが分かる.その下の線はブランド B からのブランド A へのスイッチを表し,これにより大きな売上げを獲得していることが分かる.このように,各ブランドの価格反応関数について価格プロモーション効果をブランドスイッチ効果とカテゴリー拡大効果に分解することは自然である.カテゴリー販売量とブランド販売量が与えられた時,(4.29) 式の制約条件は価格プロモーション効果のうち,ブランドスイッチ効果に対するもののみに限定し,ブランドスイッチについて販売量の 100% に当たるものが何であるかを定義する役割をもつ.

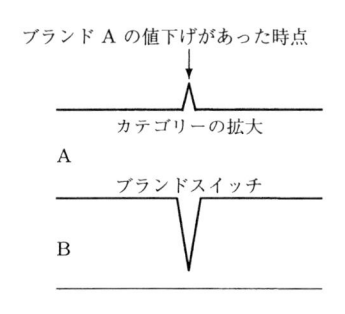

図 4.6 値下げ効果分解の概念図

4.2.3 ブランドスイッチ成分モデル

ブランドスイッチモデルは各ブランドの販売量については大きな分散をもつが,ブランドについて集計すると消滅する成分を表現する.したがって,商品の方向に「ゼロサム効果」をもつことが特徴的である.

ブランドスイッチ成分 $\boldsymbol{g}_t = (g_t^{(1)}, \cdots, g_t^{(k)})^T$ は以下のように仮定する.

$$\boldsymbol{g}_t = B_t \boldsymbol{u}_t, \qquad B_t = \{b_t^{(ij)}\}, \qquad i,j = 1, \cdots, k \tag{4.30}$$

ただし, $\boldsymbol{u}_t = (u_t^{(1)}, \cdots, u_t^{(k)})^T$ は (4.16) 式で定義された価格反応関数であり, B_t は $\boldsymbol{u}_t$ の時変係数行列を表す.

ブランドスイッチの競合構造は (4.30) 式の制約条件として, 以下のように表現される.

$$b_t^{(ii)} \geq 0, \qquad b_t^{(ij)} \leq 0 \ (i \neq j), \qquad \sum_{i=1}^{k} b_t^{(ij)} = 0 \qquad (4.31)$$

それぞれの価格反応関数 u_t^j $(j = 1, \cdots, k)$ について $\sum_{i=1}^{k} b_t^{(ij)} = 0$ であれば (4.29) 式の条件 $\sum_{i=1}^{k} g_t^i = 0$ を満たす.

係数 $b_t^{(ij)}$ はブランド間の競争による緩やかに変化する現象や季節性を吸収するためにフレキシブルな時変係数と仮定する. 係数が緩やかな変化をもつと仮定すると, 局所的に一定の成分をもつ 1 次の確率差分方程式として表現される.

$$b_t^{(ij)} - b_{t-1}^{(ij)} = v_b^{(ij)}, \qquad i, j = 1, \cdots, k \qquad (4.32)$$

ただし, システムノイズ $v_b^{(ij)}$ は (4.6) 式および (4.7) 式と同様, 以下の条件を満たす正規白色過程 $v_b^{(ij)} \sim N(0, \sigma_{b_{ij}}^2)$ に従う.

$$\sigma_{b_{ij}}^2 = \sigma_b^2 \left(\sigma_{\mu_i}^2 / \sum_{h=1}^{k} \sigma_{\mu_h}^2 \right), \qquad \sigma_b^2 \leq R^{-2} \sum_{j=1}^{k} \sigma_{\mu_j}^2 \qquad (4.33)$$

ここで, $\sigma_{b_{ij}}^2$ は σ_b^2 (共通のパラメータ) とブランド i に対するベースラインのシステムノイズ分散 $\sigma_{\mu_i}^2$ によって決定されるウエイトの積である. R はシステムノイズ分散 $\sigma_{b_i}^2$ のレンジを制限するために価格反応関数のレンジの半分とする. (4.33) 式の $\sigma_{b_i}^2$ で, ブランド i に対するベースラインのシステムノイズ分散のシェアが説明変数のシステムノイズ分散のシェアに等しくなるように決定されている. ブランド i では説明変数のシステムノイズ分散は同じである.

4.2.4 カテゴリー拡大成分モデル

カテゴリー拡大成分は, ブランドスイッチの効果を除去した後のカテゴリー販売量の正味の増加に対する残りの効果である. カテゴリー拡大成分 $\boldsymbol{z}_t = (z_t^{(1)}, \cdots, z_t^{(k)})^T$, $z_t^{(i)} \geq 0$ $(i = 1, \cdots, k)$ は以下のように表現されるものと

する.

$$z_t = \Lambda_t u_t, \qquad \Lambda_t = \{\lambda_t^{(ij)}\}, \qquad i,j = 1,\cdots,k \qquad (4.34)$$

ただし,u_t はブランドスイッチに対する価格反応関数と同じものを用い,Λ_t は非対角要素が 0 であるという条件 $\lambda_t^{(ij)} = 0$ ($i \neq j$ の場合) を伴う u_t の時変係数として表現される.カテゴリー拡大は非競合効果であり,プライマリー販売量効果である.つまり,あるブランドの値下げによってそのブランドの販売量は増加するが,競合の販売量は変化しない (詳細は Shultz and Wittink (1976) を参照).したがって,行列の対角要素にある係数のみ,ゼロではない.

カテゴリー拡大の条件は係数 $\lambda_t^{(ii)}$ として以下のように表現される.

$$\lambda_t^{(ii)} \geq 0, \qquad i = 1,\cdots,k \qquad (4.35)$$

ブランドスイッチ成分の場合と同様に,係数 $\lambda_t^{(ij)}$ はフレキシブルな時変係数で 1 次の差分方程式を伴う局所的に一定な成分として表現される.

$$\lambda_t^{(ii)} - \lambda_{t-1}^{(ii)} = v_{\lambda^i}, \qquad i = 1,\cdots,k \qquad (4.36)$$

システムノイズ v_{λ^i} は (4.33) 式と同じ分散 $\sigma_{b_i}^2$ をもつ正規白色過程 $v_{\lambda^i} \sim N(0, \sigma_{b_i}^2)$ に従う.

4.2.5　主要ブランドおよびカテゴリー合計をもつ構造モデル

価格プロモーション効果をブランドスイッチおよびカテゴリー拡大に分解する場合,ブランド販売量モデルおよびカテゴリー販売量モデルという分析枠組みが便利であることは前に述べたとおりである.実際,マーケティング販売量データを分析する場合は各 SKU[*1)] ごとに分析することはめったにない.興味のあるブランドを選択し,その他ブランド合計,カテゴリー合計に区分する.分析者が必要としているのは,興味のあるブランドおよびその他ブランド合計ではなく,各ブランドおよびカテゴリー合計に関する情報である.したがって,各ブランドおよびカテゴリー合計の情報を使用して各ブランドおよびその他合計に関して推定し,予測を行うようにアレンジする.

[*1)]　stock keeping unit

$k-1$ の個別ブランドおよびその他ブランド合計がある場合を考え，1つの行列 Γ を次のように定義する．

$$\Gamma = \begin{pmatrix} I_{k-1} & \mathbf{0} \\ \mathbf{1} & 1 \end{pmatrix}, \quad \Gamma^{-1} = \begin{pmatrix} I_{k-1} & \mathbf{0} \\ -\mathbf{1} & 1 \end{pmatrix}, \quad |\Gamma^{-1}| = |\Gamma| = 1 \qquad (4.37)$$

$\boldsymbol{y}_t$ に左から行列 Γ を掛けることによって，$\tilde{\boldsymbol{y}}_t$ を以下のように生成する．

$$\tilde{\boldsymbol{y}}_t = \Gamma \boldsymbol{y}_t = \Gamma H \boldsymbol{\alpha}_t + \Gamma \boldsymbol{w}_t \qquad (4.38)$$

つまり，$\tilde{\boldsymbol{y}}_t$ は $k-1$ の個別ブランドおよびカテゴリー合計の販売量のベクトルである．

$t-1$ 時点までの情報に基づく $\tilde{\boldsymbol{y}}_t$ の分布は以下の正規分布に従うものとする．

$$\tilde{\boldsymbol{y}}_t \sim N(\tilde{\boldsymbol{y}}_{t|t-1}, \tilde{V}_{t|t-1}), \quad \tilde{V}_{t|t-1} = \{\sigma^2_{\tilde{y}^{ij}}\} = \{\sigma^2_{\tilde{y}^{ji}}\}, \quad i,j = 1, \cdots, k \qquad (4.39)$$

ただし，$\sigma^2_{\tilde{y}^{ii}} > 0, \quad \sigma^2_{\tilde{y}^{ki}} > 0, \quad i = 1, \cdots, k$

(4.38) 式より $t-1$ 時点までの $\tilde{\boldsymbol{y}}_t$ の情報に基づく $\boldsymbol{y}_t = \Gamma^{-1}\tilde{\boldsymbol{y}}_t$ の分布は以下の正規分布に従うものとする．

$$y_t \sim N(\Gamma^{-1}\tilde{y}_{t|t-1}, \Gamma^{-1}\tilde{V}_{t|t-1}\Gamma^{-T}) \qquad (4.40)$$

したがって，そのモデルの対数尤度は以下のように与えられる．

$$\begin{aligned}\ln L(\theta) = & -\frac{1}{2}\Bigg\{Nk\ln 2\pi + \sum_{t=1}^{N}\ln |\tilde{V}_{t|t-1}| \\ & + \sum_{t=1}^{N}(\Gamma y_t - \tilde{y}_{t|t-1})^T \tilde{V}^{-1}_{t|t-1}(\Gamma y_t - \tilde{y}_{t|t-1})\Bigg\} \qquad (4.41)\end{aligned}$$

4.3 ブランドスイッチおよびカテゴリー拡大に関する分析例

上位 4 ブランド (B1~B4) とカテゴリー合計の 5 ブランドについて (4.42)~(4.44) 式で与えられている以下の 3 モデルをデータに当てはめた．

$$\text{モデル } \mu d \qquad \boldsymbol{y}_t = \boldsymbol{\mu}_t + \boldsymbol{d}_t + \boldsymbol{w}_t \qquad (4.42)$$

4.3 ブランドスイッチおよびカテゴリー拡大に関する分析例

モデル μdx $$y_t = \mu_t + d_t + x_t + w_t \tag{4.43}$$

モデル μdgz $$y_t = \mu_t + d_t + g_t + z_t + w_t \tag{4.44}$$

表4.8は上記モデルのAIC値およびパラメータ数をまとめたものである．ただし，μ, d, x はそれぞれトレンド成分，曜日変動成分，時変の説明変数成分であり，g, z は説明変数成分の分解による時変のブランドスイッチ，時変のカテゴリー拡大成分である．表4.8の結果より，3つのモデルで最少のAIC値は(4.44)式の価格プロモーション効果分解モデルであるモデル μdgz において得られた．

表4.8 3つのモデルに対するAIC値およびパラメータ数

Model	AIC	パラメータ数
Model μd	39128.0	52
Model μdx	36695.8	88
Model μdgz	36668.8‡	88

‡は最良のモデルを表す．

B1：（上）カテゴリー拡大成分
　　（下）ブランドスイッチ

B3：（上）カテゴリー拡大成分
　　（下）ブランドスイッチ

B2：（上）カテゴリー拡大成分
　　（下）ブランドスイッチ

B4：（上）カテゴリー拡大成分
　　（下）ブランドスイッチ

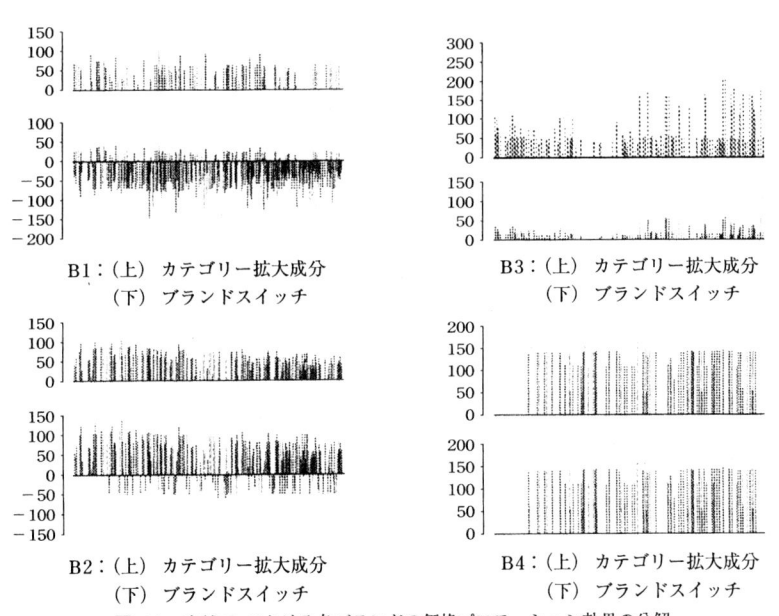

図4.7 店舗Bにおける各ブランドの価格プロモーション効果の分解

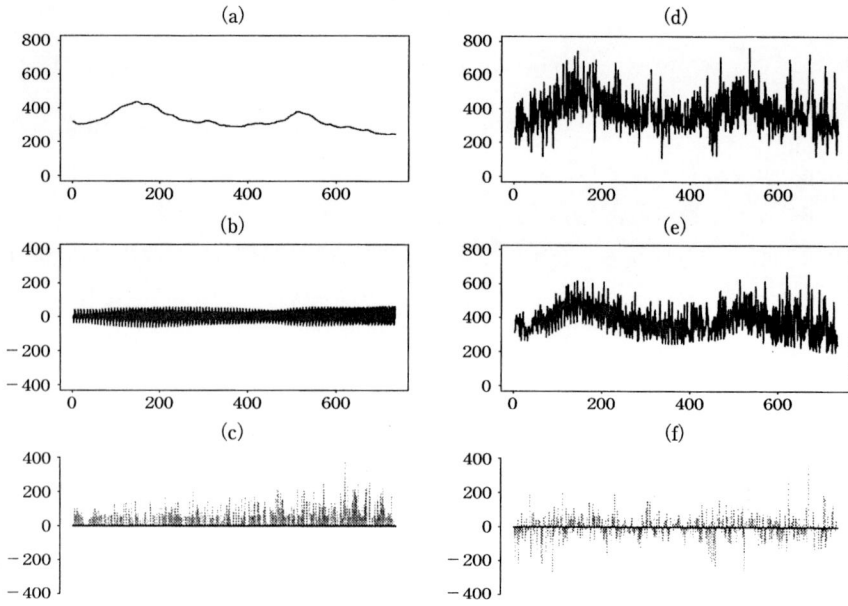

図 4.8 カテゴリー販売量における各成分の推定値，観測値および残差 (a) ベースライン販売量成分 (推定値), (b) 曜日変動成分 (推定値), (c) 値下げ (カテゴリー拡大) 効果成分 (推定値), (d) 観測値, (e) ベースライン販売量成分＋曜日変動成分＋値下げ効果成分 (推定値), (f) 残差

図 4.7 における各グラフはそれぞれのブランドの販売量におけるカテゴリー拡大 (上) とブランドスイッチ (下) を表したものである．

左上の 2 つのグラフは B1 のグラフである．上のグラフがカテゴリー拡大を表し，下のグラフがブランドスイッチを表している．図 4.3 も同時に参照することにより，自己の値下げによる正のブランドスイッチは競合ブランド (B2 または B4) の値下げによる負のブランドスイッチより小さいことを表している．

同様に左下の 2 つのグラフは B2 の販売量に関するグラフである．カテゴリー拡大 (上) および B1 からのブランドスイッチ (下の正の部分) により，B2 の販売量が増加している．一方，B4 の値下げによる少量の負のブランドスイッチ (下) があった (低脂肪タイプである B3 からの影響はなかった)．

右上の 2 つのグラフは低脂肪タイプブランド B3 で，カテゴリー拡大 (上) が正のブランドスイッチ (下) より大きいことを表している．右下のグラフは B4

の販売量に関するグラフである．カテゴリー拡大 (上) はそのブランドスイッチ (下) とほぼ同レベルであることが分かる．

図 4.8 はカテゴリー販売量についてのグラフである．各グラフは (a) 推定されたベースライン販売量成分，(b) 曜日変動成分，(c) 値下げ (カテゴリー拡大) 効果成分，(d) 観測値，(e) ベースライン販売量成分＋曜日変動成分＋値下げ効果成分，(f) 残差である．値下げ効果は短期のカテゴリー販売量を増加させることができるが ((c) 参照)，長期的トレンドは少し減少傾向にある ((a) 参照) ことが分かる．

コンピュータによる計算力が年々増大してより細分化されたデータが得られ，より複雑なモデル化が可能になってきている現在，たくさんのモデルの中からより良いモデルを選びたいというニーズは大きい．本分析例では，トレンド成分，曜日変動成分，値下げ効果成分を構成要素とする多変量時系列構造モデルを，1) 価格反応関数，2) 競合構造モデル，3) 時間的に変化する競合構造モデル，4) ブランドスイッチ効果とカテゴリー拡大効果への分解の 4 段階で単純なモデルから複雑なモデルへと構成した．

第III部

スキャン・パネルデータの分析

　第III部ではPOS関連データの中でも，顧客別購買データ，スキャン・パネルデータの分析に焦点を絞ります．ここでは，価格と広告費を売上げに関数型で関連付ける回帰分析のような集計データによるマクロ的な分析から，消費者行動理論に基づいた非集計データによる顧客レベルの分析に焦点を当てます．

　第5章では実務においてスキャン・パネルデータを使ってどのような分析が行われているかを，CRMの観点から紹介します．第6章では購買行動プロセスにおいて最初のステップである購買発生を分析するモデルを取り上げ，単純なポアソン過程に基づいたモデルと購買間隔を分析するハザードモデルを紹介した後，消費者の異質性と共変量(説明変数)をそれらのモデルに組み込むための拡張方法を説明します．

　第7章以降では，スキャン・パネルデータ分析でも特に多くの研究がなされているブランド選択モデルに焦点を当てます．第7章ではマーケティングの実務で頻繁に使われている多項ロジットによるブランド選択モデルと，その応用例を紹介します．第8章では顧客は一人一人異なるというCRMの精神に基づき，消費者購買行動の異質性を描写するように多項ロジットモデルの拡張方法を説明します．第9章では効用関数がパラメータに対して線形である多項ロジットモデルの仮定を和らげて，消費者行動の非線形な反応を分析できるセミパラメトリック・ロジットモデルとスキャン・パネルデータへの応用例を紹介します．

5

パネルデータを使った実務における分析

　第 I 部 1.2 節でも触れたが，**スキャン・パネルデータ**を収集するには，パネラーのスクリーニング，協力から，多数の店舗の POS システムとの契約 (ストアスキャン方式の場合) やポータブルスキャナーの管理 (ホームスキャン方式の場合) など多大な投資が必要である．調査会社によるこの種のデータの提供がビジネスとして成り立っているということは，クライアントであるメーカーや小売業がそれだけパネルデータに対して関心をもっているということであろう．

　店舗 POS データは，通常，物流や在庫管理の目的で時間 (日，週，月) 別，商品カテゴリー別，地域別に集計されて扱いやすいサイズに凝縮してから使われる場合が多いが，購買行動の分析などではこのような集計化はいくつかの問題を抱えている．パネルデータを分析する利点として，本章ではまず原データを顧客レベルのまま集計せずにモデル分析するメリットを 5.1 節で紹介する．その利点を踏まえた上で，POS データには含まれておらずパネルデータのみに存在する情報からどのようなマーケティング上のインプリケーションが得られるのかを以下の節で記述する．5.2 節では **CRM**(customer relationship management) に関する知見を，5.3 節では新製品の売上げ予測に関する知見を，5.4 節ではブランドスイッチに関する知見を説明する．

　近年，パネルデータの分析の重要性はますます高まっている．この背景には，情報技術の発達によってパネルデータの収集が容易になっていることが挙げられよう．通常ポイントカードと呼ばれる **FSP** (frequent shoppers program) を使えば，少なくとも実施店舗やチェーン店での会員の購買履歴が店のコンピュータに自動的に蓄積される．これは別名，顧客 ID 付き POS データとも呼ばれ，調査会社が収集するスキャン・パネルデータと比較すると，購買記録は当該店舗やチェーン店のみに限られ，顧客属性も名前や住所など最低限の場合も多い

が，収集コストは格段に低い．

 もう一つの大きな変化はインターネットの進展である．最近広まっているネットショッピングでは全てのオーダーがサーバーに記録されるため，少なくともそのサイトからの購買のパネルデータは加工しやすい形として自動的に残る．つまりパネルデータの収集にコストがほとんどかからないのである．そして，アマゾン・ドット・コム，ツタヤ，ソフマップなどにみられるように，このパネルデータをいかに上手くマーケティングに利用するかがネット企業の成功の鍵となる．

5.1 非集計データ分析の重要性

 大量の顧客レベルのデータを扱う場合，まず第一のステップはデータを集計し，その基本統計値 (平均や分散) を計算したり，因果関係をモデル分析したりすることであろう．つまり個々の顧客の購買を集計して「売上げ」という指標を求め，それを分析する．例えば，広告が売上げにどう影響するかを表す広告反応関数は，売上げデータと広告の強さを表すマーケティング変数 (例えば広告予算や GRP) を時間 (例えば 4 半期，月別，週別) と場所 (例えば全国，地域別，店舗別に) で集計して，それらを関連付けることによって得られる．実際のデータは，価格や販促などの広告以外のマーケティング要因，あるいは競合ブランドや他のカテゴリーの動向にも影響されるために，通常はこれらの要因を計量経済の手法によって統計的に補正して広告の純粋な効果を導き出す (Hanssens, Parsons and Schultz 2001)．

 このような集計データの分析はいくつかの難しさを抱えている．1 つは，データを集計することによって，本来，時間，場所，顧客によって異なる従属変数や説明変数の値が同一の値をとることになるため，データポイントの格子の目が粗いとマーケティング変数間の**多重共線性**という問題が顕在化しやすくなる．これはマーケティング変数の効果を分離しにくくするだけでなく，逆因果関係の解釈をもたらす可能性もある．企業では，広告予算は前期の売上げの一定割合 (例えば 5% など) によって自動的に決められることが多い．また季節変動のあるカテゴリーでは，マネージャーは売上げの増加のタイミングを見計らって広告

を投下することもある．このような状況では，時間軸で粗く集計された売上げと広告量データには強い相関が見られるため，分析者は誤って広告が売上げに影響を与えていると判断してしまう危険性がある．こうした問題を避けるためには，実際の市場において広告以外のマーケティング要因や競合企業の影響をコントロールした広告実験を行うことが理想的なのであるが，大掛かりなデータ収集の仕組みが必要となるばかりか，広告主にとっては売上げ減少のリスクが伴うために，わが国ではほとんど行われることはない．

データを集計することによる2つ目の問題として，データに潜んでいる重要な情報を消し去ってしまう可能性が挙げられる．例えば，地域レベルのPOSデータなどでは，同じ地域でも広告，価格，プロモーションなどが店舗によって異なることも多いため，説明変数として店舗売上げに比例して重み付けしたプロモーション指標を用いることが多い．しかし，このような集計操作は外れ値を平均化してしまい，データの中に埋まっている興味深い現象を消し去ってしまう．例として，ある小さな1店舗のみが特定商品の半額セールを行った結果，売上げが通常の10倍に伸びたと仮定しよう．この店舗の売上げを地域の他の大きな店舗と集計してしまうと，合計での売上げ増は微々たるものである．半額の価格も店舗規模が小さいため，地域平均価格にほとんど反映されない．そのため，地域売上げを地域平均値引額で回帰しても有意な効果が検証できないのである．

3つ目は，マーケティング変数に対して異質な反応をする消費者の購買を集計してしまうことによって，誤った解釈をしてしまうという問題である．例えば多くの日常消費財において，価格プロモーション後にブランドのリピート購買率が下がることがいくつかの研究で指摘された．一つの解釈は，プロモーションがブランドイメージを落とし，その結果再購買率が下がったというもので，これは値引プロモーションの負の効果を暗示している．しかしNeslin and Sheomaker (1989) は，価格プロモーションは主にブランドスイッチャーを一時的に誘引するため，彼らの低い購買率を計算に含めてしまうと，あたかも購買率の高いロイヤル顧客のリピート率が下がったように見受けられることを示した．つまり集計されたPOSデータの分析からは，プロモーションが売上げやシェアをどのくらい増やしたかは分かっても，それが既存顧客のブランドスイッチによる

ものなのか，店舗圏外の新規顧客によるものなのか，または常連顧客が単に購買サイクルを早めたのか，あるいは購買量を増やしただけなのかを区別することが難しい．第4章ではモデルに特別の工夫をして，カテゴリー拡大とブランドスイッチの影響に分解したが，新規顧客や購買加速の要因は未解決であった．

以上3つの観点から，第2ステップのより踏み込んだ分析においては，可能なかぎりデータが非集計なレベルのままで分析を行うべきである．

5.2 顧客プロファイル分析

5.2.1 デシル分析

実務家の間では，一般に上位20%の顧客が売上げの80%を占めるという「**80-20の法則**」がよく言われる．これは，売上げの多くは優良顧客に集中しているという「喩」である．実際のデータを分析してみると，わが国のスーパーマーケットでは約60–40，そして顧客がより大型チェーンに集中している米国では約70–30が平均的な数値である．そのため，顧客を購買額によって人数の等しい10のグループに分ける**デシル分析**という手法が実務家によく使われている．上位3または4グループが高額購買顧客とされ，特典やキャンペーンなどのDMを送るターゲットとなることが多い．

5.2.2 RFM分析

昨年の購買額が高くても，その顧客は他の都市に引越したため今年はずっと来店していないかもしれない．あるいは，昨年の購買は高額商品1回のみによるもので普段の買物は他の店でするかもしれない．そのような場合，購買額のほかに顧客の最終来店日 (recency) や来店頻度 (frequency) も考慮に入れることによって，見込み客のより正確な判断ができる．そして限られた販促予算を適切な顧客に集中させることによって，より有効なマーケティング活動を行うことが可能となる．これは **RFM** (recency, frequency, monetary value) **分析**と呼ばれ，消費者がその会社の顧客としてまだ生存しているか，あるいは離脱してしまったのかを判断するのに使われる．

5.2.3 顧客ベース分析

その会社が所有している生存顧客の数のことを顧客ベースと呼ぶ．利益は新規顧客と生存顧客によってもたらされることを考えると，顧客ベースは会社の資産をマーケティングの観点から理解する上で重要な指標である．これを時系列としてプロットすることによって，財務諸表に現れる前に会社の資産傾向をある程度予測することが可能になる．

顧客の生在を判断する際に，実務家は通常，経験に基づいて「3カ月来店していない顧客は離脱した」など，会社や業界によって異なった独自の主観的な基準を設けている．しかし，顧客の生在・離脱の判断は同じ最終来店日でも来店頻度に依存するはずである．つまり，同じ「3カ月来店していない」でも，平均来店頻度が月1回と年1回の顧客では生存確率が大きく違ってくるのは自明であろう．確率論を用いて科学的な判断基準を導きたい場合，まず消費者の来店行動に関して以下のような仮定をおく．

[仮定1] 顧客の離脱は今までの生存期間にかかわらずランダムに発生する(メモリレス特性)．

[仮定2] 生存している顧客は毎期ごとに一定の確率で購買・非購買を決定する (Ehrenberg 1972)．

上記の仮定は，τ を生存時間，T を計測開始から現在までの時間，t を計測開始から最新来店までの時間，x を来店回数と定義すると，数学的には以下のように表される．

[仮定1] 顧客の生存時間 τ はパラメータ μ の**指数分布** (exponential distribution) に従う．

$$f(\tau) = \mu e^{-\mu \tau}, \qquad \tau \geq 0$$

[仮定2] 生存顧客 $(\tau > T)$ の来店回数 x はパラメータ λ の**ポアソン過程**に従う．

$$P[x \mid \lambda, \tau > T] = \frac{(\lambda T)^x}{x!} e^{-\lambda T}, \qquad x = 0, 1, 2, \cdots$$

この時，ベイズの定理より，現在の生存確率は以下のようになる (付録1)．

5.2 顧客プロファイル分析　　　　　　　　　　　111

$$P[\tau > T \mid \lambda, \mu, T, t] = \frac{1}{1 + \frac{\mu}{\lambda+\mu}\{e^{(\lambda+\mu)(T-t)} - 1\}}$$

図 5.1 は，初回の購買時から計測を開始し，現時点 2001 年 12 月 31 日までに 4 回 $(x=4)$ の購買が発生した状況を表したものである．図中における「*」は購買を示す．

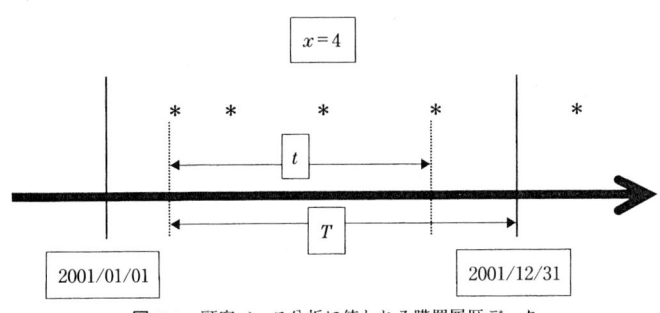

図 5.1　顧客ベース分析に使われる購買履歴データ

5.2.4　顧客資産―カスタマー・エクイティー

新規顧客を開拓するには，既存顧客の維持に比べて通常 5〜10 倍のコストがかかると言われている．また競争の激しい環境では，顧客から継続的に購買してもらわなければ利潤が上がらない．商品の販売を業績の単位としたサプライサイドの発想では，価格を下げた時には顧客が付いても通常価格では顧客が競合会社に流れてしまう．顧客を業績の単位としたデマンドサイドを考慮し，優良顧客や潜在顧客を惹きつけ維持することによって，利潤の薄い価格競争の悪循環を避け，同時にクロスセリング (併売) の機会も得られる．つまり，プロダクト・マネージメントからカスタマー・マネージメントへの発想の転換が必要なのである．このような長期的視点に立った顧客管理において重要な指標が，新規顧客を獲得するためのコストと，獲得した顧客が生涯においてもたらす利益である．通常，後者は顧客の生涯価値と呼ばれ，前者との合計はその会社の顧客資産 (カスタマー・エクイティー) と定義される．

顧客の購買履歴から一人一人のカスタマー・エクイティーを計算することによって，優良顧客を見つけ出したり，CRM のターゲット層を絞ることが可能

になる．また既存顧客のカスタマー・エクイティーを足し合わせることによって，その会社の長期的な利益をある程度予測することができる．これは現時点のみの状況を記載した財務諸表に有用な補足情報を与える．

カスタマー・エクイティーを求める際に重要な概念を説明するために，単純な仮定をおいて実際に計算してみよう．まず商品は最低年1回購買されると仮定し，ここでは顧客の異質性を無視して平均的顧客を考慮する．そして新規と既存の顧客とに分けて，それぞれ顧客の獲得と維持にかかるコストと収益を検討する．

a. 新規顧客

顧客獲得では潜在顧客1人当たりの投資額 a とそれに対応する獲得率 P_a を (5.1) 式のように表す．

$$P_a(a) = A(1 - e^{-pa}), \qquad a > 0,\, p > 0 \qquad (5.1)$$

ここで，p は投資額が増えると獲得率がどう増えるかを示すパラメータ，また A は投資が無限大のレベルでの獲得率の漸近値を表す．新規顧客からの初年度のマージンを M とすると，潜在顧客1人当たりの初年度の利益 Q は (5.2) 式で表せる．

$$Q = P_a(a)M - a \qquad (5.2)$$

新規顧客から初年度の利益を最大化する獲得投資 a^* は (5.2) 式を a で微分して0と置くことで，$a^* = p^{-1} \ln(pAM)$ と求められる．

b. 既存顧客

維持率は毎年同じであるという仮定を置くと，上の場合と同様に，既存顧客1人当たりの投資額 r とそれに対応する維持率 $P_r(r)$ は (5.3) 式のように表せる．

$$P_r(r) = R(1 - e^{-qr}), \qquad r > 0,\, q > 0 \qquad (5.3)$$

ここで，q は投資額が増えると維持率がどう増えるかを示すパラメータ，また R は投資が無限大のレベルでの維持率の漸近値を表す．これらのパラメータは**決定解析法**やデルファイ法などで推定できる (古川・守口・阿部 2003)．既存顧客の年間マージンを N（一般化のために新規顧客の M と異なる）とすると，既

5.2 顧客プロファイル分析

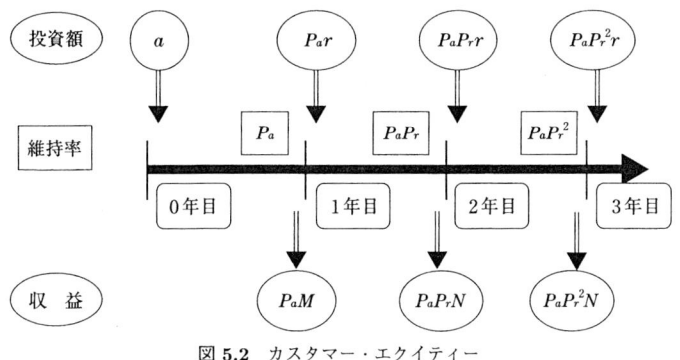

図 5.2 カスタマー・エクイティー

存顧客 1 人当たりの y 年目の利益 R_y は (5.4) 式のようになる．

$$R_y = (\text{年間維持率})^y \times (\text{年間マージン} - \text{維持投資額})$$
$$= P_r(r)^y \left(N - \frac{r}{P_r(r)}\right) \tag{5.4}$$

ここで，r が $P_r(r)$ で除されているのは，顧客維持の投資は維持したい顧客全てに対して行われ，その結果 $100 \times P_r(r)$% が維持されて利潤 N をもたらすからである．既存顧客の y 年目の利益を最大化する維持投資 r^* は解析的な解が得られないため，数値的に計算する必要がある．

c. カスタマー・エクイティー

潜在顧客 1 人当たりのカスタマー・エクイティーを計算するには，(5.2) 式の新規顧客からの利益と (5.4) 式の既存顧客からの利益を現在価値 (net present value) に換算して合計すればよい．図 5.2 は，両者のコスト，収益，獲得率，維持率を時間軸に示したものである．

d をマーケティング投資に対する期待収益率として，$D = 1/(1+d)$ とおくと，カスタマー・エクイティー $CE(a,r)$ は (5.5) 式で表される．

$$CE(a,r) = Q + P_a(a) \sum_{y=1}^{\infty} D^y R_y$$
$$= Q + P_a(a)\left(N - \frac{r}{P_r(r)}\right)\left(\frac{DP_r(r)}{1 - DP_r(r)}\right) \tag{5.5}$$

カスタマー・エクイティーを最大化する獲得と維持の投資レベル (a^{**}, r^{**})

は，数値的最適化によって求められる．この解 (a^{**}, r^{**}) は獲得と維持投資の最適なバランスを考慮しており，上記の利益をそれぞれ独立に最大化した値 (a^*, r^*) とは異なる．

d. 拡　　張

上記の例はカスタマー・エクイティーを単純化した仮定のもとで計算したものであるが，これを拡張することによってより精緻なモデル化が可能である．一つの方向としては，顧客によって投資の獲得率や維持率に対する反応やマージンが異なることを組み入れてセグメントごとにモデル式を推定，計算することである．もう一つの方向としては，顧客として長くとどまっていればマージン N が年々増えるような動的な変化を考慮することである．

5.2.5 デモグラフィック分析

FSP などでは，会員の申し込み書やクレジット調査会社，あるいは事後のアンケートなどから，性別，年齢，世帯数，収入などの社会デモグラフィック情報などが得られることが多い．来店頻度 (frequency) や購買金額 (monetary value) などの購買行動をこれらのデータで説明することによって，STP(セグメンテーション，ターゲティング，ポジショニング) 戦略に重要な知見を得ることが可能になる．

5.2.6 店舗代替の影響

ブランド A の値引きやプロモーションを行った場合，売上げの増加にはいくつかの要因が考えられる．

1) 当該店舗のブランド A 顧客の購買サイクルが早まる
2) 当該店舗のブランド A 顧客の購買個数が増える
3) 当該店舗の他ブランド顧客がブランド A にスイッチする
4) 他店舗の顧客がブランド A を買いに来る

Gupta (1988) は米国のスーパーから収集された缶入りコーヒー豆の購買に関するスキャン・パネルデータでは，売上げ増の 84%は 3) のブランドスイッチにより，14%は 1) の購買サイクルの早まり，そして 2%が 2) の購買個数の増加によるものだと推定した．しかし，FSP などから得られるパネルデータではモ

ニター顧客のみの購買行動を追跡するため，4) の影響が分からない．スーパーの値引きなどでは，売上げが通常価格の 5, 6 倍に跳ね上がることもあり，その大きな要因として，4) の普段他店舗で買物をしているバーゲンハンター (業界では値引商品のみを購買する客をチェリーピッカーと呼ぶ) たちの購買が挙げられる．POS データはモニター外も含めた全ての顧客による購買が記録されるため，ブランド A の値引効果 (弾力性など) を POS データとパネルデータから推定，比較することによって，他店舗の顧客が値引きに惹かれて来店するという店舗代替の影響を推定することができる．

5.3 新製品の売上げ予測

価格が低くリスクの少ない日用消費財商品などでは，新製品が発売された場合，広告，販促，口コミなどの影響からそれを興味本意に試し買いする消費者は比較的多い．しかし最終的な新製品の成否はリピート購買にかかっており，その製品がいかに適正な価格で顧客のニーズに適した価値を提供しているかが重要になってくる．そこで，新製品の売上げ予測を早い段階で行うには，トライアル率 (浸透率) とリピート率を別々に知る必要がある．POS データから得られる製品の売上げからはトライアルとリピートの影響が合計された数字しか得られないため，顧客別の購買履歴情報を含んだパネルデータが不可欠になる．

5.4 ブランドスイッチ，競合分析，市場構造分析

POS データによってカテゴリー内の 4 つのブランドのシェアを，ある 2 時点で調査したものが下の表 5.1 である．

表 5.1　2 時点におけるブランド販売データ

購買ブランド	第 1 期 (t_1)	第 2 期 (t_2)
A	230	280
B	310	290
C	340	310
D	120	120
合計	1000	1000

一見ブランドAの売上げが増加したのは，ブランドBとCからシェアを奪ったからのように見える．またブランドDは安定したシェアを保っているため，他のブランドからの影響を受けていないように見受けられる．しかしながらこのカテゴリーの動きを顧客ID付POSデータ(パネルデータ)で再検証すると，それは大きな間違いだったことが分かる．表5.2は個々の世帯の2時点での購買ブランドを表にしたものである．当然のことながら，行と列の小計は各時点のシェアと一致する．

表 5.2 購買ブランド遷移

		第2期 (t_2)				
		A	B	C	D	合計
第1期 (t_1)	A	210	20	0	0	230
	B	0	260	50	0	310
	C	0	0	260	80	340
	D	70	10	0	40	120
	合計	280	290	310	120	1000

これによると，実はブランドAは獲得したと思われたブランドBからシェアを奪われている．さらに，競争から隔離されていたと思われたブランドDからはブランドAとBにシェアが流出し，逆にブランドCからは流入が起きているため，2つの影響がキャンセルしあってブランドDのシェアが変化していなかった．表5.3はブランドスイッチング行列と呼ばれ，表5.2を各行の小計で割ったものである．これはt_1からt_2に何%の顧客がブランドスイッチしたかを示している．ブランドスイッチングの確率は毎期同じであると仮定できれば，この行列をマルコフ連鎖の遷移行列と解釈して4つのブランドの定常確率，45.7%, 28.2%, 19.3%, 6.8%が計算できる．

表 5.3 ブランドスイッチング行列

		第2期 (t_2)				
		A	B	C	D	合計
第1期 (t_1)	A	0.913	0.087	0.0	0.0	1.0
	B	0.0	0.839	0.161	0.0	1.0
	C	0.0	0.0	0.765	0.235	1.0
	D	0.583	0.083	0.0	0.333	1.0

6

購買モデル

　スキャン・パネルデータなどから収集された世帯ごとの購買履歴を分析する場合，消費者の行動を完全に説明，予測することは不可能なため，(確定的に対して) 確率的なモデルを用いるのが一般的である．これらのモデルは購買行動のどの現象をモデル化するかによって大きく4つに分類できる．

(1) 購買：あるカテゴリーの購買が一定期間に起きるか，またはいつ購買が発生するか？
(2) 店舗選択：どの店舗で購買するか？
(3) ブランド選択：どのブランドを選択するか？
(4) 購入量決定：あるブランドを購買する時に，どのくらい購入するか？

　以上の複数の購買現象を統合したモデルの研究も多数存在するが，理解しやすくするためにそれぞれを別々に紹介する．まず，購買モデルは大きく2種類に分類される．

1) 購買発生モデル
　　購買が期間 T の間に起こる確率をモデル化する．
2) 購買タイミングモデル
　　購買がある時点 t に起きる現象を t の確率分布でモデル化する．

どちらも購買の発生という同一の現象を異なった視点から解釈しているため，両者には本質的に密接な関係がある．

6.1　購買発生モデル

　まず一番単純な購買発生モデルであるポアソンモデルを説明した後，消費者によって異なる購買発生率，すなわち消費者の異質性を扱えるようにこのモデ

ルをどのように拡張するかを紹介し，最後に購買発生に影響を与える説明変数をどうモデルに組み込むかを提示する．

6.1.1 ポアソンモデル

最初に提案された確率的購買発生モデルは，ポアソン過程を使ったものである．この確率過程では，ある期間 T の間に購買がランダムに起こり，その平均回数は T の長さにのみ依存する．期間 T に世帯 $i(i = 1, 2, \cdots, I)$ が購買を x_{iT} 回する確率は

$$P(x_{iT} \mid \lambda) = \frac{(\lambda T)^{x_{iT}}}{x_{iT}!} e^{-\lambda T}, \qquad x_{iT} = 0, 1, 2, \cdots \qquad (6.1)$$

と表される．$E(x_{iT}) = \lambda T$，$\text{Var}(x_{iT}) = \lambda T$ となるので，λ は単位時間当たりの平均購買頻度を示すパラメータと解釈できる．このモデルによると，購買が1回でも行われたという浸透率は $P(x_{iT} \geq 1) = 1 - e^{-\lambda T}$ と表される．また 6.2.2 項で触れるが，ポアソンモデルでは購買はランダムに発生し，過去どのくらいの期間購買していないかには依存しないメモリレスプロセスとなるため，購買間隔 t は下の式のような指数分布で表される．

$$f(t) = \lambda e^{-\lambda t}, \qquad t \geq 0$$

パラメータ λ は通常，**最尤法**によって期間 T の I 世帯の購買回数から $\hat{\lambda} = \sum_{i=1}^{I} x_{iT}/(I \times T)$ と推定される．

6.1.2 世帯異質性と NBD モデル

ポアソン過程に基づいた購買発生モデルでは，現実のマーケティング現象を描写するには制限的な仮定がいくつかある．その一つに，対象となっている世帯の購買頻度は共通のパラメータ λ で表されるという仮定がある．世帯によって異なる購買頻度をモデル化するには，λ に確率分布を想定すればよい．λ は非負のため，下記のように2つのパラメータ (r, α) をもち正値で柔軟な形をとるガンマ分布がよく用いられる．

$$g(\lambda \mid r, \alpha) = \frac{\alpha^r \lambda^{r-1} e^{-\alpha \lambda}}{\Gamma(r)}, \qquad \lambda > 0, \quad \alpha > 0, \quad r > 0 \qquad (6.2)$$

ここで $\Gamma(\cdot)$ はガンマ関数を表し,$E(\lambda) = r/\alpha$, $\text{Var}(\lambda) = r/\alpha^2$ となる.x_{iT} の無条件確率分布は,(6.1) 式を λ の確率密度で重み付けして λ に関して積分することによって,(6.3) 式のような**負の二項分布** (negative binomial distribution, NBD) と呼ばれる形で表される.

$$P_{\text{NBD}}(x_{iT} \mid r, \alpha) = \int_0^\infty P(x_{iT} \mid \lambda) g(\lambda \mid r, \alpha) d\lambda$$
$$= \frac{\Gamma(x_{iT} + r)}{\Gamma(x_{iT} + 1)\Gamma(r)} \left(\frac{\alpha}{\alpha + T}\right)^r \left(\frac{T}{\alpha + T}\right)^{x_{iT}} \quad (6.3)$$

このとき x_{iT} の平均と分散は,

$$E(x_{iT} \mid r, \alpha) = rT/\alpha = E(\lambda)T$$
$$\text{Var}(x_{iT} \mid r, \alpha) = rT/\alpha + rT^2/\alpha^2 = E_\lambda[\text{Var}(x_{iT} \mid \lambda)]$$
$$+ \text{Var}_\lambda[E(x_{iT} \mid \lambda)] = E(\lambda)T + \text{Var}(\lambda)T^2$$

で与えられる.(6.1) 式と比較すると,異質性を仮定することによって,購買頻度の平均は同じでも分散はポアソン分布の分散とガンマ分布の分散による影響の和になることが分かる.この分布のパラメータ (r, α) は世帯別購買頻度データに基づいて,x の平均 $\bar{x}$ と分散 s^2 を使ったモーメント法で推定するのが一般的で,$\hat{\alpha} = \bar{x}T/(s^2 - \bar{x})$,$\hat{r} = \hat{\alpha}\bar{x}/T$ と表される.

NBD 分布の応用例として,セールスプロモーションの効果測定を紹介しよう.プロモーション中の売上げ増加には,普段買っていない世帯が購買した場合と,通常買っている世帯が購買を早めた場合の2つの要因が考えられる.プロモーションの主な目的は,前者の世帯を惹きつけてトライアルを促し再購買を期待することであり,後者はいずれにせよ購買したのがプロモーションによって時期的に繰り上げられただけなので長期的には売上げ増加に結びつかない.Goodhardt and Ehrenberg (1967) の NBD モデルを応用した研究では,プロモーションがない場合の販売量 (ベースセールス) として前期の世帯別購買データに NBD モデルが当てはめられ,今期のプロモーション中の世帯別販売実績と比較している (表 6.1).それによると,プロモーションによる売上げ増加 140 個のうち 132 個までが前期に買わなかった世帯によって購買されたことが分かり,このプロモーションの大きな効果が示された.

表6.1 プロモーション効果を評価するためのNBDモデルの応用

前期購買個数	世帯数	今期販売実績	今期販売予測	正味差分
0	880	185	53	132
1	53	57	48	9
2	24	45	41	4
3	14	31	35	−4
4+	29	165	166	−1
合計	1000	483	343	140

ポアソン過程の問題点としては，購買間隔がメモリレスの指数分布に従い，購買がランダムに発生するということが挙げられる．様々なカテゴリーの購買を店舗レベルで考慮した場合，ポアソン過程に従ったランダム来店現象は正当化できるかもしれないが，ある単一カテゴリー，例えばコーヒー豆などで購買発生が月1回のように周期的に起こる場合，ここでの仮定は非現実的である．購買間隔に指数分布以外を用いた例は，より関連の深い購買タイミングモデルの節 (6.2節) で紹介する．

6.1.3 説明変数の組み込み

購買発生や購買頻度がマーケティング活動によってどのように変わるか，そして世帯特性によってどのように違うかは実務家の大きな関心である．この節では，購買発生モデルに説明変数を組み込むモデルを紹介する．まず考えられるのは，パラメータを説明変数の関数と設定することである．例えば前述のポアソンモデルでは λ を説明変数 $z_k (k=1,\cdots,K)$ の関数 $\lambda = \exp\left(\sum_{k=1}^{K} \beta_k z_k\right)$ にして (6.1) 式に代入すればよい．説明変数は価格，プロモーションの有無や強さ，世帯の社会デモグラフィックスなどが考えられる．説明変数の影響度を測る β_k の推定には最尤法が使われるが，最尤推定量は最適化の手法を用いて数値的に解く必要がある．

ポアソンモデルのように，確率従属変数が指数分布族であれば，その期待値をパラメータの線形関数に関連づけるリンク関数を設定することにより，**一般化線形モデル** (generalized linear models, GLM) (McCullagh and Nelder 1989) に変換できることが知られている．説明変数を含んだ (6.1) 式のポアソンモデルは，線形回帰モデルやプロビットモデルと共に一般化線形モデルの特殊型として表されるため，パラメータの推定などに GLM の手法が適用できる．さら

に,確率分布の期待値とパラメータとの関係において線形という制約を取り除きノンパラメトリック関数に設定した**一般化加法モデル** (generalized additive models, GAM) (Hastie and Tibshirani 1986) では,説明変数が与える影響がより精緻に推定できる.GAM については,ブランド選択モデルの拡張において第9章で紹介する.

6.2 購買タイミングモデル

購買モデルのもう一つのアプローチは,購買間隔を確率的にモデル化した購買タイミングモデルを用いるものである.まずは,マーケティングでよく使われる購買間隔の分布の例をいくつか紹介する.

6.2.1 購買間隔分布
a. 指数分布

$$f(t) = \lambda e^{-\lambda t}, \qquad t \geq 0$$

この密度関数では,モード,つまり最頻値は $t=0$ にあり,t が増えるにつれて単調減少する関数である.次項で説明するが,購買がどのくらい前に起きたかに関係なくランダムに起きる場合,購買間隔はこの分布に従う.

b. Erlang n 分布 (n 個の独立した指数分布の和に基づいた分布)

$$f(t) = \frac{\lambda^n t^{n-1}}{\Gamma(n)} e^{-\lambda t}, \qquad t > 0$$

n 個の独立した指数分布の和の分布を表し,パラメータは λ と n (正の整数) の 2 つである.$n=1$ の場合はもちろん指数分布になる.t のモードは $(n-1)/\lambda$ なので,$n>1$ では山型の分布になり,購買はランダムではなく,ある程度,周期的に起きているプロセスを表す.

6.2.2 ハザードモデル
購買間隔の分布にどの関数型を用いるかは,主に理論的根拠と,少ない数のパラメータでデータに対していかによいフィットが得られるかの 2 つに基づく

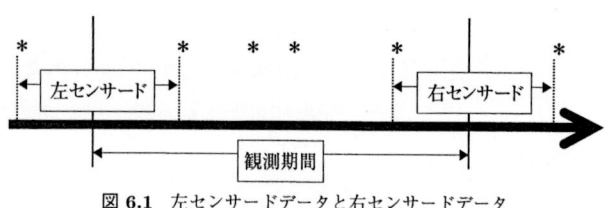

図 6.1 左センサードデータと右センサードデータ

が,その選択が難しい場合も多い.このような場合,購買間隔の分布関数 $f(t)$ を直接定義する代わりに,**ハザード(危険)率**と呼ばれる「ある事象が一定期間起きなかった時,次の瞬間にその事象が起きる可能性」を関数型として定義するほうが,より直観的で容易なことが多い.そのためマーケティングでは,ハザード率を用いた**ハザードモデル**がよく用いられる.ハザードモデルは別名,生存分析モデルとも呼ばれ,品質管理では部品が故障するまでの期間,医学統計では患者の生存期間,経済学では失業期間などの分析によく使われている.

ハザードモデルの特長としては,1)分析期間中に観測されなかった事象を含んだ**センサード(検閲)データ**を処理できる,2)動的に変化する共変量を取り込める,という2つが挙げられる.そのため購買タイミングモデルは,6.1節のポアソン過程などのような購買発生モデルと比較して,より柔軟かつ精緻に購買プロセスをモデル化することが可能である.

a. センサードデータの処理

購買間隔が測定期間を超えている場合,通常の回帰タイプのモデルでは購買間隔が観測されないので分析の対象に含まれない.そのため購買間隔が長いデータが除去されて,パラメータが真の間隔より短くなるように推定されてしまう.購買期間が測定期間より長くなるケースは,図 6.1 から分かるように,前回の購買が測定開始以前に起きた左センサードデータと,次回の購買が測定期間後に起きる右センサードデータの2種類が存在する.

ハザードモデルでは,購買間隔が測定期間を超えているために購買が観測できなくても,その購買間隔が「少なくとも測定期間よりは長い」という情報を用いてパラメータの推定にバイアスがかかるのを防ぐ.データが完全に観測されていなくても,そこから得られる情報を最大限生かすという一種の**打切り回帰モデル** (censoring regression model) あるいは限定従属変数モデル (limited dependent variable model) と解釈できる．

b. 動的に変化する共変量のモデル化

マネージャーの大きな関心の一つは，価格やプロモーションなどのマーケティング活動が購買間隔にどのような影響を与えるかである．一番単純な方法は，購買間隔を従属変数，マーケティング活動を説明変数とおいた回帰分析を用いることであるが，その場合，説明変数の値が1購買間隔の間はずっと一定である必要がある．しかし実際の価格やプロモーションは各時点で変化する場合が多いため，説明変数が静的であるという仮定は制約的である．ハザードモデルでは，説明変数が過去にたどった時系列経路全てを考慮して，それが購買間隔に与える影響を推定するため，動的に変化する説明変数に対応することができる．

購買間隔期間 t の密度関数を $f(t)$ と表し，その累積分布，つまり購買間隔が t 以下の確率を $F(t)$ と表す．

$$F(t) = \Pr(購買間隔 \leq t) = \int_0^t f(s)ds$$

ここで，t 期間購買がなかった場合に次の瞬間に購買が起きる率を次式のように定義する．

$$h(t) = \lim_{\Delta \to 0} \frac{\Pr(t \leq 購買が起きる \leq t+\Delta \mid 購買間隔 \geq t)}{\Delta}$$

$h(t)$ は，生存分析や信頼性理論などではハザード率と呼ばれているものであり，

$$h(t) = \lim_{\Delta \to 0} \frac{F(t+\Delta) - F(t)}{\Delta(1 - F(t))} = \frac{f(t)}{1 - F(t)} \quad (6.4)$$

で求められる．ただし，$1 - F(t)$ は購買間隔が t 以上の確率を表すので，生存確率と呼ばれる．ハザード率 $h(t)$, **間隔密度関数** $f(t)$, 生存確率 $S(t)$ は (6.5) 式のようにお互いに関係している．

$$f(t) = h(t)S(t) \quad (6.5)$$

(6.4) 式を下記の微分方程式に置き換えて解くことによって，$F(t)$ あるいは $f(t)$ と $h(t)$ の関係が求められる．

$$h(t) = -\frac{d\ln(1 - F(t))}{dt}, \quad F(t) = 1 - \exp\left\{-\int_0^t h(s)ds\right\} \quad (6.6)$$

ここで，$F(t)$ を t で微分すれば，$f(t) = h(t)\exp\left\{-\int_0^t h(s)ds\right\}$ となり，(6.5) 式になることが確認できる．

ハザード率 $h(t)$ は確率ではなく，t で積分しても 1 になる必要がないことに注意されたい．

ハザード率 $h(t)$ の関数型の例

[例 1] 定数

一番単純なモデルは，ハザード率を定数 $h(t) = \lambda$ としたものである．この場合，次回の購買が起こる確率は今までどのくらいの期間購買していなかったかとは独立，つまりイベントの発生はメモリレスとの仮定に基づいている．$F(t) = 1 - e^{-\lambda t}$ なので，確率密度は指数分布 $f(t) = \lambda e^{-\lambda t}$ になる．購買間隔が指数分布の場合，期間 T の購買回数 x はポアソン分布に従うことが知られており，6.1 節の購買発生モデル $P(x \mid \lambda) = \frac{(\lambda T)^x}{x!}e^{-\lambda T}$, $x = 0, 1, 2, \cdots$ となる．

[例 2] ワイブル (Weibull) 分布

$$\lambda(t) = \gamma\alpha(\gamma t)^{\alpha-1} = \gamma^\alpha \alpha t^{\alpha-1}, \qquad \alpha > 0, \quad \gamma > 0$$

時間に対してハザード率が単調増加 ($\alpha > 1$)，定率 ($\alpha = 1$)，単調減少 ($\alpha < 1$) をパラメータ α の値によってモデル化できるのが特長である．γ はハザードの起きやすさを表したスケール・パラメータと解釈できる (Helsen and Schmittlein 1993)．

その他のハザード率の分布としては，山型をした**対数正規 (log-normal) 分布**や対数ロジスティック (log-logistic) 分布，そして柔軟な形を表すボックス・コックス (Box-Cox) 変換関数などが用いられる．

6.2.3 世帯異質性

世帯間の異質性を組み込むには，確率モデルのパラメータに分布を仮定するという手法がよく使われる．確率モデルのパラメータ自体が分布をしているのでミクスチャーモデルあるいは混合分布モデルとも呼ばれ，マーケティングでは長い歴史がある．その最初の応用例がポアソン過程に基づいた購買頻度モデルで紹介された NBD モデルであり，30 年ほど前から様々なカテゴリーで検証されて，データへの当てはまりが非常によいことが知られている．パラメータ

の確率分布は,通常,データへの当てはまりや解析の容易さによって便宜的に決められるが,分布が離散的か連続的かによって大きく2つに分類できる.

a. 連続的分布

パラメータ λ が連続的な分布 $g(\lambda)$ をしている場合,計量経済学ではランダム係数モデルとも呼び,混合確率密度関数は下のように表現される.

$$f(t) = \int f(t \mid \lambda) g(\lambda) d\lambda \tag{6.7}$$

ハザード率 λ が時間に依存せずに定数の場合,購買間隔の確率密度関数は指数分布になり,購買発生はポアソン過程になることは前項 6.2.2 で説明した.したがって,世帯異質性を組み込むためにハザード率 λ が (6.2) 式のようなガンマ分布であると仮定すると,購買頻度分布は 6.1.2 項で紹介された NBD モデルになる.

b. 離散的分布

パラメータが離散的分布の場合, (6.7) 式の積分は和に変換できるため,確率密度関数は下のように表現できる.

$$f(t) = \sum_{s=1}^{S} f(t \mid s) P(s)$$

このモデルは特に**有限混合分布モデル**あるいは**潜在クラスモデル**と呼ばれ,マーケティングのセグメンテーションの概念に一致しているため頻繁に用いられる.これらのモデルに関しては 8.3 節で詳しく紹介する.

Gonul and Srinivasan (1993) は購買プロセスを分析したハザードモデルにおいて,異質性を組み込むためパラメータに連続的分布と離散的分布を仮定した2つのモデルを比較し,データへの当てはまりは連続的分布のほうが優れていることを検証した.しかしこの結論が一般的に当てはまるためには,確率分布の関数型の選択が適切である必要がある.

6.2.4 説明変数の組み込みと比例ハザードモデル

ハザード率に影響を与える説明変数には,時間によって変化しない静的な変数 (例えば消費者の特徴を表すデモグラフィックス) と時間によって変化する動

的な変数(主にマーケティング変数)の両方のタイプが考えられる.例えば,女性のほうが男性よりもハザード率が高いかもしれない.あるいはプロモーションが購買を促すのであれば,マーケティング要因がハザード率に影響するようなモデルのほうがより現実的である.そこで上記の延長として,ハザード率 $h(\cdot)$ を時間 t とマーケティング変数 $x(t)$ の関数にしたモデルを検討する.

ハザード率 $h(\cdot)$ が時間のみに影響されるベース率 $\lambda(t)$ と動的な説明変数 $x(t)$ の関数 $\Psi(x(t))$ との積と仮定したモデルは**比例ハザードモデル**と呼ばれる.ハザード率は正である $(h(\cdot) \geq 0)$ という制約を満たすため,$\Psi(t)$ には通常,指数関数が用いられて,$\Psi(t) = \exp(\beta^T x(t))$ のように規定される.係数 β の符号と大きさが,その説明変数のハザード率に与える影響度を表すため,回帰分析のようなモデルと解釈できる.

$$h(t, x(t)) = \lambda(t) e^{\beta^T x(t)} = -\frac{d\ln(1 - F(t))}{dt}$$

上記の微分方程式を解くと累積確率分布が導き出せ,パラメータは世帯別データに基づいて最尤法で推定することができる.

$$F(t) = 1 - \exp\left\{-\int_0^t h(s, x(s))ds\right\} \equiv 1 - e^{-\Lambda(t)}$$

ただし $\Lambda(t) = \int_0^t h(s, x(s))ds$ は**累積ハザード関数** (integrated hazard function) と呼ばれ,説明変数の過去の動的経路は,ハザード率の時間に対する積分を通じて購買間隔の分布に影響を与えることが分かる.例えば価格が期間によって変化する場合などは,この積分を価格が一定ごとの期間に区切り,総和をとることによって計算できる.

ハザードモデルに説明変数を組み込むもう一つのアプローチとしては,説明変数の関数が時間軸のスケールに与える影響をモデル化することが挙げられる.これは**加速生存モデル** (accelerated lifetime model) と呼ばれ,生存確率 $S_0(t)$ の時間軸 t を $S(t \mid x) = S_0(\Psi(x)t)$ のように再定義することによって説明変数の影響をモデル化している (Franses and Paap 2001).

6.2.5 ハザードモデルのパラメータ推定

ハザードモデルのパラメータ推定には,通常,最尤法が用いられる.尤度関

数の最大化を数値的に解く必要のない簡単な例を使って，ハザードモデルの利点であるセンサードデータの利用を見てみよう．一番単純な例として，購買プロセスにおけるハザード率は定数 $h(t) = \lambda$ であると仮定しよう．したがって購買間隔の分布関数は 6.2.2 項の (6.6) 式より指数分布，$f(t) = \lambda e^{-\lambda t}$ になる．

a. センサードデータがない場合

まずはセンサードデータがなく，N 個の購買間隔 $t_1, t_2, \cdots, t_N$ が全て観測されている場合を考えてみよう．尤度関数は $L(\lambda) = \prod_{i=1}^{N} f(t_i) = \prod_{i=1}^{N} \lambda e^{-\lambda t_i}$ なので，対数尤度関数は下のようになる．

$$\ln L(\lambda) \equiv \ln(L(\lambda)) = \sum_{i=1}^{N} \ln(\lambda e^{-\lambda t_i}) = N \ln \lambda - \lambda \sum_{i=1}^{N} t_i$$

これを λ で微分して 0 とおくと，以下のような最尤推定値 $\hat{\lambda}$ が求められる．

$$\hat{\lambda}_{\text{no censor}} = \frac{N}{\sum_{i=1}^{N} t_i} = \frac{1}{\bar{t}}$$

ただし，$\bar{t} = \frac{1}{N} \sum_{i=1}^{N} t_i$ である．λ は単位時間当たりの平均購買頻度を示すパラメータなので，平均購買間隔の逆数が最尤推定値になることは直観的に正しい．

b. センサードデータが存在する場合

次に N 個の購買間隔データのうち，最初の m ポイント $t_1, t_2, \cdots, t_m$ が観測されて，残りの $N-m$ は観測期間の都合からセンサーされており購買間隔が $\tau_{m+1}, \tau_{m+2}, \cdots, \tau_N$ 以上であるという情報しか得られない場合を考えてみよう．

尤度関数は $L(\lambda) = \prod_{i=1}^{m} f(t_i) \prod_{i=m+1}^{N} S(\tau_i)$ なので，対数尤度関数は次の式で表される．

$$\begin{aligned}\ln L(\lambda) \equiv \ln(L(\lambda)) &= \sum_{i=1}^{m} \ln(\lambda e^{-\lambda t_i}) + \sum_{i=m+1}^{N} \ln(e^{-\lambda \tau_i}) \\ &= m \ln \lambda - \lambda \sum_{i=1}^{m} t_i - \lambda \sum_{i=m+1}^{N} \tau_i\end{aligned}$$

この式を微分して 0 とおくことにより，最尤推定値は次のようになる．

$$\hat{\lambda}_{\text{with censor}} = \frac{m}{\sum_{i=1}^{m} t_i + \sum_{i=m+1}^{N} \tau_i} \tag{6.8}$$

観測されたデータ $(t_1, t_2, \cdots, t_m)$ だけを使って λ を推定した場合は (6.8) 式の推定と比較して大きくなるため，平均購買間隔は実際より小さく推定されてしまう．これは購買間隔の長い，センサードデータを取り除いたために起きたバイアスの影響である．

c. 比例ハザードモデルの特別なケース

ハザードモデルのもう一つの特長は，比例ハザードモデルのように説明変数を比較的簡単な形で考慮できることである．以下では説明変数が購買間隔に与える影響を推定する方法を，データがセンサーされておらず説明変数が時間に依存しない，比例ハザードモデルの特別なケースを取り上げて紹介しよう．

センサーされていない N 個のデータポイントは，購買間隔 t と静的な説明変数 x のペア $(t_1, x_1), \cdots, (t_N, x_N)$ として与えられている．ハザード率は 6.2.4 項で説明されている通常の比例ハザードモデルのように $h(s, x) = \lambda(s) e^{\beta^T x}$ $(s \geq 0)$ と定義する．$\lambda(s)$ は時間 s のみに依存する未知のベース率である．まず，t_i の各時点において，まだ購買していない個人の集合を $J(t_i)$ と規定する．この $J(t_i)$ のうちで，t_i の時点で実際に購買した個人 i をモデルが予測する確率 $\Pr(i \mid t_i)$ を考えてみよう．これは，$J(t_i)$ のハザード率の合計に対する個人 i のハザード率と解釈できるために下の式のように表せる．

$$\Pr(i \mid t_i) = \frac{h(t_i, x_i)}{\sum_{j \in J(t_i)} h(t_i, x_j)} = \frac{\lambda(t_i) e^{\beta^T x_i}}{\sum_{j \in J(t_i)} \lambda(t_i) e^{\beta^T x_j}} = \frac{e^{\beta^T x_i}}{\sum_{j \in J(t_i)} e^{\beta^T x_j}}$$

この式はロジットモデルと呼ばれ，7 章のブランド選択で紹介されるが，β はニュートン法によって簡単に推定できる．ベース率は分母と分子の両方に現れてキャンセルするために推定はできないが，逆に利点としてはベース率の関数型を知る必要がなく，また不適切な関数型に設定する危険性もなくなることが挙げられる．

7

ブランド選択モデル

7.1 非集計顧客別データに基づいたブランド選択モデル

　第5章で説明したように，集計データの分析は多重共線性，情報のロス，異質性の同質化などの問題に遭遇する危険性が高い．また集計されたPOSデータの分析のみでは，個々の消費者がプロモーションにどのように反応するのかが見えてこない．店舗ごとのPOSデータからでは，プロモーションがシェアをどのくらい増やしたかが分かっても，それが既存顧客のブランドスイッチによるものなのか，店舗圏外の新規顧客によるものなのか，あるいは常連顧客が単に購買量を増やしただけなのかの区別がつかないことが多い．また，どの顧客属性がこれらの行動にどう影響しているのかも分からない．しかし，このような情報はマーケティング戦略を立てる上で非常に重要である．したがって，可能なかぎり非集計のデータを用いて分析をしたほうが失われる情報が少ない．

　近年のIT技術の発達によって，世帯レベルでの購買データを収集し，それを集計せずに分析することによって，商品属性，顧客特性，マーケティング活動などがブランド選択に与える影響をより精緻に検証することが可能になった．その中でも代表的なのが，一人一人の顧客のカテゴリー内のブランド選択を消費者行動理論に基づいてモデル化した確率的効用最大化モデルである．以下では，このモデルを説明する．

7.2 確率的効用最大化モデル

　消費者 n は個々のブランド j に対して効用 $u_n(j)$ をもっており，それは，

商品属性，顧客特性，あるいはマーケティング活動などの説明変数によって確定的に決まる要素 $v_n(j)$ と，それ以外の様々な要因を含んだランダムな誤差項 e_{nj} との和であると考える．つまり，効用は

$$u_n(j) = v_n(j) + e_{nj}$$

と表される確率変数である．そして確率的効用最大化モデルでは，消費者 n が特定のブランドを選択する確率は，そのブランドに対する効用が他の全ての選択肢にあるブランドの効用より高くなる確率と規定する．確定的効用は，$v_n(j) = \beta^T x_{nj}$ のように説明変数 x_{nj} の線形結合関数に設定されるのが通常であるが，ボックス・コックス変換を組み込んだ非線形関数 (Greene 1995) やノンパラメトリック関数に拡張した (第9章参照)，より柔軟かつ精緻なモデルも提案されている．消費者 n が J 個のブランドを含んだ選択集合 C_n からブランド1を選択する確率 $p_n(1)$ は，

$$\begin{aligned}p_n(1) &= \Pr(u_n(1) > u_n(j),\ 全ての j \in C_n, j \neq 1) \\ &= \Pr(v_n(1) + e_{n1} > v_n(j) + e_{nj},\ 全ての j \in C_n, j \neq 1) \\ &= \Pr(e_{nj} < v_n(1) - v_n(j) + e_{n1},\ 全ての j \in C_n, j \neq 1)\end{aligned}$$

となる．最後の式は誤差項の累積分布なので，同時密度関数 $f(e_{n1}, \cdots, e_{nJ})$ を指定すれば下記のように多重積分により解くことができる．

$$p_n(1) = \int_{-\infty}^{+\infty} \int_{-\infty}^{v_n(1)-v_n(2)+e_{n1}} \cdots \int_{-\infty}^{v_n(1)-v_n(J)+e_{n1}} f(e_{n1}, \cdots, e_{nJ}) de_{nJ} \cdots de_{n2} de_{n1} \quad (7.1)$$

ランダム誤差項 e_{nj} には確定的効用関数に組み込めない，観測不能な属性，測定誤差，消費者間異質性など様々な要因が含まれているため，**中心極限定理**を考慮すると $f(e_{n1}, \cdots, e_{nJ})$ としては多変量正規分布が自然だと考えられる．これは**多項プロビットモデル** (multinomial probit model) と呼ばれるが，(7.1)式の解析的な解が存在しない (つまり積分記号が外れない) ため，選択確率は面倒な数値計算で解くしかない．また，e_{nj} を独立で同一の1次元正規分布と仮定し，$f(e_{n1}, \cdots, e_{nJ}) = f(e_{n1}) \cdots f(e_{nJ})$ としたモデルは**独立プロビットモ**

デルと呼ばれているが,やはり積分は数値計算しなければならないという問題がある.多変量正規分布の数値積分は,計算量の問題から 4～5 次元が限度であったが,最近シミュレーションを用いた計算手法が開発されて,より多次元の積分でも比較的容易に計算することが可能になった.このことについては,改めて効用関数のパラメータ推定 (8.4.4 項) で紹介する.

本節では,誤差項 e_{nj} を独立で同一の**第 1 種極値分布** (type I extreme-value distribution) と仮定した**多項ロジットモデル** (multinomial logit model) を中心に議論を進める.位置パラメータが η,スケールパラメータが μ である第 1 種極値分布をもった u の確率分布と確率密度関数は下記のように表現される.

$$F(u) = \exp\{-e^{-\mu(u-\eta)}\}, \qquad f(u) = \mu e^{-\mu(u-\eta)} \exp\{-e^{-\mu(u-\eta)}\}$$

$f(u)$ は正規分布を右に歪めたような山型の形状をしているため,独立プロビットモデルの近似になる.実際に,誤差項が正規分布と第 1 種極値分布では確定的効用関数のパラメータ推定値にほとんど差がないことが検証されている (Hauseman and Wise 1978).

詳細は付録 2 を参考にして欲しいが,この場合 (7.1) 式の積分は (7.2) 式のような簡単な形になる.

$$p_n(1) = \frac{e^{\mu v_n(1)}}{\sum_{j=1}^{J} e^{\mu v_n(j)}} \tag{7.2}$$

効用関数 $v_n(j)$ は相対的な尺度なのでスケールパラメータ μ は独立では認識できず,通常は $\mu = 1$ と設定する.この多項ロジットモデルは心理学者 Luce の提唱したルース (Luce) モデル (1959) と一致し,マーケティング,心理学,経済学,交通計画など様々な分野で応用されている.

7.3 多項ロジットモデルの特徴

7.3.1 無関係な選択肢からの独立 (independence from irrelevant alternatives)

多項ロジットモデルで注意しなければならない性質として,選択肢の集合が変わってもブランド間の相対的な選択確率は同じであるという,**無関係な選択**

肢からの独立性 (IIA) が挙げられる．これは (7.2) 式に基づいて，ブランド i と j との選択確率の比 $p_n(i)/p_n(j)$ を計算すれば，分母がキャンセルされることからも明白である．IIA の意味するところは，他のブランド，例えばブランド k が選択肢として存在していようがいまいが，ブランド i と j の選択確率は変わることがないということである．しかし，もしブランド k が i よりも j に非常に似た商品であれば，ブランド j の i に対する相対的確率は，k が加わった場合には下がってしまうと予測される．

多項ロジットモデルの IIA 制約は "Red bus - Blue bus problem" としてよく知られている．これは，ある人 n にとって目的地まで行くのに，鉄道とバス (赤色) の選択肢があり，それぞれの効用値が同じであると仮定しよう．多項ロジットモデルによると $v_n(鉄道) = v_n(バス)$ なので，電車とバスの選択確率はそれぞれ 1/2 である．IIA のもとでは，この選択確率の比は他の交通手段の有無にかかわらず 1 である．ここで単に色違いのバス (青色) が選択肢に加わった状況を考えてみよう．新しく加わったバスは色が違うだけなので，鉄道の選択確率は 1/2 で変わらず，2 色のバスの選択確率がそれぞれ 1/4 ずつになると考えられる．しかし多項ロジットモデルでは，2 つのバスは色が違うだけで同じ効用をもたらすために，$v_n(電車) = v_n(赤色バス) = v_n(青色バス)$ となり，それぞれの選択確率は 1/3 ずつになってしまう．

IIA は数学的には誤差項に独立で同一の分布を仮定している結果である．したがって，独立プロビットモデルにも IIA 制約が付く．類似したブランド間の誤差項に相関をもたせれば IIA 制約はなくなるのだが，その場合，もはや選択確率は (7.2) 式のような単純な公式ではなくなる．したがって IIA 仮定を満たすためには，ブランドの類似度が似たような選択肢集合を定義すること，あるいは選択肢を規定するカテゴリーの設定に注意をはらう必要がある．例えば，ペットボトル茶のカテゴリーに選択肢としていろいろなメーカーのお茶を含めるのはよいが，ペットボトル・ドリンク一般のカテゴリーに選択肢としていろいろなメーカーの炭酸飲料 (COKE，7UP) とお茶の両方を混ぜることには注意しなければいけない．

7.3.2 弾　力　性

ブランド選択モデルは集計データに基づいたシェアモデルに対応するため，効用に影響を与える消費者の要因やブランドの属性が $v_n(i)$ の関数として説明変数になる．一般的にスーパーで売られるような低関与消費財の場合，ブランドの属性としては価格，値引き，チラシ広告，陳列などのマーケティング変数が，また消費者の属性としては個々のブランドに対する選好 (通常，過去の購買から推測される) が組み込まれる．説明変数がブランド選択に与える影響の度合は，例えば価格を 10%下げたら選択確率は何%上がるか，という弾力性で測られることが一般的である．以下では多項ロジットモデルの弾力性を導く．

消費者 n のブランド i に対する k 番目の説明変数 x_{nik} は，通常，(7.3) 式のように効用に対して線形の形で組み込まれる．

$$v_n(i) = \sum_k \beta_k x_{nik} \tag{7.3}$$

β_k はデータから推定されるパラメータで，k 番目の説明変数の確定的効用に対する影響度を表す．効用は直接には観測されず個々の消費者のブランド選択から推測されるため，多項ロジットモデルは質的従属変数 (ブランドを選択した／しない) の回帰モデルとも解釈できる．多項ロジットモデルのような消費者個人の行動に当てはまるモデルの場合，弾力性には非集計レベル (ある個人のある選択機会における選択確率への影響) と集計レベル (サンプル全体のマーケットシェアへの影響) の 2 種類が考えられる．

非集計レベルの弾力性は，説明変数の変化が特定の個人のある選択機会における選択確率にどう影響するかを測る．説明変数が (7.3) 式のように線形結合型の場合は，(7.4) 式のように導かれる．

$$E^{p_n(i)}_{x_{nik}} = \frac{\partial p_n(i)/p_n(i)}{\partial x_{nik}/x_{nik}} = \frac{\partial p_n(i)}{\partial x_{nik}} \frac{x_{nik}}{p_n(i)} = [1-p_n(i)]x_{nik}\beta_k \tag{7.4}$$

同様に，非集計レベルでの交差弾力性は (7.5) 式のようになる．

$$E^{p_n(i)}_{x_{njk}} = \frac{\partial p_n(i)}{\partial x_{njk}} \frac{x_{njk}}{p_n(i)} = -p_n(j)x_{njk}\beta_k, \qquad 全ての j \neq i \tag{7.5}$$

(7.5) 式から分かるように，ブランド i の選択確率に対してブランド j に関する

説明変数の交差弾力性は全ての i において等しい．これは IIA 制約によるものである．上の 2 つの弾力性をまとめて (7.6) 式のように表せる．

$$E_{x_{njk}}^{p_n(i)} = \frac{\partial p_n(i)}{\partial x_{njk}} \frac{x_{njk}}{p_n(i)} = [\delta_{ij} - p_n(j)]x_{njk}\beta_k, \quad 全ての j \quad (7.6)$$

ただし，δ_{ij} は**クロネッカー・デルタ (Kronecker delta) 関数**と呼ばれ，$i = j$ の場合は 1，それ以外の場合は 0 と規定される．

一方，集計レベルの弾力性は，説明変数の変化がサンプル全体のマーケットシェアにどう影響するかを測る．具体的には，説明変数が 1%増えるとサンプルにおけるブランド i の選択確率の平均 $\overline{p(i)} = \frac{1}{N}\sum_{n=1}^{N} p_n(i)$ が何%変わるかが興味の対象となる．(7.6) 式の非集計レベルの結果を用いて，集計レベルの弾力性は (7.7) 式のように導かれる．

$$\begin{aligned}E_{x_{jk}}^{\overline{p(i)}} &= \frac{\sum_{n=1}^{N} p_n(i) E_{x_{njk}}^{p_n(i)}}{\sum_{n=1}^{N} p_n(i)} \\ &= \frac{\beta_k}{N\overline{p(i)}} \sum_{n=1}^{N} p_n(i)[\delta_{ij} - p_n(j)]x_{njk}, \quad 全ての j \quad (7.7)\end{aligned}$$

交差弾力性は i に依存するため，集計レベルでは IIA 制約を受けないことが分かる．

7.4 多項ロジットモデルのパラメータ推定

パラメータ β の推定には最尤法が用いられる．最尤推定値は漸近的に正規分布に従うため，T 値に基づいた統計的仮説検定などが可能である．y_{ni} を消費者 n によるブランド i の購買インディケーター変数とし，C_n を n のブランドの選択集合とすると，尤度関数と対数尤度関数は (7.8)，(7.9) 式のように表せる．

$$L = \prod_{n=1}^{N} \prod_{i \in C_n} p_n(i)^{y_{ni}} \quad (7.8)$$

$$\ln L = \sum_{n=1}^{N} \sum_{i \in C_n} y_{ni} \ln\{p_n(i)\} = \sum_{n=1}^{N} \sum_{i \in C_n} y_{ni} \left[\beta^T x_{ni} - \ln\left\{\sum_{j \in C_n} e^{\beta^T x_{nj}}\right\}\right] \quad (7.9)$$

最尤推定値はパラメータの複雑な関数なので解析的に解くことはできないが、ニュートン法を適用することによって、解を数値的に求められる。この対数尤度関数はパラメータの凹関数なので、**大域的最適解**が1つのみ存在して他に局所的最適解がなく、数値的探索に適している。

ニュートン法では、ステップでのパラメータの推定値 θ_h から、その勾配ベクトル $g(\theta_h)$ とヘシアン行列 $H(\theta_h)$ を使って更新された推定値 θ_{h+1} を下のように計算する。

$$\theta_{h+1} = \theta_h - H^{-1}(\theta_h)g(\theta_h)$$

勾配ベクトルとヘシアン行列は、(7.2) 式を代入して (7.9) 式の1次と2次の微分を求めると下記のようになる。

$$\frac{\partial \ln L}{\partial \beta_k} = \sum_{n=1}^{N} \sum_{i \in C_n} y_{ni} \left[x_{nik} - \frac{\sum_{j \in C_n} x_{njk} e^{\beta^T x_{nj}}}{\sum_{j \in C_n} e^{\beta^T x_{nj}}} \right]$$

$$= \sum_{n=1}^{N} \sum_{i \in C_n} [y_{ni} - p_n(i)] x_{nik}, \qquad k = 1, \cdots, K \tag{7.10}$$

$$\frac{\partial^2 \ln L}{\partial \beta_k \partial \beta_l} = -\sum_{n=1}^{N} \sum_{i \in C_n} p_n(i) \left[x_{nik} - \sum_{j \in C_n} x_{njk} p_n(j) \right] \left[x_{nil} - \sum_{j \in C_n} x_{njl} p_n(j) \right]$$

$$= \sum_{n=1}^{N} \left[\sum_{i \in C_n} x_{nik} p_n(i) \right] \left[\sum_{i \in C_n} x_{nil} p_n(i) \right] - \sum_{n=1}^{N} \sum_{i \in C_n} x_{nik} p_n(i) x_{nil},$$

$$k, l = 1, \cdots, K \tag{7.11}$$

このヘシアン行列は負定値行列であるため、厳密な凹関数になることが分かる。

7.5 多項ロジットモデルのスキャン・パネルデータへの応用例

多項ロジットモデルの応用例として、米国のスーパーで収集されたスキャン・パネルデータを用いたブランド選択の分析を紹介する。

7.5.1 応用例 (1)—コーヒー豆のデータ

最初のデータは米国の大手リサーチ会社，SAMI が3ブランドの各々の容量が1ポンドと3ポンドの缶入りコーヒー豆について収集したものである．同一ブランドでもサイズにより単価やプロモーション活動が異なるために，サイズごとに個別の選択肢と見なして合計6ブランド・サイズの商品として分析する．ここでの関心は特にヘビーバイヤーにあるので，39週間の期間中にコーヒーを6回以上購買した167世帯による2,390回の購買機会に対象を絞った．データの中で利用できる説明変数は，1ポンド (lb) 当たりの価格 (price) と折込広告にその商品が掲載されたかどうか (feature) である．データの記述統計は下の表に記載されている．

表 7.1 コーヒー豆のデータの記述統計

コーヒー豆 ブランド・サイズ	シェア (%)	1ポンド当たり の平均価格 ($)	折込チラシ時の 購買の割合 (%)
Butternut 1 lb	24.1	2.87	58.6
Butternut 3 lb	4.4	2.91	65.1
Folgers 1 lb	36.7	3.04	38.8
Folgers 3 lb	9.0	3.06	37.0
Maxwell 1 lb	19.5	2.91	53.3
Maxwell 3 lb	6.4	2.96	56.0

これによると，個数ベースでは1ポンドのほうが3ポンドより3倍から6倍近く購買されており，トップシェアの Folgers は他のブランドと比較して折込チラシ時の購買の割合が低く，平均価格が若干高めなのが分かる．

その他，過去の購買記録をラグ項に取り入れてブランド・サイズに対する世帯ごとの選好を計算し，それを説明変数として加えた．これは Guadagni and Little(1983) によって最初に紹介されたロイヤルティーという変数で，世帯間の異質性とその動的変化を取り込む役割を果たす．世帯 n のブランド j に対する t 回目の購買機会のロイヤルティー変数 $\text{loyalty}_{nj}(t)$ は

$$\text{loyalty}_{nj}(t) = \lambda\, \text{loyalty}_{nj}(t-1) + (1-\lambda) y_{nj}(t-1)$$

と定義される．

ただし $y_{nj}(t) = \begin{cases} 1 & \text{世帯 } n \text{ が } t \text{ 回目の購買機会にブランド } j \text{ を選択した場合} \\ 0 & \text{それ以外の場合} \end{cases}$

したがって，ブランド j に対するロイヤルティーは，その世帯が過去にどのブランドを選択したかを直近の購買により大きな重みを付けた指標となっている．繰り越し係数 (λ) は最尤法によって 0.8 と推定された．ロイヤルティー変数の初期値は，キャリブレーションデータ (39 週間) 以前の 26 週間に観察された 1,386 の購買機会から導出した．パッケージ商品業界においては，ロイヤルティーのような過去の購買に基づいた変数は，デモグラフィック情報に比べて，世帯間の異質性をより説明できるため広く使われている．しかし，時系列よりクロスセクションデータがよく使われる医学研究や交通工学の分野では，意思決定者の異質性を説明するためにデモグラフィック情報をモデルに組み込むことが必要であろう．

以上の説明変数を組み込んだ世帯 n のブランド j に対する t 回目の購買機会の効用関数は (7.12) 式のように規定される．

$$v_{nj}(t) = \alpha_j + \beta_{\text{loyalty}} \text{loyalty}_{nj}(t) + \beta_{\text{price}} \text{price}_{nj}(t) + \beta_{\text{feature}} \text{feature}_{nj}(t) \tag{7.12}$$

ここで，α_j は切片パラメータで，説明変数で説明しきれないブランド j 特有の効用に対する影響を表す．

パラメータの推定結果を表 7.2 に示す．

表 7.2 コーヒー豆データのパラメータ推定結果

変数	係数	標準誤差	T 値
loyalty	3.9976	0.1071	37.3362
feature	1.9964	0.0780	25.5901
price	-1.3904	0.1477	-9.4133
Butternut 3 lb	-0.9226	0.1230	-7.5038
Folgers 1 lb	0.4005	0.0797	5.0242
Folgers 3 lb	-0.0833	0.1037	-0.8031
Maxwell 1 lb	0.1111	0.0799	1.3898
Maxwell 3 lb	-0.6157	0.1113	-5.5319

観測数 = 2390, 対数尤度 = -2200.18, 基準対数尤度 (同等確率モデル) = -4282.31, AIC = 4416.36
$U^2 = 0.48622$, 調整済み $U^2 = 0.48435$, 実際に選択されたブランドの予測確率の平均 = 0.5445, 正解率 = 65.48%

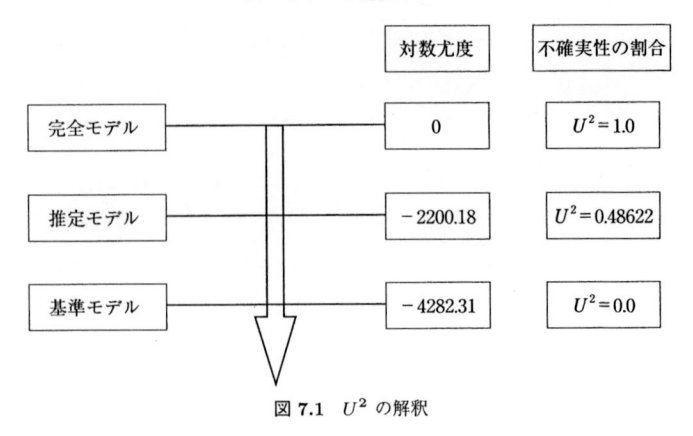

	対数尤度	不確実性の割合
完全モデル	0	$U^2 = 1.0$
推定モデル	−2200.18	$U^2 = 0.48622$
基準モデル	−4282.31	$U^2 = 0.0$

図 7.1　U^2 の解釈

　基準対数尤度の −4282.31 は分析者が設定した基準モデルの対数尤度で，ここでは 6 つのブランドを等しい確率で選択する最も単純なモデルに設定されている．パラメータ推定値での対数尤度は，それより大きな −2200.18 になっている．ブランド選択確率 $p_n(i)$ は 1 より小さいので，対数尤度 $\ln L$ は，負の値をとり，完全予測モデルでは 0 になる．入れ子型の制約モデルを仮説検定するには，統計量 $= -2\times$ { 対数尤度 (制約モデル)− 対数尤度 (無制約モデル)} が制約したパラメータ数の自由度をもった**カイ 2 乗分布**に漸近的に従うという事実を使えばよい．

　AIC は**赤池情報量規準**と呼ばれ，$-2\times$(対数尤度−パラメータ数) で定義される．次式で定義される U^2 は，モデルのデータへの当てはまりを回帰分析の R^2 のように 0 から 1 の間で指標化したものである．

$$U^2 = 1 - \frac{\text{対数尤度}}{\text{基準対数尤度}} \tag{7.13}$$

U^2 は図 7.1 のように，推定モデルが基準モデルのもつ不確実性 (正確にはサンプル情報量) の何％を減少するかを表すと解釈できる．

　ただし，U^2 は回帰分析の R^2 と同様，説明変数の数に従って増えるため，説明力の弱い変数にペナルティーを課した次の**調整済み U^2** ((7.14) 式) も使われる．

$$\text{調整済み } U^2 = 1 - \frac{(\text{対数尤度})-(\text{パラメータの数})}{\text{基準対数尤度}} \tag{7.14}$$

　離散的データの当てはまりを示す U^2 はあくまでも基準モデルに対しての相

対的な指標として解釈されるべきで，通常はモデルがいかに優れていても，連続的データの R^2 のような高い値にはなりにくい．「実際に選択されたブランドの予測確率の平均」は，選択されたブランドの予測確率の平均値である．モデルの予測が完全であれば1になり，予測が完全に外れれば0になる．

3つの説明変数 loyalty, feature, price のパラメータは全て期待された符号をもち，統計的に有意である．多項ロジットモデルでの切片は相対的なパラメータのため，Butternut 1 lb を基準の0と設定して，残りの5選択肢の値が推定されている．説明変数がブランド間の違いを十分に説明していれば，選択肢固有の切片の値は有意にはならない．ここでは，ブランドとサイズの効用には説明変数 (loyalty, feature, price) 以外の固有な要因があることが分かる．

7.5.2 応用例 (2)—冷蔵オレンジジュースのデータ

この米国のデータベースには，合計でカテゴリー売上げの 80% 以上を占めるトップ6ブランドの冷蔵オレンジジュース (サイズは全て64オンス) のみを78週間中に10回以上買った77世帯の購買機会が記録されている．データに含まれている説明変数は，ブランド・ロイヤルティー (loyalty)，通常価格 (regprice)，値引額 (pricecut)，そしてプロモーションの有無 (feature) である．表 7.3 にデータの記述統計を表す．

表 7.3 オレンジジュースのデータの記述統計

オレンジジュースブランド	シェア (%)	平均価格 ($)	プロモーション時の購買の割合 (%)	
			折込チラシ	値引
Regional brand	17.7	1.79	47.0	25.7
Citrus Hills	25.0	1.87	18.2	25.2
Minute Maid	19.9	2.08	30.3	43.6
Private Label	16.8	1.34	18.7	17.6
Tropicana Regular	15.8	1.89	56.8	53.0
Tropicana Premium	4.7	2.29	1.8	12.5

前回のデータと同様に，最初の26週間，680回の購買機会からロイヤルティーを初期化して，残りの52週間，1,188回の購買機会をキャリブレーションデータに使ってパラメータを推定した．

4つの説明変数 loyalty, feature, regprice, pricecut のパラメータは全て期

待された符合で統計的に有意であるが，特に loyalty が効用に対して強い影響を与えていることが分かる．

表 7.4 オレンジジュース・データのパラメータ推定結果

変 数	係 数	標準誤差	T 値
loyalty	3.7059	0.1336	27.7376
feature	0.7196	0.1246	5.7751
regprice	−2.5912	0.3114	−8.3200
pricecut	2.0623	0.3109	6.6340
Citrus Hills	0.8499	0.1379	6.1641
Minute Maid	0.9254	0.1726	5.3610
Private Label	−0.1171	0.2212	−0.5294
Tropicana Regular	0.3255	0.1562	2.0835
Tropicana Premium	0.9656	0.2528	3.8201

観測数 = 1188，対数尤度 = −976.62，基準対数尤度 (同等確率モデル) = −2128.61，AIC = 4275.22，U^2 = 0.54120，調整済み U^2 = 0.53697，実際に選択されたブランドの予測確率の平均 = 0.5831，正解率 = 68.94%

8

消費者の異質性

　マーケティングの目的は，顧客の知覚や選好を理解し，適切な商品を製造・販売して，ユーザーのもとに届けることである．マーケターは，どのような商品・サービス (Product) を，いくらで提供し (Price)，どのような広告や販売促進を行って (Promotion)，どの流通経路で販売するか (Place) という **4P** の要素を決めなければならない．成熟した経済社会で特に重要なことは，個々の消費者 (顧客) の違い，つまり商品に関する選好やマーケティング刺激に対する反応の異質性を十分に認識し，それに適切に対応することである．マーケティングでは，セグメンテーション，ポジショニング，ターゲティングと呼ばれる差別化された商品の提供や顧客によって異なったマーケティング活動などが，早い時期から行われてきた．

　消費者間の違いを考慮する重要性，必要性は，近年の情報技術の発達により，一人一人の顧客データを集計せずに容易に収集，保存できるようになったおかげで，ますます高まっている．例えば，POS システムにフリークエント・ショッパーズ・プログラム (FSP) を組み合わせることによって，顧客の購買履歴を時系列的に収集できる．インターネットなどでは，顧客のとったアクション (カタログ請求，問い合わせ，購買) はもちろん，購入前に閲覧されたページ履歴までがログファイルに自動的に蓄積される．これらの膨大なデータが集計されずに保存されているということは，一人一人の顧客を深く理解し，より効果的なマーケティングを実践するための情報が溢れているということになる．平均的消費者を想定してのマーケティングは，今日ではほとんど無意味な概念になりつつある．今やマーケティングは情報産業であり，それを有効に生かす企業こそが競争優位に立つのである．

　本章ではロジットモデルに代表される確率的ブランド選択モデルに焦点をあ

てて，異質性に関する最近のマーケティング・サイエンスにおけるモデル研究の流れを紹介する．

8.1 異質性をモデル化するアプローチ

確率的効用最大化モデルによると，消費者 n が t 回目の選択 (購買) 機会に集合 C_{nt} からブランド i を選択する確率は，

$$P_{nt}(i) = \Pr[U_{nti} > U_{ntj}], \qquad 全ての j \in C_{nt}, j \neq i \qquad (8.1)$$

$$U_{nti} = V_{nti} + \varepsilon_{nti} \qquad (8.2)$$

のように表される．ここで U_{nti} は選択肢 i に対する効用であり，V_{nti} はそのうちの確定的な要素，ε_{nti} は確率的な要素である．ここで ε_{nti} が独立に同一の第1種極値分布 (ベル型で左右非対称の分布形状) に従うと仮定すると，第7章で紹介したロジットモデルが導かれる．

$$P_{nt}(i) = \frac{\exp(V_{nti})}{\sum_{j \in C_{nt}} \exp(V_{ntj})} \qquad (8.3)$$

通常，V_{nti} は価格やプロモーションなどのマーケティング変数ベクトル $\boldsymbol{x}_{nti}$ とその影響度を表すパラメータベクトル β_n の線形結合で (8.4) 式のように規定される．

$$V_{nti} = \beta_n^T x_{nti} \qquad (8.4)$$

ここで，β_n は説明変数が確定的効用に与える影響度を表すため，消費者の異質性を考慮してサブスクリプト n が付随している．しかしブランド選択モデルが適応される多くの消費財カテゴリーでは，1～2年間の実験期間中に1人の消費者から観測されるブランド選択の回数は限られているため，通常は個人ごとに異なった β_n を推定することは不可能である．全ての消費者で β_n は共通だと仮定すれば，$\beta = \beta_n$ $(n = 1, \cdots, N)$ は最尤法によって推定できる．さらに，尤度関数は凹関数なのでニュートン・ラフソン (Newton-Raphson) 法などの単純な最適化アルゴリズムで大局的な最適解が求められることが保証される (7.4節

8.1 異質性をモデル化するアプローチ

参照)．しかし，これでは異質性の影響を無視していることになる．

経済学では政策変数が全体集合に与える影響を集計的に推定するのが主な興味の対象である．その際，個人間の異質性は推定にバイアスを与える厄介な問題として克服されなければならなかったが，それ自体は議論の中心にはなりえなかった．例えば**ランダム係数モデル** (random coefficient model) では，係数に分布を仮定することによって異質性を説明しているが，計量経済学での関心はこの分布の中心値とバラツキ (平均と分散) を正確に推定することであり，個々人のパラメータの推定にまで足を踏み込むことはまれである．これに対して，One-to-One マーケティングや CRM では一人一人個別に働きかけることも多いため，顧客ごとにユニークなパラメータの値を知ることは実務上，非常に有益である．

当然のことながらこの場合には，パラメータの数に対してデータ量が激減するために，通常の手法では推定不可能であったり，可能であっても推定値の不確実性が無視できないほどに大きくなる．また個人別パラメータを点推定できたとしても，この値を確率モデル (8.3) 式に代入して選択確率を計算してしまうと，パラメータがモデル式において非線形なためバイアスのある確率が推定されてしまう．したがって，パラメータの不確実性を考慮に入れた上で確率を推定し，それに基づいて最適なマーケティング政策を計画・遂行する必要がある．

(8.4) 式の効用関数を，消費者の異質性を考慮しながら推定できる形で拡張するには大きく分けて 2 つのアプローチが考えられる．一つはパラメータを消費者間で共通に設定して説明変数に個人の違いを表す変数を加える方法，もう一つは説明変数は共通だが，パラメータは異質性によって点ではなく分布していると仮定する方法である．前者のアプローチでは，過去のブランド選好から個人がそれぞれのブランドに対してもっている特有な選好を指標化したブランド・ロイヤルティーと呼ばれる変数や，消費者の特性 (デモグラフィック変数) などを加える．後者のアプローチは，確率モデルのパラメータ自体が分布をしているので混合分布モデルとも呼ばれ，さらにパラメータの分布が離散的か連続的かにより 2 つに分類できる．

スキャン・パネルデータを用いたブランド選択におけるロジットモデルの研究は 1980 年代の初期に始まったが，非集計データのメリットを生かして消費者の

異質性をモデル化するために，当初は前者のアプローチが使われた (Guadagni and Little 1983)．その限界が見えた 80 年代の後半，パラメータに離散的分布を仮定した**混合分布モデル**が提唱された．このアプローチの特別なケースである潜在クラスモデルは，マーケティングでのセグメンテーションの概念と解釈できるため，しばらくは異質性をモデル化する手法の主流であった (Kamakura and Russell 1989)．パラメータに連続的分布を仮定したモデルは，計量経済学ではランダム係数モデルとして 70 年代から知られていたが (Manski and McFadden 1981)，その推定 (最尤法が使われた) は複雑でマーケティングの分野では非実用的なものであった．しかし 90 年代半ばのベイズ統計学の進展から，計算機の能力を生かしたシミュレーションによってパラメータを推定する方法が可能となり，現在の研究では階層ベイズと呼ばれるパラメータに連続的分布を仮定した混合分布モデルが主流となっている (Rossi, McCulloch and Allenby 1996)．

以下の節では，マーケティング・サイエンスにおいてロジットモデルに消費者の異質性を考慮する代表的なアプローチとして，1) ブランド・ロイヤルティーを説明変数に使ったモデル，2) パラメータに離散的分布を仮定した潜在クラスモデル，3) パラメータに連続的分布を仮定した階層ベイズモデル，と年代順に紹介していこう．

8.2　ブランド・ロイヤルティー

消費者の異質性をモデルに組み込む上でまず考えられることは，データベースに各消費者の特徴を示す情報が存在すれば，それらを説明変数として加えることであろう．これらの情報は，デモグラフィック属性，ライフスタイルや性格診断，心理学的プロファイル，過去の購買履歴 (実際の行動) などに分類できる．早い時期からブランド選択データがスキャン・パネルデータで収集，分析されてきた日用消費財においては，デモグラフィック属性はブランド選択をほとんど説明できないことが多くの研究で立証されている (Gupta and Chintagunta 1994 など)．例えばプレミアムブランドのオレンジジュースは，収入の高低にほとんど関係なく購買される．また，価格意識の高い消費者のほうが特売で購買する傾向が強いなど，常識的なライフスタイルや心理学的プロファイル属性のほ

8.2 ブランド・ロイヤルティー

```
     デモグラフィック属性        環 境
              ↓               ↓
         ┌─────────────────────┐
         │   ライフスタイル    │
         │ 心理的プロファイル  │
         │      性 格          │
         └─────────────────────┘
              ↓               ↓
            知 覚           態 度
                              ↓
      状 況                 選 好
   マーケティング刺激          ↓
              ↓               ↓
              └──→ ブランド選択 ←──┘
```

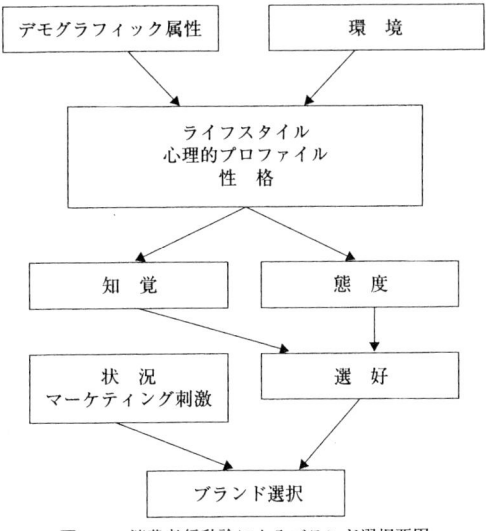

図 8.1 消費者行動論によるブランド選択要因

うが，多少なりともブランド選択に影響を与えることも分かっている (Banwari 1994).

これらの顧客情報がブランド選択へ与える影響度の違いは，消費者行動理論で提案されているブランド選択プロセスを考慮すると理解できる．一般に，ブランド選択には図 8.1 のような因果プロセスがあると考えられており，デモグラフィック情報は実際の行動から一番離れている要因で，心理学的プロファイル，ライフスタイル，性格などを通じて，ブランドに対する知覚と態度を形成し，それが選好となって，実際の購買行動に影響を与えている．

顧客のメールリストからゲーム感覚的なアンケート調査を実施してライフスタイルや心理学的プロファイルを収集することも不可能ではないが，通常，小売店の FSP などには性別，年齢，住所などの限定されたデモグラフィック属性しか存在しないため，実務での活用はあまり現実的でない．また，図 8.1 から分かるように，ブランド選択行動は過去の購買行動に反映されたブランドに対する選好とマーケティング刺激に一番強く影響される．これらの情報はコンピュータに自動的に蓄積されるというデータ収集上の利点もあるため，ロジットモデルの効用関数にはマーケティング変数と過去のブランド選択を説明変数

として含めるのが一般的である．

過去のブランド選択行動は，その消費者独自の個々のブランドに対する選好度の目安になるため，異質性をモデル化するのに役立つ．その中でも多くの研究者に採用された代表的な指標が，過去の購買記録をラグ項に取り入れて個々のブランドに対する選好を消費者の購買機会ごとに更新したブランド・ロイヤルティーという変数である．

これは Guadagni and Little (1983) によって最初に提案され，ブランドの選好に対する消費者間の異質性とその動的変化を取り込む役割を果たす．消費者 n のブランド j に対する t 回目の購買機会のロイヤルティー $\text{loyalty}_{nj}(t)$ は

$$\text{loyalty}_{nj}(t) = \lambda\, \text{loyalty}_{nj}(t-1) + (1-\lambda) y_{nj}(t-1)$$

と定義される．ただし，

$$y_{nj}(t) = \begin{cases} 1 & \text{消費者 } n \text{ が } t \text{ 回目の購買機会にブランド } j \text{ を選択した場合} \\ 0 & \text{それ以外の場合} \end{cases}$$

したがって，ブランド j に対するロイヤルティーは，その消費者が過去にどのブランドを選択したかを直近の購買により重みを付けた指標となっている．繰り越し係数 λ はデータからグリッドサーチ法や最尤法によって推定できる．ロイヤルティー変数はラグ項を含んでいるため，通常はロジットモデルを推定するデータより前の期間のデータをあらかじめ確保しておいて初期化する．

パッケージ商品業界においては，ロイヤルティーのような過去の購買に基づいた変数は，デモグラフィック情報に比べて，消費者間の異質性をより説明できるため広く使われている．ここで紹介したブランド・ロイヤルティーはその一例であるが，シンプルな構造上いくつかの問題点も抱えている．ロイヤルティーはあくまでも過去に観察されたブランド選択行動のデータのみに基づいているため，それが選好によるものなのか，あるいは値引，広告，プロモーションのようなマーケティング刺激によるものなのかが分離できない．さらに，消費者は特別な理由がなければリスクをさけて同じブランドを選択し続けるという習慣形成の要因も含まれているため，これらの要因を分離させるために様々な拡張版が提案されている (Fader and Lattin 1993)．

8.3 潜在クラスモデル

顧客の異質性を分析するために用いられる通常のマーケット・セグメンテーションでは，顧客を事前に与えられている変数群 (例えばデモグラフィック変数) の類似度に基づいてクラス分けするため，事前セグメンテーション (a priori segmentation) とも呼ばれる．これに対して，観測変数の背後に離散的分布をもった潜在変数を仮定し，その潜在変数の類似度に基づいて顧客をクラス分けするのが潜在クラスモデルである．もちろん潜在変数は直接には観測されないので，その分布，つまり離散点 (クラスと呼ぶ) の位置とその重み (確率) はモデルに基づいて観測変数から推測しなければならない．以下で紹介するブランド選択においては，観測変数は選択されたブランド，モデルはロジットに代表される確率的効用最大化モデルを仮定して，ロジットモデルのパラメータが離散的に分布した潜在クラスモデルを紹介する．

8.3.1 モデルのフレームワーク

説明変数の影響度に対する消費者の異質性をモデル化するために，個々のパラメータに離散的分布を仮定したのが有限混合分布モデルである．その中でも，1) 全てのパラメータにおいて確率点の数が同一 (重複する場合も含めて S 個) で，2) 確率点の間で独立に分布している場合 (相関行列が単位行列) は (8.5) 式のように表せる．

$$P_{nt}(i \mid \pi, \beta) = \sum_{s=1}^{S} \pi_s P_{nt}(i \mid \beta_s) \tag{8.5}$$

ただし $\pi = [\pi_1, \cdots, \pi_S], \quad \beta^T = [\beta_1^T, \cdots, \beta_S^T] \quad \sum_{s=1}^{S} \pi_s = 1$

ただし $\pi_s \geq 0 \quad (s = 1, \cdots, S)$

(8.5) 式は，セグメント s ごとにパラメータベクトル β_s の値が異なったロジットモデル $P_{nt}(i \mid \beta_s)$ であり，パラメータの推定と同時にそのセグメントサイズ π_s をデータから導き出すために，潜在クラスモデルと呼ばれる．実務

におけるセグメンテーションの概念と一致することから，マーケティングでは非常によく用いられるモデルである．アプローチが統計モデルベースなので，ヒューリスティックなクラスター分析などと違い仮説検定などが適用できるという利点がある．

モデルのパラメータ π と β が推定されたら，消費者 n が個々のセグメントに所属する確率 $p_n(s)$ を計算することができる．セグメントサイズ π_s を所属の**事前確率**として，消費者 n のブランド選択データ履歴 $y_{ni}(t)$ (全ての $i, t = 1, \cdots, T_n$) から計算された尤度 $f_n(y_n|\beta_s)$ をベイズの定理に基づいて組み合わせることによって，消費者 n がセグメント s に所属する**事後確率** $p_n(s)$ は (8.6) 式のように求められる．

$$p_n(s) = \frac{f_n(y_n \mid \beta_s)\pi s}{\sum_{u=1}^{S} f_n(y_n \mid \beta_u)\pi_u} \quad (8.6)$$

$$\text{ただし} \quad f_n(y_n \mid \beta_s) = \prod_{t=1}^{T_n} \prod_{i \in C_{nt}} P_{nt}(i \mid \beta_s)^{y_{ni}(t)}$$

潜在クラスモデルではロジットモデルのパラメータ β_s とセグメントサイズ π_s ($s = 1, \cdots, S$) を最尤法によって推定するが，解を求めるには 2 つのアプローチがある．一つはニュートン・ラフソン法などの通常の数値最適化アルゴリズムによって π_s と β_s を同時に探索するアプローチ，もう一つは **EM** (expectation-maximization) アルゴリズムによって π_s と β_s を交互に探索するアプローチである．前者は解の収束までの反復回数が比較的少ないことと，副産物としてパラメータの漸近標準誤差が得られるなどの利点があるが，尤度関数とその微分の計算に手間がかかる，尤度関数が複雑な形状をしている場合には収束しないことがある，などの弱点がある．それに対して後者は，反復回数は多くなる傾向にあるが，計算が比較的簡単で，少なくとも局所最適解には収束するなどの点から，前者より頻繁に使われる．次項では EM アルゴリズムによる推定法についてより詳細に説明しよう (Dempster, Laird and Rubin 1977).

8.3.2 EM アルゴリズム

EM アルゴリズムは，全てのパラメータを同時に最適化するという複雑な作

8.3 潜在クラスモデル

業をする代わりに，観測されない架空の変数を導入することによってパラメータをサブセットに分け，それぞれの最尤推定値が独立に容易に計算できる場合に用いられる．潜在クラスモデルにおいては，消費者がどのセグメントに属するかは分からないが，もし分かれば，そのセグメントのロジットのパラメータの推定は簡単にできる．したがって，ここでの観測されない架空変数は消費者のセグメントに対する所属 z_{ns} を表し，消費者 n がセグメント s に属する場合は 1，属さない場合は 0 になる．z_{ns} を欠損値として扱い，観測されたデータ (ブランド選択) と現時点でのパラメータの推定値から z_{ns} の値を推測して，その z_{ns} に基づいてパラメータの推定値を更新するという反復作業を，尤度の向上が見られなくなるまで継続するのである．E (expectation) ステップでは欠損値の推測値から対数尤度の期待値を計算し，M (maximization) ステップではこの期待対数尤度に基づいてパラメータの最尤推定値を求め，この最尤推定値から再度，欠損値の推定値を更新する (**E**ステップ) というプロセスを繰り返すので，EM アルゴリズムと呼ばれている．以下では，具体的に潜在クラスモデルにおける E ステップと M ステップを説明する．

まず，全ての消費者の所属セグメントが分かっていれば z_{ns} は既知と仮定できるため，全体の尤度関数とその対数尤度関数はそれぞれ (8.7) 式と (8.8) 式のように表せる．

$$L(\pi, \beta \mid y, z) = \prod_{n=1}^{N} \prod_{s=1}^{S} (f_n(y_n \mid \beta_s) \pi_s)^{z_{ns}} \tag{8.7}$$

$$\ln L(\pi, \beta \mid y, z) = \sum_{n=1}^{N} \sum_{s=1}^{S} z_{ns} \ln f_n(y_n \mid \beta_s) + \sum_{n=1}^{N} \sum_{s=1}^{S} z_{ns} \ln \pi_s \tag{8.8}$$

E ステップ

対数尤度 (8.8) 式の期待値を求めるには，欠損値 z_{ns} をその期待値で代用すればよい．現時点でのパラメータの推定値に基づいた z_{ns} の期待値としては，ベイズの定理によって求められる (8.6) 式の消費者がセグメントに所属する事後確率 $p_n(s)$ を用いる．すると対数尤度の期待値は (8.9) 式になる．

$$E_z[\ln L(\pi,\beta \mid y,z)] = \sum_{n=1}^{N}\sum_{s=1}^{S} p_n(s)\ln f_n(y_n \mid \beta_s) + \sum_{n=1}^{N}\sum_{s=1}^{S} p_n(s)\ln \pi_s \tag{8.9}$$

M ステップ

期待対数尤度が最大になるようなパラメータ π と β を推定するが，(8.9) 式で分かるように π は右辺の第 2 項のみに，β は第 1 項のみに現れるので，それぞれ個別に最大化できる．

まず π の最大化は，$\sum_s \pi_s = 1$ という制約を付けてラグランジアン

$$\text{Lagrangean} = \sum_{n=1}^{N}\sum_{s=1}^{S} p_n(s)\ln \pi_s - \lambda\left\{\sum_s \pi_s - 1\right\} \tag{8.10}$$

を解くと，ラグランジュ係数 λ は N となり，(8.11) 式の解が得られる．

$$\hat{\pi}_s = \frac{\sum_{n=1}^{N} p_n(s)}{N} \tag{8.11}$$

β はセグメントで独立なので，セグメントごとに (8.12) 式を最大化する β_s を求めればよい．

$$\ln L_s(\beta_s) = \sum_{n=1}^{N} p_n(s)\ln f_n(y_n \mid \beta_s)$$
$$= \sum_{n=1}^{N}\sum_{t=1}^{T_n}\sum_{i\in C_{nt}} p_n(s)y_{ni}(t)\ln P_{nt}(i \mid \beta_s) \tag{8.12}$$

$L_s(\beta_s)$ は，通常のセグメント化されていないロジットモデルに対して，ブランド選択データ $y_{ni}(t)$ の代わりにそれに消費者 n のセグメント s への所属確率で重み付けしたデータ $p_n(s)y_{ni}(t)$ を適用した尤度関数と解釈できるため，β_s の推定は容易にできる．

EM 反復プロセス

EM アルゴリズムは上記の E ステップと M ステップの反復によって，最適解に近づいていく手法である．通常は，分析者がセグメントの数 S を設定することから始める．そして初期値として，消費者がセグメントに所属する事後確率 $p_n(s)$ をランダムに発生させて，まず M ステップで π と β の推定値を計算

し，それに基づいてEステップで事後確率 $p_n(s)$ を再更新する，というプロセスを対数尤度の向上が基準レベル以下になるまで繰り返す．EMアルゴリズムの利点として，反復ごとに尤度が必ず向上すること，一般的条件のもとでは収束が保証されていることが挙げられる．EMアルゴリズムの留意点としては，

1) 局所最適解の存在： 複数の初期値を使うことである程度解決できる．

2) セグメント数の決定： セグメント数の異なったモデルを推定して，AIC, CAIC, BICなどの**情報量規準**によって，データに対して一番フィットがよいモデルを採択するのが通常の方法である．これらの情報量規準 C は一般的に，$C = -2\ln L + dP$ と定義される．P はモデルに含まれるパラメータ数である．d はAICでは2となる．他の情報量規準であるBICとCAICではサンプルサイズ N を考慮し，d はBICでは $\ln N$，CAICは $\ln(N+1)$ となる．この d の値によりCAIC, BIC, AICの順にモデルの倹約度が下がる．つまりCAICを使うと，より少ないパラメータのモデルを選択する傾向になる．ここで注意しなければならないのは，制約付きモデルの統計的仮説検定に使われる漸近カイ2乗テストは有効ではないことである．これは制約モデルがパラメータスペースの境界線上にあり，一般的条件を満たさないからである．

3) パラメータの標準誤差： 最尤法と違い，EMアルゴリズムでは**フィッシャー情報行列**が推定の過程で自動的に得られないため，尤度関数のヘシアン行列は収束解が得られた後に別途計算する必要がある．

潜在クラス・ロジットモデルの拡張としては，消費者のセグメント所属確率 $p_n(s)$ をデモグラフィック変数に関連付ける所属変数セグメンテーション (concomitant variable segmentation) などが提案されている (Gupta and Chintagunta 1994)．

8.3.3 EMアルゴリズムの数値例―潜在クラス・ポアソンモデル

多項ロジットでは1世帯当たりの従属変数 $y_{ni}(t)$ がブランド別に時系列で与えられ，かつ説明変数も存在するために，EMアルゴリズムによる潜在クラスモデルを実例で説明するには表記が複雑になってしまう．ここでは，6.1.1項で紹介された説明変数が含まれていないポアソンモデルを使って数値例を示す．

まずポアソンモデルを (8.6) 式の表記で書き直したものが下の式である．

8. 消費者の異質性

$$f(y \mid \beta) = \frac{(\beta T)^y}{y!} e^{-\beta T}, \qquad y = 0, 1, 2, \cdots$$

事象が単位時間当たりに発生する平均頻度を表すパラメータは β である．単純化のために $T=1$ とし，セグメントと個人を表すインデックスをそれぞれ s と n と付すと，次の式のように表される．

$$f_n(y_n \mid \beta_s) = \frac{\beta_s^{y_n}}{y_n!} e^{-\beta_s}, \qquad y_n = 0, 1, 2, \cdots$$

これを対数変換すると，

$$\ln f_n(y_n \mid \beta_s) = y_n \ln \beta_s - \beta_s - \ln(y_n!), \qquad y_n = 0, 1, 2, \cdots$$

このとき EM アルゴリズムは以下のようになる．

初期化

個人 n がセグメント s に所属する確率 $p_n(s)$ を初期値として $[0, 1]$ の一様分布からランダムに発生させる．

M ステップ 1

この所属確率に基づいた期待尤度値を最大化するセグメントサイズを 8.3.2 項の (8.11) 式により求める．

$$\hat{\pi}_s = \frac{\sum_{n=1}^{N} p_n(s)}{N}$$

M ステップ 2

この所属確率に基づくそれぞれのセグメント s に関する期待対数尤度 $\ln L_s(\beta_s)$ は，8.3.2 項の (8.12) 式であり，ポアソン過程の場合は下の式で表される．ただし，ここではパラメータに依存しない定数項 $(-\ln y_n!)$ を $\ln f_n(y_n \mid \beta_s)$ から省いている．

$$\ln L_s(\beta_s) = \sum_{n=1}^{N} p_n(s) \ln f_n(y_n \mid \beta_s) = \sum_{n=1}^{N} p_n(s)[y_n \ln \beta_s - \beta_s]$$

この尤度 $\ln L_s(\beta_s)$ を最大化するポアソンパラメータ $\hat{\beta}_s$ は，第 1 次微分条件

$$\frac{\partial \ln L_s(\beta_s)}{\partial \beta_s} = \sum_{n=1}^{N} p_n(s) \left[\frac{y_n}{\hat{\beta}_s} - 1 \right] \equiv 0 \text{ と}$$

$$\frac{\sum_{n=1}^{N} p_n(s) y_n}{\hat{\beta}_s} = \sum_{n=1}^{N} p_s(s) \text{ から}, \quad \hat{\beta}_s = \sum_{n=1}^{N} p_n(s) y_n \bigg/ \sum_{n=1}^{N} p_s(s)$$

が求められる．この式を 6.1.1 項の最尤推定値と比較すると，ポアソンの頻度パラメータ $\hat{\beta}_s$ はセグメント s に所属する確率の高い個人 n の頻度 y_n により重みを付けて推定されていることが分かる．

E ステップ

M ステップで得られたパラメータ推定値 $(\hat{\pi}_s, \hat{\beta}_s)$ に基づいて，個人 n がセグメント s に所属する確率 $p_n(s)$ を事後確率 (ベイズの定理) を使って更新する．

$$p_n(s) = \frac{f_n(y_n \mid \hat{\beta}_s) \hat{\pi}_s}{\sum_{u=1}^{S} f_n(y_n \mid \hat{\beta}_u) \hat{\pi}_u}$$

この $p_n(s)$ を z_{ns} の推定値として代入し，再び M ステップに戻る．

数値例

パラメータの値の異なった $\beta_1 = 10$ と $\beta_2 = 1$ の 2 つのセグメントから，それぞれ 10 人の購買回数データをランダムに発生させた．20 人の購買回数 y_n ($n = 1, \cdots, 20$) は，それぞれ，$\{10, 8, 7, 13, 12, 9, 11, 13, 6, 12, 0, 1, 1, 3, 0, 2, 1, 3, 0, 1\}$ になった．このデータを所与として，2 セグメントの潜在クラス・ポアソンモデルを EM アルゴリズムを使って推定した．その結果，EM アルゴリズムは 10 回で収束し，セグメント 1 のパラメータは 9.9719，セグメント確率 0.50857，またセグメント 2 のパラメータは 1.1771，セグメント確率 0.49141 と推定された．表 8.1 は，20 人のセグメント 1 への所属確率を EM アルゴリズムの反復ごとに計算したものである．初期値では，20 人の所属確率をランダムに配置しているが，反復を重ねるごとに最初の 10 人の所属確率は 1 に，また残りの 10 人の所属確率は 0 に近づいているのが分かる．

8.3.4 ブランド選択における潜在クラスモデルのスキャン・パネルデータへの応用例

本項では潜在クラスによる多項ロジットモデルを，7.5 節のブランド選択モデルで使ったオレンジジュースのスキャン・パネルデータへ適用した例を紹介する．ロイヤルティー変数による 7.5 節の適用例では，各消費者のブランド選

表 8.1 各個人のセグメント 1 に対する所属確率と EM アルゴリズムの反復回数

個人 ID	反復回数									
	1	2	3	4	5	6	7	8	9	10
1	0.7165	0.7150	0.9444	0.9999	1.0000	1.0000	1.0000	1.0000	1.0000	1.0000
2	0.5113	0.6596	0.8538	0.9973	0.9997	0.9998	0.9998	0.9998	0.9998	0.9998
3	0.7764	0.6300	0.7740	0.9860	0.9976	0.9979	0.9980	0.9980	0.9980	0.9980
4	0.4893	0.7871	0.9883	1.0000	1.0000	1.0000	1.0000	1.0000	1.0000	1.0000
5	0.1859	0.7647	0.9802	1.0000	1.0000	1.0000	1.0000	1.0000	1.0000	1.0000
6	0.7006	0.6880	0.9088	0.9995	1.0000	1.0000	1.0000	1.0000	1.0000	1.0000
7	0.9827	0.7406	0.9667	1.0000	1.0000	1.0000	1.0000	1.0000	1.0000	1.0000
8	0.8066	0.7871	0.9883	1.0000	1.0000	1.0000	1.0000	1.0000	1.0000	1.0000
9	0.7036	0.5994	0.6675	0.9313	0.9804	0.9827	0.9830	0.9830	0.9830	0.9830
10	0.4850	0.7647	0.9802	1.0000	1.0000	1.0000	1.0000	1.0000	1.0000	1.0000
11	0.1146	0.4080	0.0753	0.0007	0.0002	0.0002	0.0002	0.0002	0.0002	0.0002
12	0.6649	0.4395	0.1220	0.0036	0.0013	0.0013	0.0013	0.0013	0.0013	0.0013
13	0.3654	0.4395	0.1220	0.0036	0.0013	0.0013	0.0013	0.0013	0.0013	0.0013
14	0.1400	0.5038	0.2880	0.0883	0.0820	0.0859	0.0868	0.0870	0.0870	0.0870
15	0.5668	0.4080	0.0753	0.0007	0.0002	0.0002	0.0002	0.0002	0.0002	0.0002
16	0.8230	0.4716	0.1916	0.0183	0.0107	0.0110	0.0111	0.0111	0.0111	0.0111
17	0.6739	0.4395	0.1220	0.0036	0.0013	0.0013	0.0013	0.0013	0.0013	0.0013
18	0.9994	0.5038	0.2880	0.0883	0.0820	0.0859	0.0868	0.0870	0.0870	0.0870
19	0.9616	0.4080	0.0753	0.0007	0.0002	0.0002	0.0002	0.0002	0.0002	0.0002
20	0.0589	0.4395	0.1220	0.0036	0.0013	0.0013	0.0013	0.0013	0.0013	0.0013

択履歴が何回か観測されなければ個人のブランド選好に対する異質性が正確に推定できない．そのため，パネルは 10 回以上オレンジジュースを購買した消費者に限定し，最初の 26 週間分のデータはロイヤルティー変数の初期化として使った．潜在クラスによる異質性のモデル化では，類似した消費者を併合してセグメント別にパラメータを計算するため，個々の消費者のブランド履歴が短くてもモデルの推定が可能である．しかし潜在クラスモデルでは，パラメータの数がセグメント数に比例して増加するので，安定した推定のためには十分なサンプルサイズを確保する必要がある．例えば 7.5 節の例のようにロジットモデルが 9 個のパラメータを含む場合，3 セグメントの潜在クラス・ロジットモデルでは 27 個のパラメータ ($8 \times 3 + 3$，ロイヤルティー変数を除いた 8 個の説明変数に対する係数とセグメントサイズを表すパラメータ) になる．

　この例では，購買回数が 10 回未満の世帯も含めた全ての消費者を対象とする．もとのデータベースは，7.5 節と同じ 78 週間にわたる 6 ブランドの ID 付き POS データであるが，潜在クラスモデルではロイヤルティー変数を構築する必要がないために，オレンジジュースの購入回数が 10 回未満のパネルも含め

8.3 潜在クラスモデル

た全200世帯による合計2,307回のブランド選択が含まれている．セグメントsの消費者nのブランドjに対するt回目の購買機会のロジット効用関数は以下のように定義される．

$$v_{nt}^s(j) = \alpha_j^s + \beta_{\text{feature}}^s \text{feature}_{nt}(j) + \beta_{\text{regprice}}^s \text{regprice}_{nt}(j)$$
$$+ \beta_{\text{pricecut}}^s \text{pricecut}_{nt}(j)$$

表 8.2 セグメント数の異なる潜在クラスモデルのフィットの比較

セグメント	1	2	3	4	5	6
対数尤度	−3105.0	−2540.3	−2260.5	−2181.9	−2044.1	−2027.0
AIC	6225.9	5114.6	4573.0	4433.8	4176.2	4160.0
CAIC	6279.9	5229.2	4748.3	4669.8	4472.9	4517.4
BIC	6271.9	5212.2	4722.3	4634.8	4428.9	4464.4
U^2	0.2489	0.3855	0.4531	0.4722	0.5055	0.5096
調整済み U^2	0.2469	0.3813	0.4469	0.4637	0.4949	0.4968
選択されたブランドの予測確率平均	0.3082	0.4299	0.4866	0.4967	0.5293	0.5346
正解率 (%)	43.52	53.62	61.68	63.72	66.93	67.32

表 8.2 は，様々なセグメント数に基づいた潜在クラスモデルのデータへの当てはまりを比較したものである．セグメント数の多いモデルほど，対数尤度，U^2，選択されたブランドの予測確率，正解率は向上している．しかしセグメント数が 7 以上では収束が不安定になったことを述べておこう．モデルのオーバーフィッティングを防ぐには，十分なデータがあればホールドアウト用にデータを取っておき，予測の検証をするべきである．CAIC と BIC はセグメント 5 で最小であるが，今回は推定されたパラメータの符号の妥当性や各々のセグメントの解釈を考慮に入れて，セグメント 3 の潜在クラスモデルの結果を報告する．パラメータの推定結果を表 8.3 に示す (括弧内の数字は標準誤差を表す)．

3 つのセグメントはそれぞれ，26.6%，37.9%，35.5%を占める．通常価格 (regprice) にはセグメント 1 と 3 が有意に負の反応を示すが，セグメント 2 は反応しない．同様な価格感度の傾向は値引き (pricecut) にも当てはまり，セグメント 1 そしてセグメント 3 の順に有意になっている．どのセグメントも折込チラシには反応していないが，これはサンプルサイズが小さいことによるかも

表 8.3 3セグメント潜在クラスモデルによるパラメータの推定結果

	1	2	3
regprice	−4.8597 (0.8140)	−1.4586 (1.1985)	−2.9488 (1.2804)
pricecut	3.5727 (1.2851)	1.4964 (1.4735)	2.6090 (1.3043)
feature	0.7849 (0.6663)	0.5636 (0.6510)	0.5885 (0.5000)
Citrus Hills	−0.5910 (3.4768)	0.7127 (3.2655)	2.8783 (2.2803)
Minute Maid	−0.3484 (1.7343)	1.9860 (2.8051)	1.1452 (2.6873)
Private Label	−0.5121 (2.1142)	−0.0905 (5.3506)	−1.8372 (5.4712)
Tropicana Regular	−1.1643 (1.9779)	1.0136 (2.5695)	1.2580 (2.2974)
Tropicana Premium	−2.1470 (1.9490)	1.4754 (3.9154)	0.4819 (3.9059)
セグメントサイズ	0.2659 (0.0181)	0.3791 (0.0141)	0.3550 (0.0106)

括弧内の数字は標準誤差

しれない.また,ブランド・ダミー変数は概して有意でないが,価格感度の高いセグメント1ではブランド・ダミー変数がϕに設定されている地域ブランド(regional)への選好が高い傾向が見られる.逆に価格に反応しないセグメント2は価格の高いナショナルブランド(Minute MaidとTropicana Premium)への選好が高く,中間の価格感度をもつセグメント3は中位の価格帯を占めるナショナルブランド(Citrus HillsとTropicana Regular)への選好が高いようだ.

8.4 階層ベイズモデル

8.4.1 消費者異質性のベイズ的解釈

説明変数の影響度に対する消費者の異質性をモデル化するために,個々のパラメータβ_nに連続的な分布を仮定したのがランダム係数モデルである.例えば線形効用関数を用いたロジットモデルでは,β_nは平均μ_β,分散V_βの正規分布$\phi(\beta_n \mid \mu_\beta, V_\beta)$からランダムに抽出されたと仮定することが多い.

β_n値が与えられた状況でのロジットモデルによる**条件付選択確率**$P_{nt}(i \mid \beta_n)$を,この正規分布に従うパラメータで積分すれば,(8.13)式のように選択確率が求められる.

$$P_{nt}(i) = \int_{\beta_n} P_{nt}(i \mid \beta_n) \phi(\beta_n \mid \mu_\beta, V_\beta) d\beta_n \qquad (8.13)$$

経済学では平均的消費者の特性と異質性の指標が主な関心であったため,パラメータの中心値とバラツキ,つまり平均μ_βと分散V_βを大量のクロスセク

ションデータから最尤法によって点推定するのが目的であった.これに対して,一人一人の消費者に個別に働きかけることの多い新しいタイプのマーケティングでは,個人特有のパラメータの値を知ることがより有益である.しかし,個人特有のパラメータは基本的にはその個人のデータから推定するので,データ量が絶対的に不足しておりパラメータの推定値にもそれなりの不確実性が伴う.マーケティングでは,この小サンプルによる不確実性を正確に把握して,それを意思決定に反映させることが実践で重要になる.平均や分散のような少数のパラメータを,大勢の消費者がプールされたデータから点推定して漸近理論に基づいて棄却を問う仮説検定を行うのとは根本的に異なり,「パラメータ自体は分布をもった確率変数」と考えるベイズ的アプローチがここでは特に有効である.

ベイズ統計は,β_n に**事前分布** $f(\beta_n)$ を仮定し,消費者 n のデータに基づいた尤度関数 $f_n(y_n \mid \beta_n)$ を (8.14) 式のように組み合わせることよって,**事後分布** $f(\beta_n \mid y_n)$ を導き出すという明解な概念に基づいている.

$$f(\beta_n \mid y_n) = \frac{f_n(y_n \mid \beta_n) f(\beta_n)}{\int_{\beta_n} f_n(y_n \mid \beta_n) f(\beta_n) d\beta_n} \propto f_n(y_n \mid \beta_n) f(\beta_n) \quad (8.14)$$

今回の例では,パラメータ β_n の事前分布は,$f(\beta_n) = \phi(\beta_n \mid \mu_\beta, V_\beta)$ とさらに正規分布の平均と分散パラメータによって規定されるため,μ_β と V_β は**ハイパーパラメータ**とも呼ばれる.ベイズ統計で議論になるのは事前分布をどのように指定するか,あるいはハイパーパラメータをどう設定するかであるが,大きく分けて3種類の方法がある.

1) 古典的ベイズ

分析者の経験や主観から事前分布を設定するが,そのような影響を極力,避けたい場合は事前情報を含まない無情報事前分布や拡散事前分布が使われる.

2) 経験ベイズ (empirical bayes)

経験ベイズでは,事前分布のハイパーパラメータを標本理論や頻度論に基づいてデータから推定する.上記の例でいうと,消費者をプールしたデータから共通の β を最尤法によって点推定し,その値と標準誤差の倍数をそれぞれ μ_β と V_β として用いる (Rossi and Allenby 1993).この方法は直観的で計算も比較的容易であるが,1) ハイパーパラメータの推定誤差を考慮していない,2) 個

人別パラメータを推定する時に事前分布と尤度にデータの重複があるため，厳密な意味でベイズのフレームワークから外れている，3) 推定された事前分布の効果が漸近的にゼロに収束しない，などの問題がある．

3) 階層ベイズ (hierarchical bayes)

経験ベイズの問題点は，ハイパーパラメータ μ_β と V_β にも分布を仮定して，ベイズによって推定するという2段階プロセスを使えば克服できる．各個人のパラメータ β_n の事前分布は，ブランド選択履歴データのないランダムに抽出された個人がもつパラメータの分布を表す．したがって，この事前分布の形状を指定するハイパーパラメータは，個人の異質性を反映するとも解釈できる．次項では，階層ベイズの詳細をロジットモデルを使って説明しよう．

8.4.2 ロジットモデルにおける階層ベイズモデル

モデルのパラメータは $\{\beta_n(n=1,\cdots,N), \mu_\beta, V_\beta\}$ で，それぞれベイズ的に推定されるため，事前分布が (8.15) 式に，それらの関係が図 8.2 に示されている．

$$\begin{align}\beta_n &\sim N(\mu_\beta, V_\beta) \quad \text{ただし } N(\cdot) \text{ は多変量正規分布}\\ \mu_\beta &\sim N(\mu_0, \Sigma_0) \quad \text{ただし } N(\cdot) \text{ は多変量正規分布}\\ V_\beta &\sim IW(\nu_0, \Gamma_0) \quad \text{ただし } IW(\cdot) \text{ は逆ウィシャート分布}\end{align} \quad (8.15)$$

$\{\beta_n, \mu_\beta, V_\beta\}$ は，適当な初期値から始めて，逐次的に1つずつ他のパラメータの値が与えられた条件で推定するというプロセスを繰り返す．つまり，$\{\beta_n, V_\beta\}$ から μ_β を推定し，その値を含んだ $\{\beta_n, \mu_\beta\}$ から，V_β を推定し，それらの値を含んだ $\{\mu_\beta, V_\beta\}$ から $\beta_n(n=1,\cdots,N)$ を推定する，というプロセスを推定値が収束するまで反復するのである．各回の推定値は前回の推定値のみに依存し，一般的条件のもとでは定常分布がパラメータの同時密度に収束するため，マルコフチェーン・モンテカルロ・シミュレーション (MCMC) 法と呼ばれている．

それぞれのステップは以下のようになる．

① $\{\beta_n, V_\beta\} \Longrightarrow \mu_\beta$

μ_β は尤度関数に対して**共役な事前分布** (conjugate prior) である多変量正規分布を採用しているため，事後分布も同じく多変量正規分布になる．μ_β の事

8.4 階層ベイズモデル

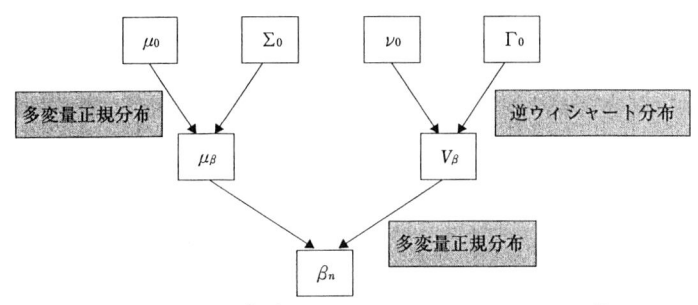

図 8.2 階層ベイズ・多項ロジットモデルでのパラメータの関係

前分布は正規分布 $N(\mu_0, \Sigma_0)$ であり，尤度関数 $f(\beta_n \mid \mu_\beta, V_\beta)$ は多変量正規分布 $N(\mu_\beta, V_\beta)$ から $\beta_n(n=1,\cdots,N)$ が観測される確率である．したがって $f(\mu_\beta \mid \beta_n, V_\beta) \propto f(\beta_n \mid \mu_\beta, V_\beta) f(\mu_\beta \mid \mu_0, \Sigma_0)$ から，μ_β の事後分布は以下で表される平均ベクトル μ_N, 分散共分散行列 Σ_N をもつ多変量正規分布 $N(\mu_N, \Sigma_N)$ となる (Zellner 1996).

$$\mu_N = \left(\Sigma_0^{-1} + NV_\beta^{-1}\right)^{-1} \left(\Sigma_0^{-1}\mu_0 + NV_\beta^{-1}\overline{\beta}\right) = \Sigma_N \left(\Sigma_0^{-1}\mu_0 + NV_\beta^{-1}\overline{\beta}\right)$$

ただし，$\overline{\beta} = \frac{1}{N}\sum_{n=1}^{N}\beta_n$, $\Sigma_N^{-1} = \Sigma_0^{-1} + NV_\beta^{-1}$ である．

② $\{\beta_n, \mu_\beta\} \Longrightarrow V_\beta$

V_β は尤度関数に対して共役な事前分布である**逆ウィシャート分布**を採用しているため，事後分布も同じく逆ウィシャート分布になる．

V_β の事前分布は逆ウィシャート分布 $IW(\nu_0, \Gamma_0)$ であり，尤度関数 $f(\beta_n \mid \mu_\beta, V_\beta)$ は正規分布 $N(\mu_\beta, V_\beta)$ から $\beta_n(n=1,\cdots,N)$ が観測される確率である．したがって $f(V_\beta \mid \beta_n, \mu_\beta) \propto f(\beta_n \mid \mu_\beta, V_\beta) f(V_\beta \mid \nu_0, \Gamma_0)$ から，V_β の事後分布は自由度 ν_N, 行列 Γ_N の逆ウィシャート分布 $IW(\nu_N, \Gamma_N)$ となる．ただし，ν_N および Γ_N は以下で与えられる．

$$\nu_N = \nu_0 + N, \quad \Gamma_N = \Gamma_0 + S_\beta, \quad S_\beta = \sum_{n=1}^{N}(\beta_n - \mu_\beta)(\beta_n - \mu_\beta)^T$$

③ $\{\mu_\beta, V_\beta\} \Longrightarrow \beta_n (n=1,\cdots,N)$

β_n の事前分布は多変量正規分布 $N(\mu_\beta, V_\beta)$ であり，尤度関数 $f_n(y_n \mid \beta_n)$ は β_n のロジットモデルから $y_n\{y_{nt}: t=1,\cdots,T_n\}$ が観測される確率である．

したがって，

$$f(\beta_n \mid y_n) \propto f_n(y_n \mid \beta_n) f(\beta_n \mid \mu_\beta, V_\beta) \tag{8.16}$$

から，事後分布が求められる．残念ながら β_n の事前分布は多変量正規分布であり，効用の誤差項に第1種極値分布を仮定している多項ロジットモデルの尤度関数に対して共役でないため，β_n の事後分布 $f(\beta_n \mid y_n)$ は①と②のように簡単には計算できない．このような場合に β_n を事後分布から数値的に発生させる方法として，メトロポリス・ヘースティング (MH)・アルゴリズムという物理学で発案された手法が使われる．この詳細は 8.4.3 項で紹介する．

MCMC シミュレーション・プロセス

①〜③の事後分布に基づき $\{\beta_n, \mu_\beta, V_\beta\}$ をランダムに発生させ，反復を通常1万回ぐらい繰り返すことによって得られた乱数は，パラメータの同時密度関数から発生させた乱数に収束する．推定されたパラメータの不確実性は，収束後に発生された乱数値を分析することによりシミュレーション的に求められる．

MCMC 法を簡単に説明すると以下のようになる．x と y が確率変数で，$\{x,y\}$ の乱数を同時密度関数 $f(x,y)$ から発生させるのが困難な場合を考えよう．もし x と y を条件付確率密度関数 $f(x \mid y)$ と $f(y \mid x)$ から別々に乱数発生するのが容易であれば，適当な初期値 x_0 から $f(y \mid x_0)$ に基づいて y_1 という乱数を発生させて，x を $f(x \mid y_1)$ に基づいて x_1 を発生させて，$f(y \mid x_1)$ に基づいて y_2 という乱数を発生させる，というプロセスを十分な回数 (1万回程度) 反復すると，得られた乱数のサンプルは，同時密度のものに近づくのである．

8.4.3 メトロポリス・ヘースティング・アルゴリズムとギブス・サンプリング

前項の③では事後分布が容易に計算できなかったが，もし全てのパラメータの事後分布を容易に計算できる場合は，その分布に基づいて乱数を逐次的に発生させるステップを十分な回数だけ反復すれば同時密度関数に収束する．これはギブス・サンプリングと呼ばれ，MCMC 法の中でも一番単純な方法である．MH アルゴリズムは，事後分布からランダムサンプルを直接発生させることが困難な場合に使われる．③の事後分布はロジット尤度関数と正規事前分布の積

8.4 階層ベイズモデル

で規定された (8.16) 式であり，解析的には求められない．

MH アルゴリズムの概念は簡単である．表記を単純にするためにサブスクリプト n を省き，前回の反復で発生された β_n の値を b_{old}，現在の試験的な β_n の値を b_{new} としよう．もし，b_{new} が b_{old} に比較してデータへのフィットを向上させるならば，それを今回の値として採用するが，逆にフィットを悪化させるのであれば，悪化の度合いに応じて確率的に棄却し前回の値を保持する．

試験的な値を発生させるには，$b_{\text{new}} = b_{\text{old}} + d$ のように前回の値 b_{old} にランダムなジャンプベクトル d を加える．d は b_{old} の事前分布の不確実性に基づいて，確率的に正規分布 $d \sim N(0, kV_\beta)$ から発生させることが一般的である．k はジャンプの距離を調整するパラメータで，採用と棄却の割合に影響を与え，アルゴリズムの収束の速さをコントロールする．

b_{new} と b_{old} のデータへのフィットは，(8.17) 式のような事後確率の比 r で評価され，b_{new} は $\min(r, 1)$ の確率で採用される．

$$r = \frac{f_n(y_n \mid b_{\text{new}})N(b_{\text{new}} \mid \mu_\beta, V_\beta)}{f_n(y_n \mid b_{\text{old}})N(b_{\text{old}} \mid \mu_\beta, V_\beta)} \tag{8.17}$$

つまり，b_{new} のほうが b_{old} より事後確率が高ければ b_{new} を採用し，低ければ r に応じた確率で採用するのである．ジャンプベクトル d が大きすぎるとこの採用確率が下がり，逆に小さすぎると解の変化が小さいため，収束を速めるには k を適切な値に調整することが必要である．MH アルゴリズムの収束は採用率が約 3 割の時に一番速いことが経験的に知られているため (Gelman *et al.* 1995, p.335)，採用率をモニターしながら k をリアルタイムに微調整することが望ましい．

ここでは階層ベイズをロジットモデルに応用したが，計量経済学での状況に反して実はプロビットモデルの推定のほうが簡単である．この場合，**切断正規分布** (truncated normal distribution) の形をした効用 U_{nti} を新たにパラメータとして導入する **data augmentation** という手法によって全てのパラメータが共役な事前分布になるため，MH アルゴリズムの代わりに，計算が簡単で効率のよいギブス・サンプリングが使えるからである．潜在クラス・ロジットモデルと同様に，消費者固有のパラメータ β_n をデモグラフィック変数に関連付ける拡張も，ベイズ階層を 1 つ増やすだけでモデル化が可能である (Rossi,

McCulloch and Allenby 1996). 次項ではまず個人別パラメータのプロビットモデルとその推定方法を紹介してから,パラメータをデモグラフィック変数に関連付けたモデルの拡張を説明する.

8.4.4 階層ベイズによる多項プロビット・ブランド選択モデル

確率的効用最大化プロセスに従う多項プロビットモデルの確率的効用は,ベクトルを使うと全ての選択肢 (J 個) のブランドに関して次式のように表せる.

$$U_{nt} = X_{nt}^T \beta_n + \varepsilon_{nt} \tag{8.18}$$

ただし,$\varepsilon_{nt} \sim N(0,\Lambda)$. U_{nt} は $J \times 1$,X_{nt}^T は $J \times k$,β_n は $k \times 1$,ε_{nt} は $J \times 1$ である.確率的効用 U_{nt} をパラメータの一つと見なして,全てのパラメータの事前分布に共役分布を使うことにより,上記の MH アルゴリズムをより単純なギブス・サンプリングにする手法を data augmentation と呼ぶ (Albert and Chib 1993). 8.4.2 項で紹介された階層ベイズを (8.18) 式に基づいたランダム係数プロビットモデルに適用すると,モデルのパラメータは $\{\beta_n, \mu_\beta, V_\beta, U_{nt}, \Lambda\}$ となる.残りのパラメータが既知であるという条件のもとで一つ一つのパラメータを逐次的に反復推定するのがギブス・サンプリングである.パラメータは図 8.3 のような関係にあるので,条件に依存しないパラメータを除くとギブス・サンプリングは①~⑤に単純化できる.

① $\{\beta_n, V_\beta\} \Longrightarrow \mu_\beta$
② $\{\beta_n, \mu_\beta\} \Longrightarrow V_\beta$
③ $\{\beta_n, \Lambda\} \Longrightarrow U_{nt}$
④ $\{U_{nt}, \Lambda\} \Longrightarrow \beta_n$
⑤ $\{\beta_n, U_{nt}\} \Longrightarrow \Lambda$

ステップ①と②は前節のロジットモデルと同等なので,ここでは③~⑤を説明する.新しいパラメータとして Λ が加わったが,プロビットモデル認識の必要上,Λ は $J \times J$ の対角行列とし,最初の要素を 1 に固定する.

③ $\{\beta_n, \Lambda\} \Longrightarrow U_{nt}$

U_{nt} の事前分布は多変量正規分布 $N(X_{nt}^T \beta_n, \Lambda)$ であり,尤度関数 $f_n(y_{nt} \mid U_{nt})$ は U_{nt} の効用から $y_{nt}(t=1,\cdots,T_n)$ が観測される確率である.ここでの尤

8.4 階層ベイズモデル

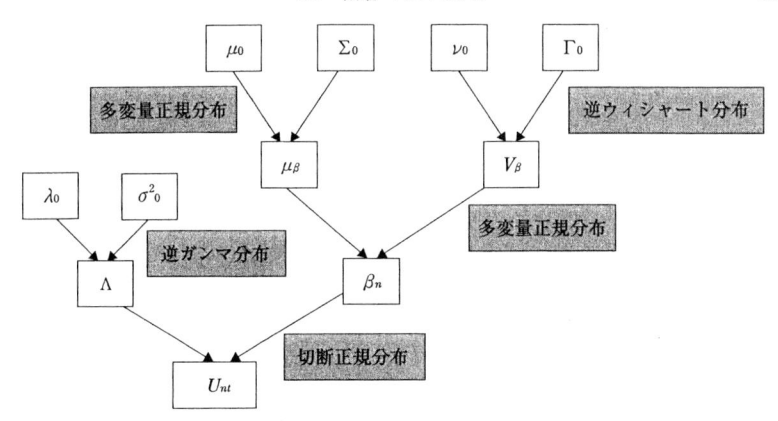

図 8.3 階層ベイズ・多項プロビットモデルでのパラメータの関係

度は，もし $y_{nt} = j$ の場合，ブランド j の効用が他の全てのブランドの効用より大きければ確率 1，そうでなければ確率 0 になると解釈できる．事後分布は，多変量正規分布である事前分布と $\{0,1\}$ の尤度関数から，もし $y_{nt} = j$ ならば $\max(U_{nt}) = U_{ntj}$ という条件を満たした多変量正規分布，つまり U_{nt} は平均ベクトル $X_{nt}^T \beta_n$，分散共分散行列 Λ の切断正規分布 $U_{nt} \sim TN(X_{nt}^T \beta_n, \Lambda)$ に従う．実際のギブス・サンプリングでは，事前分布である多変量正規分布から乱数を発生させて，条件を満たしていれば受容，満たさなければ却下すればよい．

④ $\{U_{nt}, \Lambda\} \Longrightarrow \beta_n$

このステップは，誤差項の分散共分散行列が既知の場合のベイズ回帰分析に該当する．古典統計では**重みつき回帰分析** (weighted least squares) に該当するため，回帰式 (8.18) 式を $\Lambda^{-1/2}$ で基準化して，通常のベイズ回帰を適用すればよい (Zellner 1996)．つまり，

$$Z_n = \begin{bmatrix} \Lambda^{-1/2} U_{n1} \\ \vdots \\ \Lambda^{-1/2} U_{nT_n} \end{bmatrix}, \quad W_n = \begin{bmatrix} \Lambda^{-1/2} X_{n1}^T \\ \vdots \\ \Lambda^{-1/2} X_{nT_n}^T \end{bmatrix}$$

とすれば，(8.18) 式は，$Z_n = W_n \beta_n + \eta$ と変換できて，$\eta \sim N(0, I)$ になる．ここで，最小 2 乗法による解と標準誤差を，$b_n = (W_n^T W_n)^{-1} W_n^T Z_n$, $D_n = (W_n^T W_n)^{-1}$ とおく．このとき，β_n の事前分布は多変量正規分布 $N(\mu_\beta, V_\beta)$

である.β_n の事後分布は平均ベクトル μ_n, 分散共分散行列 V_n の多変量正規分布 $N(\mu_n, V_n)$ に従う.ただし $\mu_n = (D_n^{-1} + V_\beta^{-1})^{-1}(D_n^{-1}b_n + V_\beta^{-1}\mu_\beta)$,$V_n^{-1} = D_n^{-1} + V_\beta^{-1}$.

⑤ $\{\beta_n, U_{nt}\} \Longrightarrow \Lambda$

Λ の対角要素 σ_j^2 は尤度関数に対して共役な事前分布である逆ガンマ分布を採用しているため,事後分布も同じく**逆ガンマ分布**になる.

σ_j^2 の事前分布は逆ガンマ分布 $IG(\lambda_0, \sigma_0^2)$ になり,尤度関数はブランド j が選択集合に含まれた総回数を n_j とすると

$$l(\sigma_j^2 \mid \beta_n, U_{nt}) \propto \left(\frac{1}{\sigma_j^2}\right)^{\frac{n_j}{2}} \exp\left(-\frac{n_j s_j^2}{2\sigma_j^2}\right)$$

になる.ただし,$s_j^2 = \frac{1}{n_j}\sum_{n_j}(U_{ntj} - X_{ntj}^T\beta_n)^2$.したがって,$\sigma_j^2$ の事後分布はパラメータ (λ_n, σ_n^2) の逆ガンマ分布 $IG(\lambda_n, \sigma_n^2)$ に従う.ただし,λ_n,および σ_n^2 は以下で与えられる.

$$\lambda_n = \lambda_0 + n_j, \qquad \sigma_j^2 = \frac{\lambda_0\sigma_0^2 + n_j s_j^2}{\lambda_0 + n_j}$$

MCMC シミュレーション・プロセス

①〜⑤の事後分布に基づいて $\{\beta_n, \mu_\beta, V_\beta, U_{nt}, \Lambda\}$ をランダムに発生させ,反復を 1 万回ぐらい繰り返すことによって得られた乱数が,パラメータの同時密度から発生させた乱数に収束する.プロビットモデルでは,全てのステップで共役事前分布が使えるために,前節のステップ③のような MH アルゴリズムを使わなくても事後分布からのサンプリングが簡単にできる.この手法がギブス・サンプリングである.

8.4.5 デモグラフィック変数をパラメータの関数としたプロビットモデル

前項までの階層ベイズ・ロジットモデルやプロビットモデルではパラメータ β_n が個人別に推定できた.これによって,データベースに含まれる顧客に対しては一人一人最適な One-to-One マーケティングを行うことが可能になったのだが,ブランド選択データが蓄積されていない顧客,つまり見込み客からはパラメータの推定ができない.もしパラメータ β_n とデモグラフィック変数 r_n との関係

8.4 階層ベイズモデル

が分かれば，顧客のブランド選択データがなくてもデモグラフィック情報だけから β_n を予測することが可能になり，見込み客に対しても適切な One-to-One マーケティング活動ができる．この項では，前項のプロビットモデルを拡張して，パラメータ β_n がデモグラフィック変数 r_n の線形関数になった (8.19) 式のようなモデルを考える．

$$\beta_n = Qr_n + \xi_n, \qquad \xi_n \sim N(0, \Gamma_\beta) \tag{8.19}$$

ここで，β_n は $k \times 1$，r_n は $d \times 1$，Q は $k \times d$，ξ_n は $k \times 1$ で，β_n に対する事前分布パラメータは μ_β と V_β から Qr_n と Γ_β に代わった．表記の便宜上，$k \times d$ マトリックスの Q を行ごとに k 個繋げて転置した $kd \times 1$ ベクトルを q と呼ぼう．モデルのパラメータ $\{Q, \Gamma_\beta, \beta_n, U_{nt}, \Lambda\}$ の関係は，図 8.4 のようになり，次の①〜⑤を MCMC プロセスによって乱数を発生させて反復する．

① $\{\beta_n, \Gamma_\beta\} \Longrightarrow Q$
② $\{Q, \beta_n\} \Longrightarrow \Gamma_\beta$
③ $\{\beta_n, \Lambda\} \Longrightarrow U_{nt}$
④ $\{Q, \Gamma_\beta, U_{nt}, \Lambda\} \Longrightarrow \beta_n$
⑤ $\{\beta_n, U_{nt}\} \Longrightarrow \Lambda$

このモデルでも全てのステップで共役事前分布を使えるので，ギブス・サンプリングが使える．

① $\{\beta_n, \Gamma_\beta\} \Longrightarrow Q$

これは β_n が従属変数，r_n が説明変数で，誤差項の分散共分散行列が Γ_β で既知な場合のベイズ回帰であるため，8.4.4 項のステップ④と同様である．

q の事前分布は多変量正規分布 $N(q_0, \Sigma_0)$ で，q の事後分布は次に示す平均ベクトル q_n，分散共分散行列 Σ_q をもつ多変量正規分布 $N(q_n, \Sigma_q)$ に従う．

$$q_n = \left(\Gamma_\beta^{-1} \otimes R^T R + \Sigma_0^{-1}\right)^{-1} \left[\left(\Gamma_\beta^{-1} \otimes R^T R\right) \hat{q} + \Sigma_0^{-1} q_0\right],$$
$$\Sigma_q^{-1} = \left(\Gamma_\beta^{-1} \otimes R^T R + \Sigma_0^{-1}\right)$$

ここでは R^T と B^T をそれぞれ，r_n と β_n を n 個横に並べた $d \times N$ と $k \times N$ 行列と定義すると，$\hat{Q}^T = (R^T R)^{-1} R^T B$ が Q^T の最小 2 乗推定値になる．$\Gamma_\beta^{-1} \otimes R^T R$ は，Γ_β^{-1} の個々の要素と $R^T R (d \times d$ 行列$)$ の積を組み上げた，

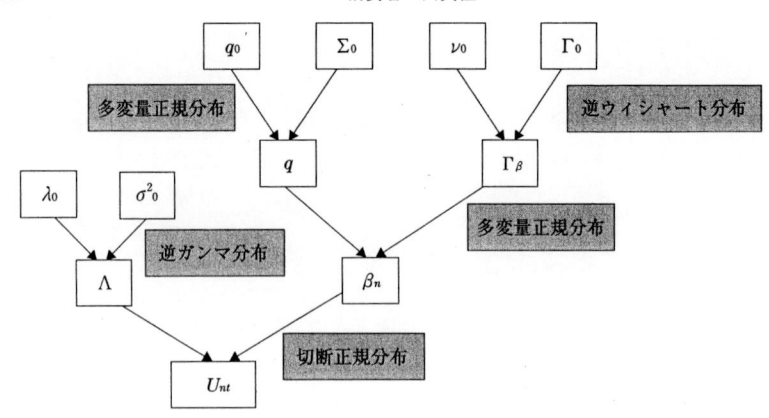

図 8.4 デモグラフィック変数を組み込んだプロビットモデルでのパラメータの関係

$kd \times kd$ 行列である．$\hat{q}$ は $\hat{Q}$ を行ごとに k 個つなげて転置した $kd \times 1$ ベクトルとする．

② $\{Q, \beta_n\} \Longrightarrow \Gamma_\beta$

このステップは，8.4.2 項のステップ②と同様である．V_β の事前分布は逆ウィシャート分布 $IW(\nu_0, \Gamma_0)$ になり，V_β の事後分布は以下のパラメータで表される逆ウィシャート分布 $IW(\nu_N, \Gamma_N)$ に従う．ただし，$\nu_N = \nu_0 + N$, $\Gamma_N = \Gamma_0 + S_\beta$, $S_\beta = \sum_{n=1}^{N}(\beta_n - Qr_n)(\beta_n - Qr_n)^T$．

③ $\{\beta_n, \Lambda\} \Longrightarrow U_{nt}$

8.4.4 項のステップ③と同じで，U_{nt} の事前分布は多変量正規分布 $N(X_{nt}^T \beta_n, \Lambda)$ になり，事後分布は以下のパラメータで表される切断正規分布に従う．

もし $y_{nt} = j$ ならば $\max(U_{nt}) = U_{ntj}$ である　$U_{nt} \sim TN(X_{nt}^T \beta_n, \Lambda)$

④ $\{Q, \Gamma_\beta, U_{nt}, \Lambda\} \Longrightarrow \beta_n$

β_n の事前分布は多変量正規分布 $N(Qr_n, \Gamma_\beta)$ で，尤度関数は 8.4.4 項のステップ④と同じなので，β_n の事後分布は以下で表される平均ベクトル μ_n，分散共分散行列 V_n をもつ多変量正規分布 $N(\mu_n, V_n)$ に従う．ただし，$\mu_n = (D_n^{-1} + \Gamma_\beta^{-1})^{-1}(D_n^{-1} b_n + \Gamma_\beta^{-1} Q r_n)$, $V_n^{-1} = D_n^{-1} + \Gamma_\beta^{-1}$ である．

⑤ $\{\beta_n, U_{nt}\} \Longrightarrow \Lambda$

8.4.4 項のステップ⑤と全く同じなので，Λ の対角要素 σ_j^2 の事前分布は逆ガンマ分布 $IG(\lambda_0, \sigma_0^2)$ になり，Λ の対角要素 σ_j^2 の事後分布は以下のパラメータ

で表される逆ガンマ分布 $IG(\lambda_n, \sigma_n^2)$ に従う．ただし，

$$\lambda_n = \lambda_0 + n_j, \qquad \sigma_j^2 = \frac{\lambda_0 \sigma_0^2 + n_j s_j^2}{\lambda_0 + n_j}, \qquad s_j^2 = \frac{1}{n_j}\sum_{n_j}(U_{ntj} - X_{ntj}^T \beta_n)^2$$

MCMC シミュレーション・プロセス

8.4.4項と比較して，ステップ①のようにベイズ回帰が1階層増えるだけで全てのパラメータが推測可能なため，MCMC法がより複雑なモデルに効力を発揮することが分かるだろう．実務的な利点としては，パラメータ β_n がデモグラフィック変数の線形関数になったモデルを使うことによって，ブランド選択履歴のある既存顧客のみならず見込み客への One-to-One マーケティングが可能になることは言うまでもない．

8.5 階層ベイズによるプロビットモデルのスキャン・パネルデータへの応用例

階層ベイズモデルでは，個人から得られるデータ量がどんなに少なくても個人別パラメータの推定が可能であり，データの少なさは単に事後分布の分散が大きいという不確実性として反映される．本節では，個人別パラメータを使った多項プロビットモデルをこの階層ベイズのフレームワークで構築し，オレンジジュースのスキャン・パネルデータへ適用する．

データは，潜在クラスでも使った，購買回数が10回未満の世帯も含めた全ての消費者を対象としたものであり，200世帯の78週間にわたる合計2,307回のブランド選択履歴が含まれている．確定的効用は，(8.20) 式のように定義された．

$$v_n(j) = \alpha_{n,j} + \beta_{n,\text{feature}}\text{feature}_n(j) + \beta_{n,\text{price}}\text{price}_n(j) \qquad (8.20)$$

消費者 n のブランド j に対する選好を表した説明変数 $\text{loyalty}_{nt}(j)$ は，階層ベイズモデルでは $\alpha_{n,j}$ というパラメータに代替されて，データから推定される．また，価格設定における解釈を容易にするために，説明変数は，価格 (price) = 通常価格 (regprice) − 値引額 (pricecut) を用いた．

各世帯の価格パラメータの事後分布の最大値をヒストグラムにしたものが図

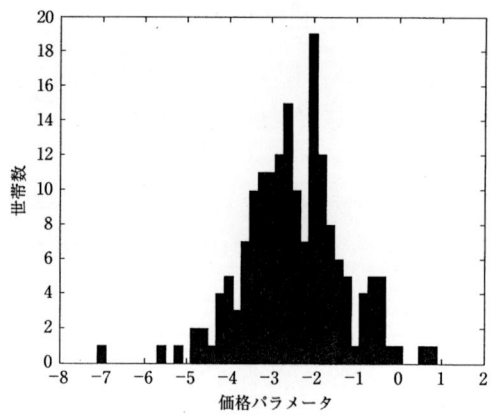

図 8.5 推定された世代別価格パラメータのヒストグラム

8.5 である.消費者によって価格感度がかなり違うことが分かる.

以下では,世帯別に推定したパラメータを使って,実際の CRM でどのように有効な活用ができるかを紹介する.ここでは,クーポン戦略の例を取り上げ,1) メーカーが自社ブランドのクーポンの値引額面を顧客ごとにカスタマイズして,ダイレクトメールや E メールなどで送付する場合と,2) 小売店がクーポンのブランドと値引額面を顧客ごとにカスタマイズして送付する場合を考え,消費者の異質性を考慮しない場合と比較して収益がどの程度増加するかを,シミュレーションによって検証する.

消費者 n のブランド j の選択確率を $p_n(j \mid \beta_n, \text{price}_n(j))$ と表すと,ブランド j の額面 c のクーポンの存在により選択確率は,$p_n(j \mid \beta_n, \text{price}_n(j) - c)$ に高まる.コスト情報が分からないので,簡単のためブランド j のマージンを価格 $\text{price}_n(j)$ とし,小売店にとってのクーポン1枚当たりの送付・取扱コストを F とすると,クーポンを送付した場合としない場合の期待純収益は,それぞれ (8.21) 式と (8.22) 式のように表せる.

$$\prod_{\text{no coupon}} = p_n(j \mid \beta_n, \text{price}_n(j)) \times \text{price}_n(j) \tag{8.21}$$

$$\prod_{\text{coupon}} = p_n(j \mid \beta_n, \text{price}_n(j) - c) \times (\text{price}_n(j) - c) - F \tag{8.22}$$

以下の分析では,$c = \$0.10$ として,クーポンの額面を$\$0$ から$\$1.0$ まで 10

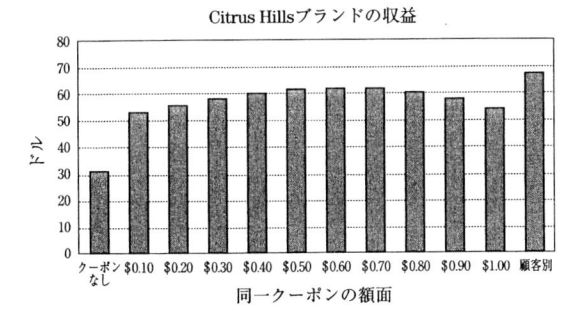

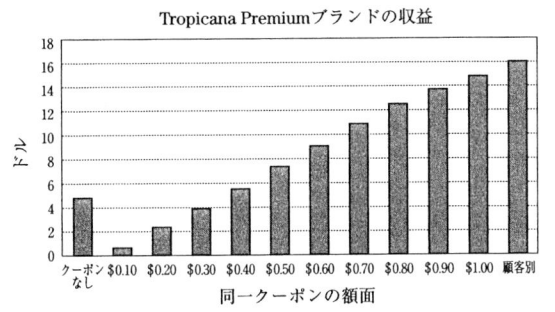

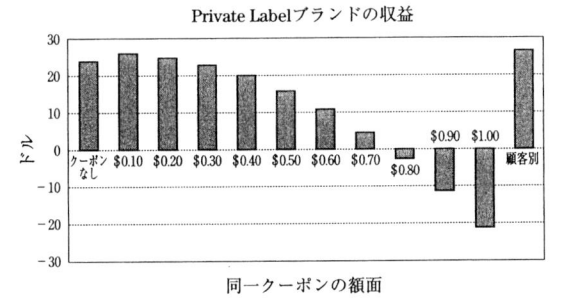

図 8.6 クーポンの無差別戦略と差別戦略による期待収益

セントきざみで変化させ，(8.22) 式の期待収益を算出した．

8.5.1 メーカーによるクーポン戦略

ここでの問題は，だれに，いくらの額面のクーポンを送れば，期待収益を最大化できるのかである．全ての顧客に同一の額面のクーポンを送付した場合と，顧客ごとに期待収益が最大になるように額面を変えたクーポンを送付した場合の結果が，3つのブランドに関して図8.6に示されている．Citrus Hills の例では，

期待収益がクーポンをだれにも送付しなかった場合 $31.58, 全員に同一額面を送付する無差別戦略では額面 ($0.1〜$1.0) によって$53.04〜$62.02 に,そして顧客ごとに最適化した差別戦略では$62.27 になった.他の2ブランドでも,顧客別に額面を最適化したほうが同一額面より期待収益が増加した.また,同一額面のクーポンを送付する場合,価格の高いブランドほど最適クーポンの額面は高くなっている (Citrus Hills は $0.6, Tropicana Premium は $1.0, Private Label は $0.1).特に,安価な Private Label では同一額面が $0.80 以上では赤字になってしまう.

8.5.2 小売店によるクーポン戦略

ここでの問題は,だれに,どのブランドの,いくらの額面のクーポンを送れば,期待収益を最大化できるのかである.期待収益は,小売店がクーポン戦略を用いなかった場合$100.79, 全員に同一ブランドの同一額面のクーポンを送付する無差別戦略では,ブランド,額面 ($0.1〜$1.0) によって $31.02〜$117.44, そして顧客ごとの差別化戦略では $130.86 になった.無差別戦略では Citrus Hills の $0.4 が期待収益を最大に,また Private Label の $1.0 が収益を最小にした.だれに (世帯 ID 番号),どのブランドの,いくらの額面を送付するかという差別戦略の最適解は表8.4 に示されている.

各消費者のブランド選好 ($\alpha_{n,j}$) と最適化されたクーポンのブランドを比較すると,一般的にその消費者の選好の高いブランドのクーポンを送付することが収益に結びつくことが考察できる.クーポンの役割は試用やブランドスイッチを促すことであるが,そのブランドに対して消費者の選好が十分強い場合に効果がより高いという実務での経験則が確認された.

ここで紹介したクーポン戦略は,コスト情報もなく,シミュレーションに基づいた仮想的なものではあるが,顧客ごとにマーケティング戦術をカスタマイズする One-to-One マーケティングの潜在的なポテンシャルを示唆するのには十分であろう.

8.5 階層ベイズによるプロビットモデルのスキャン・パネルデータへの応用例　　171

表 8.4 小売店によるクーポン差別戦略におけるブランドと額面の送付先世帯

	Regional Brand	Citrus Hills	Minute Maid	Private Label	Tropicana Regular	Tropicana Premium
$0.1	ナシ	6, 7, 22, 35, 37, 53, 58, 60, 69, 77, 80, 83, 95, 109, 123, 144, 163, 181, 190, 197	62, 90, 148, 154	21, 33, 71, 128, 153	122	ナシ
$0.2	ナシ	13, 15, 30, 39, 61, 63, 75, 92, 93, 94, 102, 108, 117, 118, 134, 142, 169, 170, 177	25, 79, 172, 180, 199	ナシ	82, 183, 195	ナシ
$0.3	ナシ	14, 26, 56, 68, 97, 104, 125, 130, 164, 193	20, 46, 54, 112, 167, 185	ナシ	ナシ	ナシ
$0.4	ナシ	5, 11, 16, 38, 72, 73, 78, 84, 86, 89, 98, 100, 129, 136, 155, 158, 200	133, 146	ナシ	ナシ	ナシ
$0.5	ナシ	2, 31, 32, 45, 99, 111, 145, 151, 168, 186, 194	10, 23, 43, 87, 137, 138, 141, 174, 175	ナシ	114, 135	113
$0.6	ナシ	9, 18, 19, 24, 28, 66, 67, 103, 119, 132	27, 48, 76, 115, 124, 139, 143, 150, 179, 182	ナシ	55, 171	70, 101
$0.7	ナシ	1, 65, 121	34, 57, 74, 88, 140, 173, 176	ナシ	ナシ	52, 81, 187
$0.8	ナシ	29, 91, 152, 160, 192	4, 8, 47, 100, 126, 127, 149, 161, 178	ナシ	ナシ	40, 51, 64, 105, 198
$0.9	165, 184, 196	42	12, 17, 49, 50, 59, 120, 157, 189	ナシ	ナシ	116, 131, 156, 162
$1.0	3, 36, 96, 166, 188, 191	110	44, 85, 107, 147, 159	ナシ	ナシ	41

9

ノンパラメトリック化によるブランド選択モデルの拡張

　多項ロジットモデルは直観的で非常にシンプルなモデルである．パラメータの数が少ないので，その推定は容易かつ推定値はロバストである．そのため，実務ではマーケティング・リサーチ会社が分析に幅広く利用しており，またアカデミックの分野では，より精緻な選択モデルの基礎として様々な拡張モデルが提案されている．反面，モデルがシンプルであるということは，データに対して強い仮定がおかれているということでもある．

　第一の仮定は，誤差項が独立で同一に分布していることである．これは，無関係な選択肢からの独立性 (IIA) と呼ばれる，選択肢の集合が変わってもブランド間の相対的な選択確率は不変であるという性質に反映される．このことは7.3.1項で詳しく説明した．第二の仮定として，効用関数は説明変数の線形結合になっているが，2次項のような非線形関数変換あるいは複数の説明変数の相互作用項が必要な場合もあるだろう．

　データに対して適切なモデルを構築するには，一般的にモデルのテストと修正という作業を繰り返す必要があり，しばしば分析者の経験と労力，根気の必要な長いプロセスになる．7.5節の結果でも見られたように，ロジットモデルは倹約的であるがために，説明変数のT値が30近くにもなることが普通であることを考慮すると，分析者の行っているモデル設定の繰り返し作業をデータに肩代わりさせられないかという疑問が湧いてくる．つまり，大量のデータに含まれている情報から，分析者が指定したモデルに含まれる少数のパラメータに対して高いT値を得るかわりに，モデルの構造自体を推測させようというのである．

9.1 モデルの仮定を限りなく排除するアプローチ

9.1.1 ノンパラメトリック密度推定によるブランド選択モデル

筆者は，前述のアイデアをノンパラメトリック密度推定 (nonparametric density estimation，以下 NDE モデルと呼ぶ) を使ってブランド選択に適用し，ロジットモデルと比較した (Abe 1995). NDE モデルはパラメータを使わないノンパラメトリック手法の一種で，誤差項の独立同一分布や第 1 種極値分布という仮定がないばかりか，「効用」という概念自体がない．したがって，消費者のブランド選択行動に対して確率的効用最大化プロセスを仮定する必要もない．つまりモデルの仮定が限りなくゼロに近いのが NDE モデルである．

以下ではブランド選択における NDE モデルを簡単に説明するが，詳細は Abe (1995) を参照して欲しい．y_i をブランド i が選択されたかどうかという 0/1 の 2 項従属変数とし，x を全てのブランドの loyalty や price などの説明変数のベクトルとする．ブランド i の選択モデルは $E(y_i \mid x)$ になる．この場合，パラメトリック手法では，代表的な例として (9.1) 式のようなロジスティック回帰がある．

$$E(y_i \mid x) = \frac{1}{1 + e^{-\beta^T x}} \tag{9.1}$$

β はパラメータベクトルである．NDE モデルではベイズの定理を使って (9.2) 式のように表す．

$$E(y_i \mid x) \equiv p(y_i \mid x) = \frac{f(x, y_i)}{f(x)} = \frac{f(x \mid y_i) p(y_i)}{\sum_{j=1}^{J} f(x \mid y_j) p(y_j)} \tag{9.2}$$

したがって，ブランド j が選択された条件での説明変数の密度関数 $f(x \mid y_j)$ とシェア $p(y_j)$ が全てのブランド j に対して分かれば，$E(y_i \mid x)$ は計算できる．ノンパラメトリック密度推定 (NDE) と呼ばれる理由は，$f(x \mid y_j)$ を**カーネル法**というノンパラメトリック手法で推定するためである．カーネル法による密度推定は，概念的にはヒストグラムと同じである．y_j が選択された場合，その時観測された x の値を積み上げていくのだが，x の周辺にも分布した山形のカーネル関数 (正規分布がよく使われる) を積み上げるために，得られた密度関数はス

ムーズな形状になる．数学的には，単変数のノンパラメトリック密度推定は，カーネル関数を $k(\cdot)$ と表すと以下のように表現される．

$$f(x \mid y_j) = \frac{1}{nh} \sum_{i=1}^{n} k\left(\frac{x - x_i}{h}\right)$$

ただし，x_i はブランド j が選択された時のその説明変数 x の観測値，n はサンプル数，h はスムージングパラメータと呼ばれ，カーネル関数の形状を規定する．ここで注意しなければならないことは，実際には x の次元数が (説明変数 × ブランド数) の多次元になることである．

9.1.2項では，シミュレーションと実データによって NDE をロジットモデルと比較，検証した結果を簡単に紹介する．詳細は Abe(1995) を参照して欲しい．

9.1.2 シミュレーションデータを使った検証

キャリブレーション用データへのフィットと検証用データに対する予測の両方において，NDE モデルはロジットモデルより優れてはいたが，大きな違いはなかった．また，ロジットモデルの仮定を大きく外れた誤差項が独立ではなく相関が0.9もある模擬選択データを用いた分析では，推定されたロジットモデルのフィットと予測はそれほど悪化せず，IIA からの乖離に対してロバストであることが分かった．

9.1.3 スキャン・パネルデータを使った検証

シミュレーションデータでの検証結果と同様に，フィットと予測の両方において NDE モデルはロジットモデルより優れていたが，大きな違いは見られなかった．しかし NDE モデルによる反応分析から，1) 折込チラシと陳列のプロモーション効果はブランドによって違うこと，2) 1つのブランドでは折込チラシと陳列に相乗効果があることが分かった．この結果に基づいて効用関数を再修正したロジットモデルのフィットは有意に向上し，プロモーション効果もより実際に近いものとなった．

以上の分析から，ロジットモデルは記述的に不正確に規定されていてもフィットや予測はそれほど悪化しないこと，そして NDE モデルはロジットモデルを

診断，改善するのに有効であることが分かった．

また上記の検証から，NDE モデルの限界や弱点も分かった．第一に，NDE モデルの概念はヒストグラムであるため，説明変数が過去に観測された範囲内での予測能力 (interpolation) には優れているのだが，過去に遭遇しなかった範囲 (extrapolation) では予測が全く不可能なことがあげられる．この点，パラメトリック・モデルでは，適切かどうかは別として，モデルの構造を説明変数の観測されなかった範囲に延長することは容易である．第二に，計算上の条件がロジットモデルに比べてはるかに多いことである．計算量はもちろんであるが，多次元のノンパラメトリック密度関数をテーブルの形で保存しなければならないために，メモリーの必要量も大きい．ただし，この問題はコンピュータ技術の進歩と共に解決されるであろう．第三として，NDE モデルの最大の限界は，説明変数とブランド数が増えるに従って，安定した推測を得るために必要なデータ量が指数的に増加することである．これはノンパラメトリック手法では「次元の呪い (curse of dimensionality)」(Silverman 1986) として知られており，多次元空間ではデータ点が希薄になってしまい，信頼できるヒストグラムを構築することが難しくなる現象のことを指す．

以上の分析で得られた結論は，NDE のように仮定を限りなく排除してデータにモデルを構築させるためには非現実的な量のデータが必要で，何十万という POS データでも量的に不十分であるということだ．可能性としては NDE とロジットモデルの中間である**セミパラメトリック・モデル**，つまり十分検証された理論や仮定に基づいた要因はパラメトリックに，そしてデータによってモデル構造を発見したい要因はノンパラメトリックに推定するアプローチが有望であることが示唆された．

9.2 確率的効用最大化プロセスのノンパラメトリック化

データ主導型アプローチはノンパラメトリック手法を使うことによって達成される．従属変数 y が連続的な場合は，カーネル法やスプライン法など様々な既存のノンパラメトリック回帰方法によって，y と説明変数 $x_p(p=1,\cdots,P)$ との関係を分析することができる．一般にほとんどのケースで，$E(y\mid x)=\sum_p f_p(x_p)$

のような説明変数の加法分離性 (additive separability) を仮定している．その理由として，まずそれが普通の回帰モデル $E(y \mid x) = \sum_p \beta_p x_p$ の一番自然なノンパラメトリック化であり，モデル構築とその解釈の上で扱いやすいことが挙げられる．第二に，もし説明変数どうしの相互作用が必要な場合は，その積の項を加えることによってある程度は対処できるので，加法分離性の仮定は制限的ではないことが挙げられる．三番目の理由として，もしいくつかの一次元ノンパラメトリック関数 $f_p(x_p)$ が $f_{pq} \cdots (x_p, x_q, \cdots)$ のように一般的な多次元関数として統合された場合，次元が増えるに従ってデータの必要量が指数的に増加する"次元の呪い"の問題に直面するからである．以上の理由から，実際の応用例としては2次元関数でさえ少なく，3次元のケースは皆無と言ってもよい．よって，既存のノンパラメトリック手法研究の多くでは，Breiman and Friedman (1985) の alternative conditional expectation (ACE) や Hastie and Tibshirani (1986) の generalized additive models (GAM) のように，説明変数の加法分離性を仮定したモデルに焦点が置かれている．

　これらのノンパラメトリック手法は，説明変数が離散的選択のように定性的な場合には特別な工夫なしには使えない．例えば上述のNDEでは，カーネル確率密度推測方法にベイズの定理を使って選択モデルへ応用したが，もう一つの有効なアプローチは，消費者行動に象徴される確率的効用最大化に基づいたモデル構築であろう．確率的効用最大化プロセスによると，消費者は選択可能な J 個の選択肢各々に効用値を割り当てて，それが最大の選択肢を選ぶ．意思決定者 $n(n=1,\cdots,N)$ の i 番目の選択肢に対する効用 $u_n(i)$ は $u_n(i) = v_n(i) + e_{ni}$ のように，確定的な要素 $v_n(i)$ と確率的な要素 e_{ni} の和として表現される．効用値は直接観察できないので，実際の選択結果から推測しなければならない．そのため効用関数のノンパラメトリック回帰は複雑である．定性的な従属変数 (qualitative response variable) を対象とした最近のノンパラメトリック手法の研究は，表9.1のように3つのタイプに分類できる．

　最初の完全なノンパラメトリックのタイプにおいては，Matzkin (1993) が推測関数の識別条件 (identification conditions) を研究して，その応用を紹介した．1番目のタイプのセミパラメトリック手法 (semiparametric I) では確率的要素が仮定されていない分布であっても，効用関数のパラメータ推定値にバイ

9.2 確率的効用最大化プロセスのノンパラメトリック化

表 9.1 ノンパラメトリック手法の分類

タイプ	確定的要素 $v_n(i)$	確率的要素 e_{ni}
Nonparametric	nonparametric	distribution-free
Semiparametric I	parametric	distribution-free
Semiparametric II	nonparametric	parametric distribution

アスがかからない利点があり,計量経済学で盛んに研究されている分野である.**最大スコア推定値** (maximum score estimator) (Manski 1975) や**単一指標モデル** (single index models) (Horowitz *et al.* 1994) に代表されるように,ほとんどの研究は二項の従属変数を対象としている.このタイプのモデルでは確定的要素はパラメトリック関数を仮定しているため,非線形的反応を調査するには複数の競合モデルの仮説検定による通常のパラメトリック的なアプローチに頼らざるをえない.2番目のタイプのセミパラメトリック手法 (semiparametric II) では,確率的要素にはあるパラメトリック分布を仮定し,効用関数をノンパラメトリックに緩和する.この分野は統計学のほうで研究が進んでいる.従属変数が二項の場合,確率的要素がロジスティック分布に従うと仮定することにより,GAM を使って加法分離的なノンパラメトリック効用関数を推定することができる (Hastie and Tibshirani 1990).

9.2.1 ロジットモデルにおける効用関数のノンパラメトリック化

ここでは NDE の結果も踏まえて,消費者行動理論でも十分確立されている確率的効用最大化プロセスに基づいて,誤差項は独立かつ同一の第1種極値分布に従うことを仮定として残し,効用関数をノンパラメトリック化,その中でも個々の説明変数の1次元ノンパラメトリック関数の和と定義したモデルを取り上げる.つまり (9.3) 式で表されるような従来のパラメータに対して線形な効用関数をもつロジットモデルは,(9.4) 式のようなセミパラメトリック・モデルに拡張される.

$$p_n(i) = \frac{e^{v_n(i)}}{\sum_j e^{v_n(j)}} \quad \text{ただし } v_n(i) = \sum_p \beta_p \, x_{nip} \tag{9.3}$$

$$p_n(i) = \frac{e^{v_n(i)}}{\sum_j e^{v_n(j)}} \quad \text{ただし } v_n(i) = \sum_p f_p(x_{nip}) \tag{9.4}$$

ここで $f_p(\cdot)$ は p 番目の説明変数の 1 次元ノンパラメトリック関数を示す．その理由として，

① 9.1 節で確認されたように，ロジットモデルは誤差項の分布に関する仮定からの乖離に対してロバストである，
② 効用の説明変数，特に価格に対する非線形な反応を推定することは，実務的に有益であると共に消費者行動理論の観点からも関心が高い，
③ 推定するノンパラメトリック変数を 1 次元に制約することで「次元の呪い」を防ぐことができる，
④ 加法分離性を仮定することによって，一部の説明変数だけをノンパラメトリック関数に緩和し，残りの説明変数はパラメトリック関数にすることができる，
⑤ 説明変数どうしの相互作用が必要な場合は，その積乗項を加えることによって対処できる，

が挙げられる．

(9.4) 式のセミパラメトリック・ロジットモデルは**一般化加法モデル** (generalized additive models, GAM) (Hastie and Tibshirani 1990) のフレームワークを拡張することによって導かれる．GAM は過去 10 数年間統計学において様々な研究と応用がなされ，その統計的な特性はよく知られている．次項では，まず GAM の線形版である**一般化線形モデル** (generalized linear models, GLM) に触れた後，GAM の紹介，そして多項ロジットモデルへの拡張を簡単に説明する．

9.2.2 一般化加法モデル

一般化線形モデル (GLM) (Nelder and Wedderburn 1972) は，説明変数を付随するパラメータが線形になるように組み合わせた指数 $\eta(x) = \sum_p \beta_p x_p$ と，従属変数 y との間に柔軟性のある関係を築くことによって，様々なタイプの従属変数に対処できるように回帰モデルを一般化した手法である．GLM の確率的要素とそのリンク関数 (link function) を適切に設定することにより，重回帰分析，ロジスティック回帰，二項プロビット，対数線形モデル等が生まれる．一般化加法モデル (GAM) は，GLM における説明変数の付随するパラメータ

が線形であるという仮定を, $\eta(x) = \sum_p f_p(x_p)$ のように1次元ノンパラメトリック関数の和に拡張したモデルである. 例えばロジスティック回帰を GAM によってノンパラメトリック化すると下記のようなモデルになる.

$$\Pr(y) \equiv \mu(x) \equiv E(y \mid x) = \frac{1}{1 + e^{-\eta(x)}} \tag{9.5}$$

上記で述べたように $\eta(x) = \sum_p f_p(x_p)$ で, $f_p(x_p)$ は p 番目の説明変数の 1 次元ノンパラメトリック関数である. 残念ながら, このモデルは多項選択には拡張できない. その理由は, (9.4) 式で表されるセミパラメトリック・ロジットモデルの分母と分子を $e^{v_n(i)}$ で割ることによって明白になる.

$$p_n(i) = \frac{1}{1 + e^{-h(x_n)}}$$

$$\text{ただし, } h(x_n) = \sum_p f_p(x_{nip}) - \ln\left\{\sum_{j \neq i} \exp\left(\sum_p f_p(x_{njp})\right)\right\} \tag{9.6}$$

このモデルでは, $h(x_n)$ を GAM の基本仮定である f_p の和という形で表現できなくなっている.

9.2.3 多項ロジットモデルに対応するための GAM の拡張法

$v_n(i) = \sum_p f_p(x_{nip})$ のような, 効用関数が1次元ノンパラメトリック関数の和となるようなセミパラメトリック・ロジットモデルを作るには, ペナルティーを課した尤度関数を使って導かれた GAM の基本概念 (Hastie and Tibshirani 1990, p.136) に戻る必要がある. 普通, ノンパラメトリック手法を使って尤度を最大化しようとすると, 推定された関数は個々のデータ値をつないだギザギザな線になってしまう. 例えば (9.5) 式にあるロジスティック回帰の場合, これは $y = 1$ の時 $\eta(x) = +\infty$ であり, $y = 0$ の時 $\eta(x) = -\infty$ を意味する. それを解決するには, 通常の尤度に 2 次微係数 (second derivative) の量で測られたギザギザ度を加えた条件付尤度 (penalized likelihood function) を最大にするようなノンパラメトリック関数を推定すればよい.

この方法によって, Hastie and Tibshirani (1990, pp.201–234) は GAM をいくつかの特殊なモデルに対処できるように拡張した. その一つは, 統計医学の分野でよく使われる符合ケースコントロール・データ (matched case-control data) を扱うモデルである.このデータは,病気の患者とそうでない正常な人たちの様々な医学テストの結果を含んでいて,その中でどの要因が発病に強く関連しているのかを調査するのに使われる.このモデルの解釈と表記を変えることによって,離散的選択データを符合ケースコントロール・データに適応させることが可能である.付録3.2節のセミパラメトリック・ロジットモデルを推定するアルゴリズムは,Hastie and Tibshirani の結果 (1990, p.208, Algorithm 8.1) に上記の修正を加えることによって導かれる.付録3.3節ではアルゴリズムの他に,推定方法と推定された関数の統計的な特性が簡単に述べられている.

GAM は統計学で盛んに研究された手法なので,その数学的な特性はよく知られている (Hastie and Tibshirani 1990).ここで提案されたセミパラメトリック・ロジットモデルは GAM の一種なので,GAM の特性がすべて当てはまる.また,付録3.2節で導かれたアルゴリズムは,従属変数が二項の場合には Hastie and Tibshirani の GAM ロジスティック回帰と同等になる.したがって彼らのロジスティック回帰は,(9.4) 式のセミパラメトリック・ロジットモデルの特別なケースだと言える (Abe 1999).

このセミパラメトリック・モデルの一つの利点は,GAM における自由度 (degrees of freedom) の概念を使い,近似的な統計的仮説検定を行えることである.例えば,パラメトリックからノンパラメトリック関数に緩和した時に向上したフィットが統計的に有意かどうかをテストすることができる.自由度が小数点で表されるために,このテストは近似的なものではあるが,仮説検定の概念は実際の応用で非常に有用である (付録 3.3 節を参照).

9.2.4 セミパラメトリック・ロジットモデルのスキャン・パネルデータへの応用例

このモデルの応用として,多項ロジットモデルで使われたオレンジジュースのスキャン・パネルデータを用いて,消費者がマーケティング変数にどのような非線形的反応を示しているかを検討してみよう (Abe 1998).

表 9.2 は説明変数を入れ子式にノンパラメトリック化したロジットモデルのフィットを示したものである.$f(\cdot)$ は 1 次元ノンパラメトリック関数を示す.M1 はブランド・ダミー変数 (asc) のみのモデル,M3 は全ての変数 (feature,

9.2 確率的効用最大化プロセスのノンパラメトリック化

表 9.2 オレンジジュース・データの入れ子式モデルの対数尤度

モデル	対数尤度 インサンプルデータ	自由度	対数尤度 アウトサンプルデータ
M1: asc	-2023.9 (-2028.9)	5	-1233.4 (-1238.4)
M2: asc, feature	-1649.6 (-1655.6)	6	-994.2 (-1000.2)
M3: asc, feature, regprice, pricecut, loyalty	-976.6 (-985.6)	9	-548.7 (-557.7)
M4: asc, feature, regprice, f(pricecut), loyalty	-972.0 (-982.5)	10.5	-546.6 (-557.1)
M5: asc, feature, f(regprice), pricecut, loyalty	-966.7 (-978.6)	11.9	-543.1 (-555.0)
M6: asc, feature, regprice, pricecut, f(loyalty)	-962.5 (-975.6)	13.1	-543.0 (-556.1)
M7: asc, feature, f(regprice), f(pricecut), loyalty	-962.4 (-975.8)	13.4	-542.5 (-555.9)
M8: asc, feature, regprice, f(pricecut), f(loyalty)	-958.7 (-973.3)	14.6	-540.6 (-555.2)
M9: asc, feature, f(regprice), pricecut, f(loyalty)	-954.2 (-970.2)	16.0	-537.0 (-553.0)
M10: asc, feature, f(regprice), f(pricecut), f(loyalty)	-949.6 (-967.1)	17.5	-535.2 (-552.7)
M11: asc, feature, regprice, piecewise pricecut, loyalty	-973.0 (-984.0)	11	-545.9 (-556.9)

括弧内は $-\frac{1}{2}\text{AIC} = $ 対数尤度 $-$ DF

regprice, pricecut, loyalty) をもつ通常の線形ロジットモデルである．M4 は M3 について値引額をノンパラメトリック関数に変換したモデル，M10 は全ての連続説明変数をノンパラメトリック関数に設定したモデルである．全ての説明変数をノンパラメトリック化することによって，対数尤度は線形ロジットモデル (M3) の -976.6 から -949.6 (M10) に増加した．しかしダミー変数 (ブランド切片と feature) の係数を見ると，どちらのモデルでも似たような推定値であった．ロイヤルティー，通常価格，値引額のノンパラメトリック関数の自由度は，それぞれ 5.1, 3.9, 2.5 が選ばれた．カイ 2 乗テストによると，ノンパラメトリック・ロジットモデル (M10) は線形ロジットモデル (M3) に比べて 0.5%のレベルで有意である．また，ロイヤルティー，通常価格，値引額のどれか一つの変数のみをノンパラメトリック化した場合 (M4, M5 および M6)，線形ロジットモデル (M3) と比較して 0.5%のレベルで有意であった．

図 9.1 は，モデル M10 で推定されたロイヤルティー (一番上)，通常価格 (真ん中)，そして値引額 (一番下) のノンパラメトリック関数を示したものである．

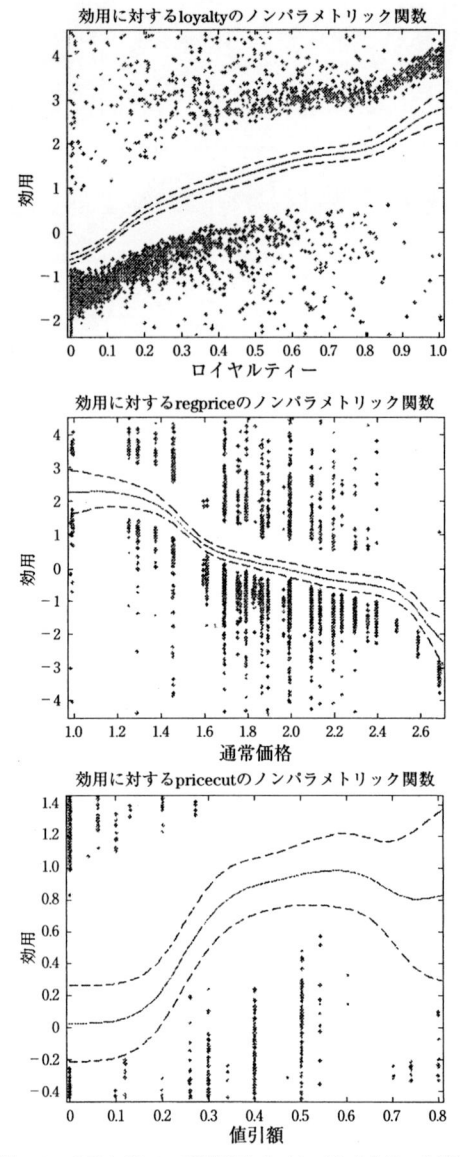

図 9.1 モデル M10 で推定されたノンパラメトリック関数 点線はブートストラップ法による 95%信頼区域，個々の点はブランド購買機会を指した観測点である．

推定されたロイヤルティーのノンパラメトリック関数は，0.2 と 0.8 を境に 3 つのセグメントに分かれているように見受けられる．ロイヤルティーが高いあるいは低いセグメントでは効用に対する傾きが大きく，中間では傾きが緩やかである．これは，世帯があるブランドを繰り返して買う (買わない) と，それに対する効用は加速的に上がる (下がる) ことを意味している．しかしロイヤルティー変数には，マネージャーが直接コントロールするマーケティング活動と個々の世帯との複雑な相互作用の結果が反映されているので，その解釈は難しい．その点，価格はマネージャーが管理できるため，価格に対する消費者の反応を知ることは実務上も非常に有益である．

通常価格に対する反応は大雑把に 3 つの線形的なセグメントに分けられる．効用関数が負の傾きをもった \$2.50 以上と \$1.50 以下の区域，そしてその間に挟まれた比較的平らな傾きの領域である．値引額の関数は，消費者の非線形反応をより顕著に示しており，値引効果のしきい値と飽和値が観察されるような興味深い推定結果となっている．値引が 15 セントと 39 セントの間では消費者の効用は増え続けるが，それ以下あるいはそれ以上ではグラフの平らな領域から分かるように効用にあまり変化が見られない．値引額のノンパラメトリック関数の自由度が 2.5 というのも，セグメントが 2〜3 個存在することを支持する要因となっている．

この結果は，値引額の関数を 3 つの区分的線形効用関数で表した通常のロジットモデルによっても確認された．傾き係数は，値引額が 15 セント以下の場合有意でなく $(-1.90, t = -0.8)$，15 セントと 39 セントの領域では有意で $(3.36, t = 4.6)$，39 セント以上の場合は有意ではあるがよりフラットになった $(1.98, t = 6.3)$．この区分的線形効用関数を使ったロジットモデルのインサンプルデータとアウトサンプルデータでのフィットが，表 9.2 の M11 に示されている．インサンプルでは，区分的線形モデル (M11) のほうが単純な線形モデル (M3) よりフィットが良かったが，ノンパラメトリック・モデル (M4) と比較すると悪かった．しかしアウトサンプルでは，区分的線形モデル (M11) がノンパラメトリック・モデル (M4) より優れていた．これは図 9.1 で見られるように，値引額が 70 セント付近のデータ点が希薄な領域では，ノンパラメトリック関数の推定が不安定になって，広い信頼区域と共に効用が逆に減少しているように

推定されていることが原因と考えられる．つまり，1次元ノンパラメトリック関数でさえもデータ量が十分でないと「次元の呪い」の問題に遭遇する可能性があることを示唆しているのである．ここで強調したいのは，断片の数とその屈折点の位置がセミパラメトリック・ロジットモデルによって事前に分かっていないと，通常の線形ロジットモデルではその傾き係数を推測できないことだ．

以上の結果を消費者行動の観点からまとめると，1) ブランドにはロイヤル，ノンロイヤル，スイッチャーの3セグメントの異なった反応を示す消費者が存在する，2) 通常価格には消費者があまり反応しない領域がある，3) 値引額がある程度大きくないと消費者はそれに反応しないが，値引額が一定のレベルを超えてもそれ以上反応しなくなる．オレンジジュースの値引プロモーションに関するマネジェリアル・インプリケーションとしては，少なくとも15セントは値引しないと効果が得られず，かつ値引額が39セントを超えると，それ以上は顧客を引き付けることができなくなり，マージンが減って利益が落ちるということである．

付　　録

1. 顧客ベース分析の導出

まず，観測された購買履歴から顧客が生存している確率をベイズの定理に基づいて (A1.1) 式のように表す．

$$P(\tau > T \mid \lambda, \mu, T, t) = P(生存 \mid 履歴) = \frac{P(生存\&履歴)}{P(履歴)}$$
$$= \frac{P(履歴 \mid 生存)P(生存)}{P(履歴\&生存) + P(履歴\&離脱)} \quad (A1.1)$$

生存時間は指数分布なので，$P(生存) = P(\tau > T) = e^{-\mu T}$ となる．さらに，以下の 2 式

$$P(履歴 \mid 生存) = P(x\ 回目の購買が\ t\ に起きる\&[t,T]\ に購買が起きない)$$
$$= \frac{\lambda^x t^{x-1}}{\Gamma(x)} e^{-\lambda t} \times e^{-\lambda(T-t)} = \frac{\lambda^x t^{x-1}}{\Gamma(x)} e^{-\lambda T}$$

$$P(履歴\&離脱) = \int_t^T P(x\ 回目の購買が\ t\ に起きる\&[t,y]\ に購買が起きない\&$$
$$y \in [t,T]\ に離脱)dy$$
$$= \int_t^T \frac{\lambda^x t^{x-1}}{\Gamma(x)} e^{-\lambda t} \times e^{-\lambda(y-t)} \times \mu e^{-\mu y} dy$$
$$= \frac{\lambda^x t^{x-1}}{\Gamma(x)} \frac{\mu}{\lambda + \mu} \left\{ e^{-(\lambda+\mu)t} - e^{-(\lambda+\mu)T} \right\}$$

を (A1.1) 式に代入すると，次式が得られる．

$$P(\tau > T \mid \lambda, \mu, T, t) = \frac{\dfrac{\lambda^x t^{x-1}}{\Gamma(x)} e^{-\lambda T} \times e^{-\mu T}}{\dfrac{\lambda^x t^{x-1}}{\Gamma(x)} e^{-\lambda T} \times e^{-\mu T} + \dfrac{\lambda^x t^{x-1}}{\Gamma(x)} \dfrac{\mu}{\lambda + \mu} \{e^{-(\lambda+\mu)t} - e^{-(\lambda+\mu)T}\}}$$

$$= \frac{1}{1 + \frac{\mu}{\lambda+\mu}\{e^{(\lambda+\mu)(T-t)} - 1\}}$$

2. 多項ロジットモデルの導出

[命題1] 本文7.2節 (7.2) 式で示されたように，μ は独立に認識できないため，通常は $\mu=1$ と設定する．そこで，位置パラメータが η，スケールパラメータが $\mu=1$ である第1種極値分布 $F(u)$ は (A2.1) 式，確率密度関数 $f(u)$ は (A2.2) 式で表される．

$$F(u) = \exp[-e^{-(u-\eta)}] \tag{A2.1}$$

$$f(u) = e^{-(u-\eta)}\exp[-e^{-(u-\eta)}] \tag{A2.2}$$

ただし，$f(u)$ のモードは η，期待値 $E(u) = \eta + \gamma$，分散 $\mathrm{Var}(u) = \pi^2/6$ になる．γ はオイラー (Euler) 定数 (≈ 0.577) を表す．

[命題2] J 個の確率変数 $u_1, u_2, \cdots, u_J$ が互いに独立で，それぞれ位置パラメータ $\eta_1, \cdots, \eta_J$ が第1種極値分布に従うと仮定する．この時，それらの最大値 $u_m = \max(u_1, u_2, \cdots, u_J)$ も確率変数となり，位置パラメータが η_m の第1種極値分布 $F(u_m) = \exp[-e^{-(u_m - \eta_m)}]$ に従う．ただし，$\eta_m = \ln\left(\sum_{j=1}^{J} e^{\eta_j}\right)$．

[命題3] 確率的効用最大化プロセスによると，$p(j)$ は次のようになる．$p(j) = \Pr(u_j > u_k, 全ての\ k \neq j) = \Pr(u_j > \max_{k \neq j} u_k) \equiv \Pr(u_j > u_{-j})$．ただし $u_{-j} = \max_{k \neq j} u_k$ で，u_j は位置パラメータ v_j の第1種極値分布に，u_{-j} は [命題2] から位置パラメータ $\eta_{-j} = \ln(\sum_{k \neq j} e^{v_k})$ の第1種極値分布に従うため，

$$p(j) = \Pr(u_j \geq u_{-j})$$
$$= \Pr(u_{-j} - u_j \leq 0)$$
$$= \Pr(u^* \leq 0) \quad ただし\ u^* \equiv u_{-j} - u_j$$

[命題4] 確率変数 u_1 と u_2 が互いに独立で第1種極値分布 $F(u_1) = \exp[-e^{-(u_1 - \eta_1)}]$, $F(u_2) = \exp[-e^{-(u_2 - \eta_2)}]$ に従うと仮定すると，下記で示されるように確率変数 $u^* \equiv u_1 - u_2$ はロジスティック分布 $F_{u^*}(u_0) = \frac{1}{1 + e^{-[u_0 - (\eta_1 - \eta_2)]}}$ に従う．

$$F_{u^*}(u_0) = \Pr(u_1 - u_2 \leq u_0) = \Pr(u_1 \leq u_0 + u_2)$$
$$= \int_{-\infty}^{+\infty} f_2(u_2) F_1(u_0 + u_2) du_2$$
$$= \int_{-\infty}^{+\infty} e^{-(u_2 - \eta_2)} \exp[-e^{-(u_2 - \eta_2)}] \exp[-e^{-(u_0 + u_2 - \eta_1)}] du_2$$

$$= \frac{1}{1+e^{-[u_0-(\eta_1-\eta_2)]}}$$

同様に J 個の確率変数 $v_1, v_2, \cdots, v_J$ の場合には,次の式が得られる.

$$\Pr(u^* \leq 0) = \frac{1}{1+e^{\eta_{-j}-v_j}} = \frac{e^{v_j}}{e^{v_j}+e^{\ln(\sum_{k\neq j}^{J} e^{v_k})}} = \frac{e^{v_j}}{\sum_{k}^{J} e^{v_k}}$$

3. セミパラメトリック・ロジットモデルのアルゴリズム

3.1 一般の GAM のアルゴリズム

Hastie and Tibshirani (1986) は GAM の推定に,フィッシャーのスコア法 (Fisher scoring procedure) をノンパラメトリック法に拡張させた**ローカル・スコアリング・アルゴリズム** (local scoring algorithm) を提案した.これは,現時点での $f_p(x_p)$ の推定値と予測誤差 $y-\mu$ に基づいて,予測指数 (predictor index) $\eta(x) = \sum f_p(x_p)$ を修正したものを**調節従属変数** z と呼び,w という重み (weight) を説明変数 x に付けて z に対してノンパラメトリック回帰を当てはめることよって $f_p(x_p)$ を更新するプロセスを繰り返すものである.

例えば,2 項ロジット GAM の場合では,調節従属変数 z と重み w は (A3.1) 式のようになる.

$$z = \eta(x) + \frac{y-\mu}{\mu(1-\mu)}, \qquad w = \mu(1-\mu) \qquad (A3.1)$$

ここでは,$\eta(x)$ は現時点での $f_p(x_p)$ の推定値を使い,μ は 2 項ロジットモデルによって現時点で予測される 2 項従属変数 y の平均値 (選択確率) である.調節従属変数 z は,予測指数 η を現時点の μ の推定値の周りで第 1 次テイラー系列によって近似したもの (first-order Taylor series approximation) と解釈できる.重み w は調節従属変数 z の分散の逆数で,回帰において分散の高い (低い) データ点には低い (高い) 重みをかける役目をしている.スコア法での繰り返しの 1 ラウンドは,1) 2 項ロジットモデルに基づいて,選択確率 $\mu = 1/(1+e^{-\eta})$ を現時点での予測指数 η の推定値から計算する,2) 調節従属変数 z と重み w を (A3.1) 式から計算する,3) 説明変数 x に w の重みを付け従属変数 z に対してノンパラメトリック回帰をあてはめて $f_p(x_p)$ を推定する,から構成されている.2 項ロジット GAM のローカル・スコアリング・アルゴリズムは下記のようにまとめられる.

2 項ロジット GAM のローカル・スコアリング・アルゴリズム

線形モデル $\eta(x) = \beta^T x$ によって初期推定をする

> 対数尤度が収束するまで反復
> 　　予測指数 η から現時点での選択確率 μ を計算する　　　[(9.5) 式を使う]
> 　　調節従属変数 z と重み w を計算する　　　[(A3.1) 式を使う]
> 　　説明変数 x に w の重みを付け z に対してノンパラメトリック回帰を当てはめて $f_p(x_p)$ を推定する　　　[下記に説明するバックフィッティング法を使う]

各関数 $f_p(p=1,\cdots,P)$ を推定する時,残りの変数は前回の繰り返しからの推定結果に基づいて逐次推定するバックフィッティング法を用いる (Friedman and Stuetzle 1981).

バックフィッティング法 (backfitting procedure)

> 線形モデルによって初期化する：　$f_p(x_p) = \beta_p x_p$,　　全ての $p=1,\cdots,P$
> 個々の説明変数を循環する：　$p=1,\cdots,P,1,\cdots,P,1,\cdots,P$
> $$f_p(x_p) = E\left\{ z - \sum_{q\neq p} f_q(x_q) \mid x_p \right\}$$
> 各関数 $f_p(x_p)$ の推定値が安定するまで継続

最尤法では推定されたパラメータは対数尤度を最大にするが,ローカル・スコアリング・アルゴリズムでは,対数尤度の期待値を最大にすることによって滑らかなノンパラメトリック関数を推定する (Hastie and Tibshirani 1986). アルゴリズムの収束や,解の存在,一致性,唯一性などの技術的な詳細は Hastie and Tibshirani (1990) に記述されている.一般的には,説明変数間に非線形の意味での高い相関関係 (concurvity) がなければ,アルゴリズムは収束し,解の一致性が得られる.

3.2 セミパラメトリック・ロジットモデルのアルゴリズム

離散的選択データに適用できるセミパラメトリック・ロジットモデルのアルゴリズムは,符合ケースコントロール・データ (matched case-control data) の分析に使われる GAM のアルゴリズム (Hastie and Tibshirani 1990, Algorithm 8.1) を修正することによって,下記のように導かれる.2項ロジット GAM と同様,繰り返しの1ラウンドは3つの基本的なステップによって構成されている.実用上,個々のデータ点を下付きの指数 n で明白にしてある.ここでの予測指数 η_{nj} は,ロジットモデルにおける効用 v_{nj} の予測値を指している.

> 線形モデルによって初期推定を行う： $\eta(x_{nj}) = \sum_p f_p(x_{njp}) = \beta^T x_{nj}$
> 全ての n と j について
> 対数尤度が収束するまで反復
> 　予測指数 η から現時点での選択確率 μ_{nj} を計算する
> $$\mu_{nj} = \frac{e^{\eta(x_{nj})}}{\sum_k e^{\eta(x_{nk})}}$$
> 　調節従属変数 z_{nj} と重み w_{nj} を計算する
> $$z_{nj} = \eta(x_{nj}) + \frac{y_{nj} - \mu_{nj}}{\mu_{nj}(1-\mu_{nj})}$$
> $$w_{nj} = \mu_{nj}(1-\mu_{nj})$$
> 　z_{nj} を説明変数 x_{nj} に重み w_{nj} を付けたノンパラメトリック回帰をして $f_p(x_p)$ を推定する　　[バックフィッティング法を使う]

調節従属変数 z_{nj} は，観察された選択データから推測された選択機会 n，選択肢 j に対する現時点での効用の予測値と解釈できる．このような連続反応変数 z を確立することによって，離散的な従属変数に通常のノンパラメトリック回帰分析の手法を当てはめることが可能となる．加法分離的な効用関数では，バックフィッティング法を用いることによって，各説明変数のノンパラメトリック関数を逐次的に推定することができる．

3.3　GAM の統計的仮説検定

GAM の推定では，バックフィッティング法においてノンパラメトリック回帰を繰り返し行う必要がある．GAM では説明変数の加法分離性を仮定しているために，この回帰分析は 1 次元であり，いくつかの確立されたノンパラメトリック単回帰手法，例えばカーネル法やスプライン法を用いることができる (Hastie and Tibshirani 1990 参照)．

GAM で使うノンパラメトリック回帰の手法を選ぶ際には，次の3点を考慮する必要があろう．第一に，このモデルは人間の選択行動を描写しているため，推定される効用関数は滑らか（推定されるノンパラメトリック関数の第1次微分係数が連続）でなければいけない．第二に，回帰モデルによる予測値 $\hat{y}$ は観察された従属変数のデータ点 $y_i (i = 1, \cdots, n)$ の線形になるのが望ましい．これは数学的には，$\hat{y} = Sy$ と表現され，$\hat{y}$ と y は $n \times 1$ の列ベクトル，S は $n \times n$ の行列，n はデータ点の数である．この場合，自由度や標準誤差などの有用な概念や特性を通常の線形回帰分析のアナロ

ジーから導き出すことができる．カーネル法やスプライン法は，全て線形のオペレーターである．第三に，このノンパラメトリック回帰はバックフィッティング法において何度も繰り返されるので，効率的に計算できることが重要である．

漸近仮説検定に必要な自由度のコンセプトは，線形回帰モデルのアナロジーを使って以下のように導かれる．通常の最小2乗法では，y の予測値 $\hat{y}$ は $\hat{y} = Sy$ で，$S = X(X^T X)^{-1} X^T$ となり，自由度は $(2S - SS^T)$ のトレースと表される．同様に，ノンパラメトリック回帰モデルでも，$\hat{y} = Sy$ と表されれば，同じ尺度を使えば良い．カーネル法では，平滑化定数は行列 S の値に影響を与える．平滑化定数が無限大の場合，$\hat{y}$ は定数で y の平均となるため，S の成分は全て $1/n$ である．したがって，$(2S - SS^T)$ のトレースを定義とすると自由度は 1 となり，パラメータは定数のみというロジックにも合致する．逆に平滑化定数が非常に小さい場合は，回帰モデルは n 個のデータ点を補完しているだけなので，S は $n \times n$ の単位行列となり自由度は n になる．

交差確認法など最適平滑化定数を自動的に決定する方法は，最近，計量経済学で盛んに研究されている．残念なことに多くの精巧な方法は計算量が膨大で，実際にはあまり成功していないのが実状である (Hastie and Tibshirani 1990)．

文　献

1) 大澤　豊 (1985),「マーケティング」, 日本放送出版協会.
2) 片山　徹 (1983),「応用カルマンフィルター」, 朝倉書店.
3) 川村　保 (1999), 加工食品のブランドレベルでの需要分析－POS データ分析－, 農業経済研究, **71** (1), 28-36.
4) 北川源四郎 (1993),「時系列プログラミング」, 岩波書店.
5) 木下順子, 鈴木宣弘 (2002),「牛乳消費停滞要因の解明－日別 POS データによる牛乳と乳飲料の需要分析－畜産の情報 (国内編)」, 35-39.
6) 小西貞則, 北川源四郎 (2004),「情報量規準」, 朝倉書店.
7) 近藤文代 (1999a), デイリー POS データにおける曜日変動および値下げ効果の抽出, オペレーションズ・リサーチ, **44** (3), 154-163.
8) 近藤文代 (1999b), 多変量時系列構造モデルの構築における AIC の役割, 統計数理, **47** (2), 307-326.
9) 篠島義明 (2003),「概説 流通情報システム化」, (財) 流通システム開発センター.
10) 古川一郎, 守口　剛, 阿部　誠 (2003),「マーケティング・サイエンス入門—市場対応の科学的マネジメント」, 有斐閣.
11) 牧之段拓, 近藤文代 (2002),「雪印乳業食中毒事件による牛乳市場への影響」, 2002 年度統計関連学会連合大会講演報告集, 329-330.
12) R. バーテルズ (1979),「マーケティング理論の発展」山中豊国訳, ミネルヴァ書房.
13) Abe, M. (1995), "A nonparametric density estimation method for brand choice using scanner data", *Marketing Science*, **14** (3), 300-325.
14) Abe, M. (1998), "Measuring consumer, nonlinear brand choice response to price", *Journal of Retailing*, **74** (4), 541-568.
15) Abe, M. (1999), "A generalized additive model for discrete choice data", *Journal of Business and Economic Statistics*, **17** (3), 271-284.
16) Akaike, H. (1973), "Information Theory and an Extension of the Maximum Likelihood Principle", *Second International Symposium in Information Theory*, eds. B.N. Petrov and F. Caski, Akademiai Kiado, 267-281.
17) Albert, J. H. and S. Chib (1993), "Bayesian analysis of binary and polychotomous response data", *Journal of the American Statistical Association*, **88**, 669-679.
18) Andrews, R. L. (1994), "Forecasting performance of structural time series models", *Journal of Business and Economic Statistics*, **12** (1), 129-133.
19) Banwari, M. (1994), "An integrated framework for relating diverse consumer char-

文　献

acteristics to supermarket coupon redemption", *Journal of Marketing Research*, **31** (4), 533-544.
20) Bass, F.M. and D.G. Clarke (1972), "Testing distributed lag models of advertising effect", *Journal of Marketing Research*, **9** (August), 298-308.
21) Blattberg, R.C. and K.J. Wisniewski (1987), "How retail price promotions work: empirical results", *Marketing Working Paper*, no.42, University of Chicago.
22) Blattberg, R.C. and S.A. Neslin (1990), *Sales Promotion: Concepts, Methods, and Strategies*, Prentice-Hall.
23) Box, G.E.P. and G.C. Tiao (1975), "Intervention analysis with application to economic and environmental problems", *Journal of the American Statistical Association*, **70**, 70-79.
24) Box, G.E.P. and G.M. Jenkins (1976), *Time Series Analysis: Forecasting and Control*, 2nd ed., Holden-Day.
25) Breiman, L. and J. H. Friedman (1985), "Estimating optimal transformations for multiple regression and correlation", *Journal of the American Statistical Association*, **80**, 580-619.
26) Bucklin, R. E. and S. Gupta (1992), "Brand choice, purchase incidence, and segmentation: an integrated approach", *Journal of Marketing Research*, **29**(May), 201-215.
27) Colombo, R. A. and D. G. Morrison (1989), "A brand switching model with implications for marketing strategies", *Marketing Science*, **8**(Winter), 89-99.
28) Cooley, T. F. and E.C. Prescot (1976), "Estimation in the presence of stochastic parameter variation", *Econometrica*, **44**, 167-184.
29) Cotterill, R.W., W. P. Putsis and R. Dhar(2000), "Assessing the competitive interaction between private labels and national brands", *Journal of Business*, **73** (1), 109-135.
30) Dempster, A. P., N. M. Laird and D. B. Rubin (1977), "Maximum likelihood from incomplete data via the EM-algorithm", *Journal of the Royal Statistical Society*, Series B, **39**, 1-38.
31) Dillon, W. R. and S. Gupta (1996), "A segment-level model of category volume and brand choice", *Marketing Science*, **15** (1), 38-59.
32) Ehrenberg, A. (1972), *Repeat-Buying: Theory and Applications*, Elsevier.
33) Fader, P.S. and J. M. Lattin (1993), "Accounting for heterogeneity and nonstationarity in a cross-sectional model of consumer purchase behavior", *Marketing Science*, **12** (3), 304-317.
34) Fildes, R.(1983),"An evaluation of bayesian forecasting", *Journal of Forecasting*, **2**, 137-150.
35) Foekens, E. W., P.S.H. Leeflang and D. R. Wittink (1994), "A comparison and an exploration of the forecasting accuracy of a loglinear model at different levels of aggregation", *International Journal of Forecasting*, **10**, 245-261.
36) Franses, P. H. and R. Paap (2001), *Quantitative Models in Marketing Research*, Cambridge University Press, 817-823.

37) Friedman, J. H. and W. Stuetzle (1981), "Projection pursuit regression", *Journal of American Statistical Association*, **76**, 817-823.
38) Gelman, A., J. B. Carlin, H. S. Stern and D. B. Rubin (1995), *Bayesian Data Analysis*, Chapman and Hall.
39) Gonul, F. and K. Srinivasan (1993), "Consumer purchase behavior in a frequently bought product category: estimation issues and managerial insights from a hazard function model with heterogeneity", *Journal of the American Statistical Association*, **88**, 1219-1227.
40) Goodhardt, G. J. and A. S. C. Ehrenberg (1967), "Conditional trend analysis: a breakdown by initial purchasing level", *Journal of Marketing Research*, **4** (3), 155-162.
41) Greene, W. H. (1995), *Econometric Analysis*, Prentice Hall.
42) Grover, R. and V. Srinivasan (1992), "Evaluating the multiple effects of retail promotions on brand loyal and brand switching segments", *Journal of Marketing Research*, **29**(February), 76-89.
43) Guadagni, P. M. and J. D. C. Little (1983), "A logit model of brand choice calibrated on scanner data", *Marketing Science*, **2**, 203-238.
44) Gupta, S. (1988), "Impact of sales promotion on when, what, and how much to buy", *Journal of Marketing Research*, **25** (4), 342-355.
45) Gupta, S. and P. K. Chintagunta (1994), "On using demographic variables to determine segment membership in logit mixture models", *Journal of Marketing Research*, **31** (1), 128-136.
46) Hanssens, D. M., L. J. Parsons and R. L. Schultz (2001), *Market Response Models: Econometric and Time Series Analysis*, 2nd ed. Kluwer Academic Publishers.
47) Harvey, A.C. (1984), "A unified view of statistical forecasting procedures" (with comments), *Journal of Forecasting*, **3** (1), 245-283.
48) Harvey, A.C. (1985), "Trends and cycles in macroeconomic time series", *Journal of Business & Economic Statistics*, **3** (1), 216-227.
49) Harvey, A.C. (1989), *Forecasting, Structural Time Series Models and the Kalman Filter*, Cambridge University Press.
50) Hastie, T. and R. Tibshirani (1986), "Generalized additive models", *Statistical Science*, **1**, 297-318.
51) Hastie, T. and R. Tibshirani (1990), *Generalized Additive Models*, Chapman and Hall.
52) Hauseman, J. and D. Wise (1978), "A conditional probit model for qualitative choice: discrete decisions recognizing interdependence and heterogeneous preferences", *Econometrica*, **46**, 403-426.
53) Helsen, K. and D. C. Schmittlein (1993), "Analyzing duration times in marketing evidence for the effectiveness of hazard models", *Marketing Science*, **11** (4), 395-414.
54) Hemler, R.M. and J.K. Johansson (1977), "An exposition of the Box-Jenkins transfer function analysis with an application to the advertising-sales relationship,

Journal of Marketing Research, **14** (2), 227-239.
55) Holt, C.C. (1957), *Forecasting Seasonals and Trends by Exponentially Weighted Moving Averages*. ONR Reasearch Memorandom 52, Carnegie Institute of Technology.
56) Horowitz, J. L., D. Bolduc, S. Divankar, J. Geweke, F. Gonul, V. Hajivassiliou, F. S. Koppelman, M. Kean, R. Matzkin, P. Rossi and P. Ruud (1994), "Advances in random utility models: report of the workshop on advances in random utility models", *Marketing Letters*, **5** (4), 311-322.
57) Kalman, R. E. (1960), "A new approach to linear filtering and prediction problems", *Trans. Amer. Soc. Mech. Eng., J. Basic Engineering*, **82**, 35-45.
58) Kalman, R. E. and R. S. Bucy (1961), "New results in linear Filtering and prediction theory", *Trans. of the ASME, J. Basic Engineering.*, **83D**, 95-108.
59) Kamakura, W. A. and G. J. Russell (1989), "A probabilistic choice model for market segmentation and elasticity structure," *Journal of Marketing Research*, **26**, 379-390.
60) Kitagawa, G. and W. Gersch (1984), "A smoothness priors - state space modeling of time series with trend and seasonality", *Journal of the American Statistical Association*, **79** (386), 378-389.
61) Kondo, F. N. and G. Kitagawa (2000), "Time series analysis of daily scanner sales–extraction of trend, day-of-week effect, and price promotion effect–", *Marketing Intelligence Planning*, **18** (2), 53-66.
62) Kotler, P.(1984), *Marketing Essentials*, Prentice Hall.
63) Kotler, P. and G. Armstrong (1976), *Principles of Marketing*, Prentice Hall.
64) Krishnamurthi, L. and S. P. Raj (1988), "A model of brand choice and purchase quantity price sensitivities", *Marketing Science*, **7**, 1-20.
65) Kumar, V. (1994), "Forecasting performance of market share models: an assessment, additional insights, and guidelines", *International Journal of Forecasting*, **10**, 295-312.
66) Kumar, V. and R.P. Leone (1988), "Measuring the effect of retail store promotions on brand and store substitution", *Journal of Marketing Research*, **25** (May), 177-185.
67) Leone, R.P. (1983), "Modeling sales-advertising relationship: an integrated time series econometric approach", *Journal of Marketing Research*, **20** (August), 291-295.
68) Leone, R.P. (1987), "Forecasting the effect of an environmental change on market performance: an intervention time-series approach", *International Journal of Forecasting*, **3**, 463-478.
69) Lewandowski, R. (1984), "Lewandowski's FORSYS Method", in *The Forecasting Accuracy of Major Time Series Methods* (ed. S. Makridakis, A. Andersen, R. Carbone, R. Fildes, M. Hibon, R. Lewandowski, J. Newton, E. Parzen and R. Winkler), John Wiley, 245-254.
70) Lilien, G.L. and A. Rangaswamy (1997), *Marketing Engineering–Computer-*

assisted Marketing Analysis and Planning, Addison-Wesley.
71) Liu, L.-M. and Hanssens, D.M. (1981), "A bayesian approach to time-varying cross-sectional regression models", Journal of Econometrics, 15, 341-356.
72) Luce, R. D. (1959), Individual Choice Behavior: A Theoretical Analysis, John Wiley.
73) Makridakis, S., A. Andersen, R. Carbone, R. Fildes, M. Hibon, R. Lewandowski, J. Newton, E. Parzen and R. Winkler (1982), "The accuracy of extrapolation (time series) methods: results of a forecasting competition", Journal of Forecasting, 1, 111-153.
74) Manski, C. F. (1975), "Maximum score estimation of the stochastic utility model of choice", Journal of Econometrics, 3, 205-228.
75) Manski, C. F. and D. McFadden, ed. (1981), Structural Analysis of Discrete Data with Econometric Applications, MIT Press.
76) Matzkin, R. L. (1993), "Nonparametric identification and estimation of polychotomous choice models", Journal of Econometrics, 58 (July), 137-168.
77) McCullagh, P. and J. A. Nelder (1989), Generalized Linear Models, 2nd ed., Chapman and Hall.
78) McMaster, D. (1987), "Own brands and the cookware market", European Journal of Marketing, 1 (2), 83-94.
79) Monroe, K. B. (1990), Pricing: Making Profitable Decisions, McGraw-Hill.
80) Montgomery, D.C. and G. Weatherby (1980), "Modeling and forecasting time series using transfer function and intervention methods", AIIE Transactions (December 1980), 289-308.
81) Nelder, J. A. and R. W. M. Wedderburn (1972), "Generalized linear models", Journal of the Royal Statistical Society A, 135, 370-384.
82) Neslin, S. A. and R. W. Sheomaker (1989), "A model for evaluating the profitability of coupon promotions", Marketing Science, 2 (4), 361-388.
83) Newton, H. J. and E. Parzen (1984), "Forecasting and time series model types of 111 economic time series", in The Forecasting Accuracy of Major Time Series Methods (ed. S. Makridakis, A. Andersen, R. Carbone, R. Fildes, M. Hibon, R. Lewandowski, J. Newton, E. Parzen and R. Winkler), John Wiley, 267-288.
84) Pankratz, A. (1991), Forecasting with Dynamic Regression Models, John Wiley.
85) Raju, J.S. (1992), "The effect of price promotions on variability in product category sales", Marketing Science, 11 (Summer), 207-220.
86) Rausser, G., Y. Mundlak and S. Johnson (1982), "Structural change, updating, and forecasting", in New Directions in Econometric Modeling and Forecasting in U.S. Agriculture, (ed. G. Rausser), Elsevier.
87) Rossi, P. E. and G. Allenby (1993), "A bayesian approach to estimating household parameters", Journal of Marketing Research, 30 (2), 171-182.
88) Rossi, P. E., R. E. McCulloch and G. Allenby (1996), "The value of purchase history data in target marketing", Marketing Science, 15 (4), 321-340.
89) Sant, D.T.(1977), "Generalized least-squares applied to time-varying parameter

models", *Annals of Economic and Social Measurement*, **6**, 301-314.
90) Sarris, A. H. (1973), "A bayesian approach to estimation of time-varying parameter models", *Annals of Economic and Social Measurement*, **2**, 501-523.
91) Schweppe, C.F. (1965), "Evaluation of likelihood functions for gaussian signals", *IEEE Transactions on Information Theory*, IT-11, 61-70.
92) Shultz, R. and D.R. Wittink (1976), "The measurement of industry advertising effects", *Journal of Marketing Research*, **13**(February), 71-75.
93) Silverman, B. W. (1986), *Density Estimation for Statistics and Data Analysis, Monographs on Statistics and Applied Probability*, Chapman and Hall.
94) Wichern, D.W. and R.H. Jones (1977), "Assessing the impact of market disturbances using intervention analysis", *Management Science*, **24**, 329-337.
95) Wildt, A. R. and R.S. Winer (1983), "Modeling and estimation in changing market environments", *Journal of Business*, **56** (July), 365-388.
96) Wittink, D.R. and M.J. Addona, W.J. Hawkes and J.C. Prter (1987), "SCAN*PRO: A Model to Measure Short-Term Effects of Promotional Activities on Brand Sales, Based on Store-Level Scanner Data", Working paper, Johnson Graduate School of Management, Cornell University.
97) Zellner, A. (1996), *An Introduction to Bayesian Inference in Econometrics*, Wiley.

あとがき

　消費者の行動は一人一人異なっている．平均的あるいは代表的消費者のみを考慮したマーケティング活動ではどの消費者にも当てはまらないという危険性があることは，セグメンテーションに基づいたマーケティング概念の真髄である．いまやマーケティング活動は類似した顧客をグループ化したセグメンテーションから，セグメントサイズが一人の顧客である One-to-One マーケティングへと進化し始めた．

　わが国で POS データが一般化したのは 1980 年代の半ばであり，FSP に代表される顧客 ID 付き購買データが収集されるようになったのは過去 4, 5 年の出来事である．インターネットで E コマースが一般的になったのも，ついこの 2, 3 年である．このような近年のめざましい情報技術の発展は，大量の消費者の購買行動データを新たな形で次々と生み出している．

　その一つにインターネット上の E コマースにおけるデータがある．既に実務ではアマゾン・ドット・コムを始めとする多くの E コマースサイトにおいて，この購買履歴データに基づいて適切な商品を推薦するコンテンツ・ベースト・フィルタリングや協調フィルタリングと呼ばれるレコメンデーション・システムが使用されている．また，ログファイルには，顧客別の購買の他に閲覧されたページの履歴が時系列で自動的に蓄積されている．商品購買に至るまでに，どのような行動をとったのか？　その消費者は商品カテゴリーをどう捉えて，どのような代替商品を考慮し，どんな情報を比較，検討したのか？　検討されたが購入に至らなかった商品から，その消費者の潜在的な選好を知ることもできる．探索された情報源から，その消費者が商品購買において重要と考える属性やブランド選択で用いる意思決定ルールを導き出すことも可能であろう．E コマースサイトのログファイルは，実店舗では観測できない消費者行動の心理的

な情報を多く含んでおり，それを分析することは消費者心理や行動のモデル化に大きな貢献をもたらすと考えられる．

もう一つは非接触型 ID チップや RFID（radio frequency identification）タグである．Suica のような定期券やクレジットカード，耐久消費財にシリアル番号まで記憶させた IC タグ，携帯電話内での決済を可能にする ID チップなど，様々な分野で実用化が始まりだした．海外ではサプライチェーン管理の効率化のために WALMART が全てのサプライヤーにこの種のシステムの導入を義務づけている．一部の空港では，搭乗客の手荷物の自動仕分けにも用いられている．

使われている技術は違うにせよ，これらのデータはすべて購買行動，情報探索行動，空間移動行動などを時系列で消費者別に記録しているため，本書で紹介した手法が適用，拡張できる．このようなデータ分析は，今後，マーケティングのみならず様々な分野においてますますニーズが高まるであろう．

索引

3C 15
4P 17, 141

ADBUDG モデル 34
AIC 38, 138, 151
ARIMA モデル 53
ARIMAX モデル 55
ARMA モデル → 自己回帰
　移動平均モデル
ASSESSOR 24

BASES 24
BIC 38, 151

CAIC 38, 151
CRM 106
curse of dimensionality
　→ 次元の呪い

data augmentation 161

E ステップ 149
ECR スコアカード 8
EM アルゴリズム 148
EOS 7
Erlang n 分布 121
ETC 9
ETS 48

FSP 106, 141

GLS 48
GLS 推定法 68

ICOCA 9
InfoScan 25

JAN コード 4, 10

LA/AIDS 73

M ステップ 150
MAE 37
MAPE 37
MARMA モデル 51
MCMC 法 160
MSE 37

NBD モデル 118

OLS 48

Place → 4P
POS システム 2, 22
POS データ 2, 11, 22
Price → 4P
Product → 4P
Promotion → 4P

RFID 8
RFM 分析 109

SARIMA モデル 54
SCANTRACK 25
STP 戦略 16
Suica 9
SWOT 分析 14

U^2 138
UCC 4
UPC コード 22

VAR モデル 51

ア 行

アウトサンプル 37
赤池情報量規準 → AIC

意思決定モデル 19
1 次導関数 35
位置パラメータ 186
1 期先予測値 71
一般化加法モデル 121, 178
一般化状態空間モデル 69
一般化線形モデル 120, 178
移動平均モデル 49
インサンプル 37

打切り回帰モデル 122

エコノメトリックモデル 30

カ 行

回帰モデル
　線形回帰モデル 30, 120
　単回帰モデル 32
カイ 2 乗分布 138
外生変数 50
階層ベイズ 158
外部データ 9
価格弾力性 43
確定的効用 130

索引

確率差分方程式 78
確率的効用最大化 130, 142, 173
確率変数 32, 35, 36
確率密度関数 36
カスタマー・エクイティー 111, 113
加速生存モデル 126
カーネル関数 173
カーネル法 173, 189
加法型 47
加法分離性 176
カルマンフィルター 48
間隔密度関数 123
干渉分析 48, 58
干渉変数 58
観測モデル 69
ガンマ分布 118

ギブスサンプリング 160
逆因果関係 107
逆ウィシャート分布 158
逆ガンマ分布 164
競合的交互作用 73
競合分析 115
共通商品バーコード 2, 6
共変量 122
共役な事前分布 158, 161
局所最適解 151
局所線形トレンドモデル 67

区分的線形モデル 183
クーポン戦略 168
グラフィカル・コンセプトモデル 20
繰り越し係数 137
クロスセリング 111
クロネッカー・デルタ関数 134

経験ベイズ 157
決定解析法 112
限定従属変数モデル 122

交差確認法 190

交差弾力性 43, 133
構造時系列モデル 66
購買加速 96
購買タイミングモデル 117
購買発生モデル 117
勾配ベクトル 135
小売情報ネットワークシステム 7
顧客の生涯価値 111
顧客ベース 110
国際 EAN 協会 3
誤差項 32, 130, 172
コーザル (原因) 変数 12
固定効果モデル 68
古典的ベイズ 157
混合分布モデル 144
コントロール・ストアテスト 24
ゴンペルツモデル 34

サ 行

最小 2 乗法 31, 35
最大スコア推定値 177
最尤推定値 37
最尤法 36, 118
サプライチェーンシステム 8
差分データ 53
3 段階最小 2 乗法 74

時間シフトオペレータ 51
時系列 44
── の予測誤差 71
時系列解析 44
次元の呪い 175, 184
自己回帰移動平均モデル 49, 50
自己回帰モデル 49
事後確率 148
自己共分散関数 55
自己相関関数 56
事後分布 157
市場構造分析 115
市場プロファイル分析 16
指数分布 110, 121, 185
指数平滑化法 45

指数モデル 33
システムモデル 69
事前確率 148
事前セグメンテーション 147
事前分布 157
自動認識システム 9
社会統計的変数 16
重回帰分析 178
修正指数モデル 33
従属変数 12, 19
条件付選択確率 156
状態空間モデル 48
状態変数 69
消費者行動理論 145
消費者パネル 25
商品カテゴリー管理 8
商品マスター 6
乗法型 47
情報量規準 151
所属変数セグメンテーション 151
シングルソースデータ 12

数式モデル 19
スキャナーデータ 2, 9, 10
スキャニング率 22
スキャン・パネルデータ 11, 106
スケールパラメータ 186
スコア法 187
ステップ効果 58
ストアスキャン方式 10
スプライン法 189

正規白色過程 78
正規分布 32, 36
生存確率 123
製品 14
成分分解手法 47
セグメンテーション 16
世帯異質性 118
世帯ターゲティング 26
切断正規分布 161
切片パラメータ 137
説明変数 12, 19, 77

索引

セミパラメトリック・モデル　175
セミログモデル　33
遷移行列　116
漸近標準誤差　148
線形回帰モデル　→ 回帰モデル
線形指数平滑化法　46
線形状態空間モデル　69
選好　16
潜在クラスモデル　125, 147
潜在変数　69
センサード (検閲) データ　122

相互共分散関数　56
相互相関関数　56
ソースマーキング　6, 22
損失関数　39

タ 行

大域的最適解　135
第1種極値分布　131
対数正規分布　124
対数線形モデル　178
対数尤度関数　36
対数ロジスティック分布　124
ターゲット・マーケティング　26
ターゲティング　16
多項プロビットモデル　130
多項ロジットモデル　131
多重共線性　107, 129
多重相関　41
棚割り図　26
多変量正規分布　130, 158
単一指標モデル　177
単回帰モデル　→ 回帰モデル
単純移動平均法　44
弾力性　133

チャネル　17
中心極限定理　130
調整済み U^2　138
調節従属変数　187

定常過程　49
定常性　51, 52
適応平滑化法　46
デシル分析　109
テストマーケット　24
データの非定常性　53
デモグラフィック分析　114
デモグラフィック変数　16
デルファイ法　112
伝達関数分析　48
伝達関数モデル　54
店舗代替　114

同時確率密度関数　36
同時方程式　74
特性方程式　52
独立プロビットモデル　→ プロビットモデル
独立変数　19
トライアル購買　19
トラッキング　24
トランザクション・ターゲティング　26
ドリフト付きランダムウォークモデル　67
トレース　190

ナ 行

内生変数　74

二項プロビット　178
2重移動平均法　45
ニュートン法　135
ニュートン・ラフソン法　142

ノンパラメトリック関数　121
ノンパラメトリック密度推定　173

ハ 行

ハイパーパラメータ　157
白色ノイズ　50
白色ノイズのあるランダムウォークモデル　66
ハザードモデル　121

ハザード (危険) 率　122
80-20 の法則　109
バックフィッティング法　188
パネラー　10
パルス効果　58
反転可能性　52
――の条件　52
バンドル販売　12

非競合効果　99
非集計データ　107
ヒストグラム　173
非線形反応　183
非定常過程　49
ビヘイビアスキャン　23
比例ハザードモデル　125

フィッシャー情報行列　151
符合ケースコントロール・データ　179, 188
負の二項分布　119
プライマリー販売量効果　99
プラノグラム　26
ブランドスイッチ　93, 115
――モデル　97
ブランド選択　117
ブランド・ロイヤルティー　93
フリークエント・ショッパーズ・プログラム　→ FSP
プリテスト・マーケット・モデル　23
プリホワイトニング　57
プロダクト・ライフサイクル　14
プロビットモデル　120, 130
分散　32
分数根号モデル　33
分布ラグモデル　48

平滑化定数　190
平均　32
平均値関数　55
平均ベクトル　56
ベイズ回帰　163
ベイズの定理　148, 173, 185

べき級数モデル 33
ベクトル状態空間モデル 69
ヘシアン行列 135
ベース変数 16
ベースライン販売量 77
ベース率 126
偏自己相関関数 56

ポアソン過程 110, 118
ポアソンモデル 118
ポジショニング 16, 18
捕捉率 11
ボックス・コックス変換関数 124
ボックス・ジェンキンスモデル 49
ホームスキャン方式 10

マ行

マーケティング管理 13
マーケティング・コンセプト 16
マーケティングの定義 13
マーケティング・プロセス 14, 18
マーケティング・ミックス 14, 17, 30
マーケティング・リサーチ 17

マスマーケティング 13
マルコフチェーン・モンテカルロ・シミュレーション法 158
マルコフ連鎖 68, 116

無関係な選択肢からの独立性 (IIA) 131, 172
無限級数の誤差項 52

メトロポリス・ヘースティング・アルゴリズム 160
メモリレス特性 110
メモリレスプロセス 118

ヤ行

有限混合分布モデル 125

曜日変動成分 77, 78
予測指数 187

ラ行

ライフスタイル 16
ラグ項 146
ラグランジアン 150
ラグランジュ係数 150
ランダムウォークモデル 68
ランダム係数プロビットモデル 162
ランダム係数モデル 68, 143

離散的分布 125
リピート購買 19
流通コードセンター 3
流通システム開発センター 3
リンク関数 120, 178

累積ハザード関数 126
ルースモデル 131

連続的分布 125

ロイヤルティー 136, 146
ロイヤルティー・マーケティング・サービス 26
ロイヤルユーザー 19
ローカル・スコアリング・アルゴリズム 187
ロジスティック 17
ロジスティック回帰 178
ロジスティック分布 186
ロジスティックモデル 34

ワ行

ワイブル分布 124

著者略歴

阿部　誠（あべ　まこと）
1961年　東京都に生まれる
1991年　マサチューセッツ工科大学
　　　　オペレーションズ・リサーチ学
　　　　科博士課程修了
現　在　東京大学大学院経済学研究科・
　　　　経済学部教授・Ph.D.

近藤文代（こんどう　ふみよ）
1956年　富山県に生まれる
1998年　総合研究大学院大学数理物質科
　　　　学研究科博士課程修了
　　　　住友ビジネスコンサルティング
　　　　（株）(1983-1985)，日本エー・
　　　　シー・ニールセン（株）(1985-
　　　　1995)を経て
現　在　筑波大学大学院システム情報工
　　　　学研究科講師・学術博士

シリーズ〈予測と発見の科学〉3
マーケティングの科学
　　―POSデータの解析―

定価はカバーに表示

2005年10月25日　初版第1刷
2015年12月25日　　　第8刷

著　者　阿　部　　　誠
　　　　近　藤　文　代
発行者　朝　倉　邦　造
発行所　株式会社　朝　倉　書　店

東京都新宿区新小川町6-29
郵便番号　162-8707
電話　03(3260)0141
FAX　03(3260)0180
http://www.asakura.co.jp

〈検印省略〉

ⓒ 2005〈無断複写・転載を禁ず〉　　　東京書籍印刷・渡辺製本

ISBN 978-4-254-12783-6　C3341　　　Printed in Japan

JCOPY 〈(社)出版者著作権管理機構　委託出版物〉

本書の無断複写は著作権法上での例外を除き禁じられています．複写される場合は，
そのつど事前に，(社)出版者著作権管理機構（電話03-3513-6969，FAX 03-3513-
6979，e-mail: info@jcopy.or.jp）の許諾を得てください．

好評の事典・辞典・ハンドブック

数学オリンピック事典	野口 廣 監修 / B5判 864頁
コンピュータ代数ハンドブック	山本 慎ほか 訳 / A5判 1040頁
和算の事典	山司勝則ほか 編 / A5判 544頁
朝倉 数学ハンドブック［基礎編］	飯高 茂ほか 編 / A5判 816頁
数学定数事典	一松 信 監訳 / A5判 608頁
素数全書	和田秀男 監訳 / A5判 640頁
数論＜未解決問題＞の事典	金光 滋 訳 / A5判 448頁
数理統計学ハンドブック	豊田秀樹 監訳 / A5判 784頁
統計データ科学事典	杉山高一ほか 編 / B5判 788頁
統計分布ハンドブック（増補版）	蓑谷千凰彦 著 / A5判 864頁
複雑系の事典	複雑系の事典編集委員会 編 / A5判 448頁
医学統計学ハンドブック	宮原英夫ほか 編 / A5判 720頁
応用数理計画ハンドブック	久保幹雄ほか 編 / A5判 1376頁
医学統計学の事典	丹後俊郎ほか 編 / A5判 472頁
現代物理数学ハンドブック	新井朝雄 著 / A5判 736頁
図説ウェーブレット変換ハンドブック	新 誠一ほか 監訳 / A5判 408頁
生産管理の事典	圓川隆夫ほか 編 / B5判 752頁
サプライ・チェイン最適化ハンドブック	久保幹雄 著 / B5判 520頁
計量経済学ハンドブック	蓑谷千凰彦ほか 編 / A5判 1048頁
金融工学事典	木島正明ほか 編 / A5判 1028頁
応用計量経済学ハンドブック	蓑谷千凰彦ほか 編 / A5判 672頁

価格・概要等は小社ホームページをご覧ください．